KB079979

버핏클럽

버핏클럽 *issue* 3

Editor in Chief
백우진 Baek Woo-Jin

Editor
양은희 Yang Eun-Hi

Design
서채홍 Seo Chae-Hong
박강희 Park Gang-Hee

Publisher
김기호 Kim Ki-Ho

지은이	강영연, 김학렬, 박동흠, 박성진, 서준식, 신진오, 심혜섭,
	영주 닐슨, 이은원, 이한상, 정승혜, 조원경, 홍성철, 홍진채
발행일	초판 1쇄 2020년 7월 25일
발행처	에프엔미디어
신고	2016년 1월 26일 제2018-000082호
주소	서울시 용산구 한강대로 109, 601호
전화	02-322-9792
팩스	0505-116-0606
이메일	buffettclub@naver.com
홈페이지	www.buffettclub.co.kr
ISBN	979-11-88754-29-8

이 도서의 국립중앙도서관 출판예정도서목록(CIP)은 서지정보유통지원시스템 홈페이지 (http://seoji.nl.go.kr)와 국가자료공동목록시스템(http://www.nl.go.kr/kolisnet)에서 이용하실 수 있습니다. (CIP제어번호: CIP2020029226)

The Mook for Intelligent Investor

버핏클럽

코로나 시대의 투자

워런 버핏은 왜 이번에는 정반대로 갔을까.

그동안 버핏은 위기 때 흔들리지 않았다. 투자자 대다수가 공포에 질려 매도할 때 좋은 기업의 주식을 매수했다. 버핏은 이와 관련해 "황금 비가 내릴 때 양동이를 들고 뛰쳐나갈 준비가 되어 있어야 한다"고 비유하지 않았던가.

코로나19 사태 때에는 버핏은 양동이를 들고 나가 '황금 비'를 받지 않았다. 오히려 항공주를 모두 매도했다. 골드만삭스 지분도 팔아치웠다. 이 의문에 대한 가설적인 대답을 '주주서한 분석'에 담았다. 이은원 씨는 이 분석에서 버핏이 경제가 가까운 시일 내에 코로나19 이전으로 복귀하기 어렵다고 판단했기 때문이라고 설명한다.

버핏의 이번 의사결정을 설명하려 하기보다는 '고령' 탓으로 단정하는 사람도 많다. '워런 버핏을 위한 변명'은 그런 비난을 반박한다. 이 글에서 서준식 숭실대 교수는 "버핏은 12년 전인 글로벌 금융위기 때에도 나이가 많아 판단력이 흐려졌다고 치부되었다"는 전례를 들고, 그러나 당시 투자은행에 대한 버핏의 판단은 정확했음을 상기시킨다. 서 교수는 "애플을 사든 항공주를 팔든 그것은 그의 통찰력이나 인사이트에 앞서 그의 원칙들과 프로세스에 의해 걸러진 것임을 이해하자"고 말한다.

'워런 버핏을 위한 변명'과 함께 이번 '버핏톨로지' 섹션에 '코로나 사태와 현명한 투자자'와 '어닝 서프라이즈 가치주 발굴법', '부정의 길'을 실었다.

위기일수록 기본으로 돌아가야 한다. 코로나 사태에서 현명한 투자자는 워런 버핏의 스승 벤저민 그레이엄이 쓴 《현명한 투자자》를 다시 읽을 것이다.

박성진 이언투자자문 대표는 "가치투자는 '블랙 스완'과 같은 위기 때 더욱 빛을 발한다"며 벤저민 그레이엄의 바텀업 방식을 권한다. 관심 기업이 코로나 사태에서 살아남고 이후 수익력을 회복할 수 있을지 전망하는 접근법이다.

이건규 르네상스자산운용 공동 대표는 "남이 찾지 못한 어닝 서프라이즈 기업을 먼저 발굴하기란 어려운 일"이라고 전제한 뒤 "대안이 있다"고 말한다. 바로 턴어라운드주에 관심을 갖고 인내하며 모니터링하는 것이다.

'부정의 길'은 진리를 파악하는 대신 진리가 아닌 것을 제거하는 사고법이다. 홍진채 라쿤자산운용 대표는 이 사고법을 통해, 투자자들 사이에 받아들여진 몇몇 '투자철학'의 문제점을 짚어보고 대안을 제시한다.

코로나19에 어떻게 대응할 것인가. 이에 대한 심층 분석을 기획했다. 홍성철 마이다스에셋 주식운용본부장은 코로나19 이후의 '뉴 노멀 2.0'에서도 온라인 상거래와 클라우드 컴퓨팅, 소셜미디어 등의 성장이 더욱 빨라질 것으로 전망된다고 설명한다. 또한 미국의 경제적 해자를 보유한 대표적인 글로벌 성장주들은 여전히 상승할 여력이 있어 보인다고 말한다.

이번 〈버핏클럽〉의 인터뷰이는 용환석 페트라자산운용 대표다. 페트라자산운용은 해외에서 더 인정받고 있으며 돋보이는 수익률을 기록해왔다. 한국을 벗어나 투자할 대상을 찾으라고 조언하는 용 대표가 주목하는 시장은 어디이고 대상은 무엇인지 들어본다.

최근 '동학개미운동'의 바람을 타고 주식 투자 스터디 클럽이 부쩍 늘었다. '현명한 투자자들의 모임'의 '서울 스터디 1기'의 공부 현장을 취재해 전한다. 어떤 투자자들이 회원이고 어떤 발표와 토론이 이뤄졌으며 그들은 왜 스터디 클럽 활동을 할까.

위기일수록 기본으로 돌아가야 한다. 공부를 통해 기본을 다져야 한다. 물론 공부가 주식 투자의 성공을 보장해주지는 않지만, 공부하지 않으면 손실을 볼 위험이 커진다. 또 공부 없이는 체계적인 성과도 결코 없다.

백우진 편집장

Contents

Contents

Cover Story

2020 버크셔 해서웨이 주주총회 온라인 개최

온라인에서도 확인된
버핏의 신념과 통찰력

찰리 멍거도 없었고, 행사장을 가득 메운 4만여 주주도 없었다.
지난 5월 2일, 코로나19의 영향으로 버크셔 해서웨이의 주주총회와
주주 질의응답이 사상 최초로 온라인 개최되었다.
그러나 미국 경제에 대한 버핏의 신념과 투자 통찰력을
접하기에는 충분했다.

코로나19 팬데믹(pandemic)이 '자본주의자들의 우드스톡'을 사상 최초로 개별 접속하는 온라인 행사로 돌려놓았다. 버크셔 해서웨이 주주총회의 하이라이트인 주주와의 질의응답은 지난 5월 2일 토요일 온라인으로 생중계되었다.

이날 버크셔 주주와의 질의응답에 주주 약 4만 명이 가득 채운 열기는 없었다. 찰리 멍거와 워런 버핏이 답변을 나눠 주고받는 말의 재치와 유머도 없었다. 그러나 버핏의 신념과 통찰력을 접하기에는 부족함이 없었다.

주주 Q&A는 평소처럼 5월 첫 주말의 토요일에 열렸다. 장소도 버크셔 해서웨이 본사가 있는 네브래스카주 오마하의 CHI헬스센터였다. 넓은 실내 공간에 평소와 같은 자리에 버핏의 탁자가 놓였고 카메라가 설치되었다. 온라인 질의응답은 '야후! 파이낸스'가 중계했고, 중계 방송은 미국 동부 시각으로 오후 4시에 시작되었다. 미국 경제 방송 CNBC가 주주들의 질문을 받았고, 질문은 베키 퀵 기자가 대신 했다.

버핏의 모두발언에 이은 주주와의 질의응답은 네 시간 반 동안 진행되었다. 버핏의 왼편에는 찰리 멍거 대신 그레그 에이블 비보험 총괄 부회장이 앉아서 답변을 거들었다. 코로나19 확산을 막기 위한 거리를 적용해서, 에이블 부회장은 다른 탁자에서 멀찍이 떨어져 앉아 행사에 참여했다.

버핏은 모두발언에서 "이번 버크셔 주주총회는 주주총회 기분이 나지 않는다"며 "나의 60년 동업자 찰리 멍거가 여기 있지 않기 때문"이라고 말했다. 이어 "찰리는 96세이지만 장담컨대 건강하다"며 "다만 이번에 오마하까지 먼 길을 오는 것이 바람직하지 않다고 보았을 뿐"이라고 근황과 불참 이유를 설명했다.

그는 미국 경제에 대한 신뢰와 낙관을 견지했다. "우리는 더 어려운 문제에도 대처했고, 미국에서는 항상 기적이 일어났습니다"라면서 "이번에도 그럴 것입니다"라고 말했다.

코로나19 사태에 대해서는 조심스럽게 접근했다. "코로나 바이러스가 발생한 것은 불과 몇 개월 전"이라면서 "시장에서는 어떤 일이든 일어날 수 있으므로 투자에는 조심해야 한다"고 조언했다.

그러나 차입금을 쓰지 않고 안전마진을 충분히 확보한 건전한 투자라면, 코로나 사태에도 미국 주식은 여전히 대단히 훌륭한 투자라고 강조했다. 그는 "여러분이 코로나 발생 이전부터 좋아하던 기업의 주식을 보유하고 있다면, 단지 주가가 바뀌었다는 이유로 주식을 매도할 필요는 없다"고 말했다. 이어 "기업의 본질이 바뀌지 않았다면 그 주식은 여전히 매우 유리한 투자가 된다"고 설명했다.

개별 종목 대신 '미국'에 투자해도 된다는 조언도 여전했다. 그는 미국 주식시장에 상장된 우량주로 구성된 S&P500 인덱스펀드를 추천했다. 주주가 "인덱스펀드에 장기 투자해도 안전하지 않다고 (액티브 펀드 매니저들이) 말한다"며 그의 생각을 물었다. 버핏은 "나는 유서를 변경하지 않았다"고 답변을 열었다. 이어 "내 아내는 상속받는 돈의 90%를 인덱스펀드로 보유하게 된다"고 말하고 "나는 절대로 동의할 수 없다"면서 다음과 같이 강조했다. "'인덱스펀드의 시대는 끝났다'라는 말은 '미국에 투자하는 시대는 끝났다'라는 말과 다르지 않습니다."

버핏은 4대 항공사 지분 매각에 대한 질문에 "항공사 투자는 내 실수였다"고 인정했다. 버크셔의 수익률이 S&P500지수를 초과하기 어렵다고도 말했다. 이와 관련해 "운용자산 규모가 커질수록 초과수익을 내기가 더 어려워진다"면서 "그래서 나는 S&P500 대비 초과수익을 내겠다는 약속을 아무에게도 하지 않을 것"이라고 말했다. 그러나 "재산의 99%를 버크셔에 넣어두겠다는 약속은 하겠다"고 말했다.

이와 함께 버크셔의 최근 자사주 매입과 관련한 의사결정과 향후 계획, 위기 때 버크셔가 다른 기업을 지원하는 역할을 이번에는 하지 않은 이유, 아지트 자인을 자산배분 업무에서 배제한 이유, 버크셔가 투자한 철도 사업의 전망, 마이너스 금리와 보험사의 플로트 등을 놓고 문답이 오갔다.

버핏은 3월 초까지만 해도 예년처럼 주주들이 모이는 주주총회와 질의응답을 열고자 했다. 상황이 심각해지자 3월 중순에 생각을 바꾼 것으로 전해졌다. 그러나 버핏은 모두발언에서 "내년에는 모든 면에서 정상적인 모습으로 주주총회를 진행하게 될 것"이라고 말했다.

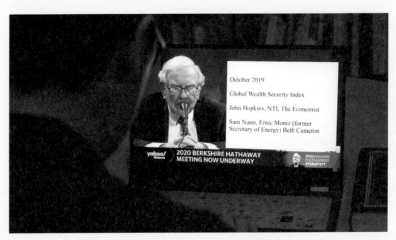

한 개인 투자자가 인터넷으로 중계된 주주총회 영상을 보고 있다.

여러분의 회사는 우리(버핏과 멍거 - 편집자 주) 사망에 100% 준비되어 있습니다. 우리가 낙관하는 근거는 다섯 가지입니다. 첫째, 버크셔가 보유한 매우 다양한 피지배회사들은 전반적으로 매력적인 자본이익률을 유지하고 있습니다. 둘째, 피지배회사들을 단일 기업 안에 보유하고 있으므로, 버크셔는 커다란 경제적 혜택을 지속적으로 누리고 있습니다. 셋째, 버크셔는 더없이 건전한 재무 구조 덕분에 극단적인 외부 충격도 견뎌낼 수 있습니다. 넷째, 버크셔는 높은 급여나 명성보다도 경영 자체를 훨씬 더 즐기는, 유능하고 헌신적인 경영자들을 보유하고 있습니다. 다섯째, 버크셔 이사들은 주주들의 이익과 기업문화 발전에 항상 관심을 집중하고 있습니다. 다른 대기업에서는 보기 드문 모습입니다.

– 2019년도 버핏의 주주서한 중에서

온라인에서도 확인된 버핏의 신념과 통찰력

미국에 부는 순풍은 끝나지 않았다

이건

워런 버핏은 여전했다. 미국 경제에 대한 신뢰와 낙관을 견지했다. 5월 2일 온라인으로 열린 버크셔 해서웨이 주주들과의 질의응답에서 버핏은 "미국에서는 항상 기적이 일어났다"며 "이번에도 그럴 것"이라고 말했다.

• 본문은 질의응답의 핵심 내용을 요약·정리하는 방식으로 옮겼다. 정확한 내용을 원하면 야후 동영상(https://finance.yahoo.com/brklivestream/)을 이용하기 바란다. 번역 과정에서 위 동영상을 포함해 다양한 매체의 보도 자료와 메모 자료를 이용했다. (옮긴이 주)

워런 버핏　이번 버크셔 주주총회는 주주총회 기분이 나지 않는군요. 나의 60년 동업자 찰리 멍거가 여기 있지 않기 때문입니다. 나는 여기 오는 사람들 대부분이 찰리의 말을 들으러 온다고 생각합니다. 그러나 걱정하지 마세요. 찰리는 96세이지만 장담컨대 건강합니다. 그는 예전처럼 사고력도 양호하고 목소리도 또렷하답니다. 다만 이번에 오마하까지 먼 길을 오는 것이 바람직하지 않다고 보았을 뿐입니다. 찰리는 활동을 다양하게 늘리면서 새로운 생활을 즐기고 있습니다. 그래서 매일 다양한 사람들을 만나고 있으며, 기술 분야에서는 나보다 앞서가고 있습니다. 아무튼 찰리는 건강하므로, 내년에는 이 자리에 다시 올 것입니다. 내년에는 모든 면에서 정상적인 모습으로 주주총회를 진행하게 될 것입니다.

보험 사업을 담당하는 부회장 아지트 자인도 뉴욕에서 안전하게 지내고 있습니다. 자인 역시 무리해서 오마하까지 올 필요가 없다고 보았습니다. 대신 보험 사업을 제외하고 모든 사업을 담당하는 그레그 에이블이 내 왼쪽에 있습니다. 그레그가 경영하는 수십 개 기업은 매출액 합계가 1,500억 달러 이상이며 종업원도 30만 명이 넘습니다. 아지트와 그레그가 없어도 내가 현재 업무를 감당할 수 있을지 의문입니다.

물론 지난 몇 개월 동안 모두가 궁금해하는 사항은 '미국의 보건과 경제 상황이 향후 몇 개월 어쩌면 몇 년 동안 과연 어떻게 전개될 것인가'입니다. 보건에 대해서는 나 역시 아는 바가 정말 없습니다. 학창 시절에 회계학 공부는 그럭저럭 했지만 생물학은 엉망이었거든요. 이런 다양한 문제에 대해서 나도 여러분과 똑같은 방식으로 배우는 중입니다.

그러나 지금 이 상황에서는 보건 분야에서 매우 다양한 사건이 발생할 수 있고, 경제 분야에서도 매우 다양한 사건이 발생할 수 있을 듯합니다. 보건과 경제가 서로 영향을 주고받을 수 있기 때문입니다. 보건 분야에 대해서는 아는 바가 없지만 나는 우리 상황이 최선도 아니고 최악도 아니라고 생각합니다. 초기에 코로나 바이러스의 잠재력을 평가하기는 정말 어려웠습니다. 지금도 코로나에 대해 많이 배워가고 있지만, 아직도 우리는 제대로 파악하지 못하고 있습니다. 그래도 매우 현명한 사람들이 코로나 연구에 노력을 기울이고 있습니다.

코로나로 인한 보건 분야의 변수는 범위가 다소 축소되었을지 몰라도, 경제 분야의 변수는 범위가 여전히 매우 넓습니다. 사회의 상당 부분이 자발적 폐쇄 상태에 들어갈 때 어떤 일이 발생할지 우리는 알지 못합니다. 2008~2009년에는 은행 등 금융기관들이 모두 위기에 처해 미국 경제가 탈선했습니다. 이번에도 미국 경제는 탈선 상태가 되었으며, 높은 생산성과 거대 인구를 보유한 초일류 국가의 노동자들이 엄청난 불안과 혼란에 시달리고 있습니다.

그래도 나는 미국 경제의 미래에 대해 말하고자 합니다. 나는 여전히 확신하고 있기 때문입니다. 제2차 세계대전 당시에도 미국 경제의 미래를 확신했고, 쿠바 미사일 위기에도 확신했으며, 9·11 테러와 금융위기 역시 미국을 막을 수 없다고 확신했습니다. 우리는 과거에도 커다란 문제에 직면했습니다. 물론 코로나와 똑같은 문제는 아니며, 이와 비슷한 문제는 직면한 적이 없었습니다. 그러나 우리는 더 어려운 문제에도 대처했고, 미국에서는 항상 기적이 일어났습니다. 이번에도 그럴 것입니다.

여러분이 태어날 시점과 장소를 선택할 수 있다고 가정해봅시다. 여러분은 남자가 될지 여자가 될지 모르고, 지능이 높을지 낮을지도 모르며, 특별한 재능을 타고날지 결함을 안고 태어날지도 모릅니다. 그렇다면 여러분이 선택하는 시점은 1720년도, 1820년도, 1920년도 아닐 것입니다. 여러분은 바로 오늘, 바로 미국을 선택할 것입니다. 1789년 미국 독립 이후 사람들은 미국으로 오고 싶어 했습니다. 지난 231년 동안 미국으로 오고 싶어 하는 사람들이 항상 있었다는 말입니다. 미국은 대단히 젊은 나라입니다. 찰리와 나와 그레그 에이블의 나이를 더하면 미국의 나이보다 많습니다. 그 정도로 미국은 매우 젊은 나라입니다. 그런데도 미국은 기적을 이루었습니다. 이 짧은 기간에 미국이 이룬 기적을 생각해보십시오.

1789년 미국 인구는 390만이었고 그중 70만이 노예였습니다. 세계 인구의 0.5%에도 못 미치는 인구였습니다. 그들 중 어느 누구도, 가장 낙관적인 사람조차 231년 후 미국의 모습을 제대로 상상한 사람은 없었을 것입니다. 이제 미국 도로에는 자동차만 2억 8,000만 대가 돌아다니고 있습니다. 5시간이면 항공기로 대륙을 횡단할 수 있고, 어느 주(州)에나 훌륭한 대학교들이 있고, 훌륭한 병원 시스템이 있으며, 아무도 상상하지 못했던 방식으로 사람들은 오락을 즐기고 있습니다. 미국은 231년 후 누구도 상상하지 못한 기적을 이루어냈습니다.

그러나 내 편견이겠지만 주식시장이 내일, 다음 주, 다음 달, 내년에 어떻게 될지는 나도, 그리고 아무도 모릅니다. 장기적으로 미국은 계속 발전할 것입니다. 하지만 9·11 테러 전날에도 우리는 바로 이튿날 시장조차 내다보지 못했습니다. 코로나 바이러스가 발생한 것은 불과 몇 개월 전입니다. 미국은 틀림없이 발전하겠지만 시장에서는 어떤 일이든 일어날 수 있습니다. 그러므로 투자에는 조심해야 합니다.

1987년 10월 19일 월요일, 시장은 단 하루 만에 22%나 폭락했습니다. 1914년에는 주식시장이 약 4개월 동안 문을 닫았고, 9·11 테러 당시에는 4일 동안 문을 닫았습니다. 내일 무슨 일이 발생할지는 아무도 모릅니다. 내가 열한 살에 처음으로 주식을 산 이후 미국은 거대한 순풍을 탔습니다. 그러나 순풍이 하루도 빠짐없이 부는 것은 아니며, 내일 시장이 어떻게 될지는 아무도 모릅니다. 그러므로 코로나 같은 세계적 전염병이 돌면 시장이 어떤 영향을 받을지 예측하기 어렵습니다. 따라서 빌린 돈으로 투자해서는 절대 안 됩니다. 버크셔 역시 차입금으로 투자하는 일은 없습니다. 우리는 투자할 때 말 그대로 최악의 상황을 생각하며, 그것도 한 분야가 아니라 여러 분야에서 동시에 문제가 발생할 경우를 생각합니다. 아무리 큰 수를 여러 번 곱해도 거기에 제로를 한 번만 곱하면 모두 제로가 됩니다. 그러므로 순풍을 타고 가는 미국에 투자하더라도 빌린 돈으로 투자해서는 안 됩니다.

내가 보기에 미국에 부는 순풍은 끝나지 않았습니다. 미국 주식을 장기간 보유하면 좋은 성과를 얻을 것입니다. 30년 만기 미국 국채는 현재 수익률이 1.25%에 불과하며, 여기서 소득세까지 납부해야 합니다. 게다가 연준의 인플레이션 목표는 연 2%입니다. 주식의 수익률은 장기 국채보다 높을 것이고, 단기 국채보다도 높을 것이며, 매트리스 밑에 숨겨둔 현금보다도 높을 것입니다. 안전마진을 충분히 확보한 건전한 투자라면 미국 주식은 대단히 훌륭한 투자입니다.

우리는 주식이 기업의 일부라고 항상 생각합니다. 그러나 사람들이 주식을 대하는 태도는 다릅니다. 주식은 분 단위로 가격이 형성되며 언제든 매매할 수 있어서 사람들은 매 순간 평가가 필요하다고 생각합니다. 하지만 그것은 정말 어리석은 생각입니다. 1949년 벤저민 그레이엄은 내게 가르쳐주었습니다. 주식은 차트에 따라 가격이 오르내리는 종이 쪼가리가 아니라 기업의 일부라고 말이지요.

여러분이 코로나 발생 이전부터 좋아하던 기업의 주식을 보유하고

> "
> 미국 주식을 수십 년 동안 계속 보유할 수 있다면,
> 여러분은 국채를 보유하거나 남들의 조언을 따를 때보다
> 훨씬 좋은 성과를 거두게 될 것입니다.
> "

있다면, 단지 주가가 바뀌었다는 이유로 주식을 매도할 필요는 없습니다. 여러분이 그 기업과 경영진을 정말 좋아하며 기업의 본질이 바뀌지 않았다면 그 주식은 여전히 매우 유리한 투자가 됩니다. 아니면 미국에 투자해도 됩니다. 개별 종목을 독자적으로 평가할 생각이 아니라면 사람들 대부분에게는 미국의 대표 주식들을 매수해서 묻어두는 편이 좋습니다. 내가 대학 졸업 시점에 그렇게 투자했다면 투자 원금은 100배가 되었을 것이며 덤으로 내가 받은 배당도 계속 증가했을 것입니다.

미국에는 놀라운 순풍이 불고 있습니다. 그러나 순풍은 중단될 때도 있고, 그 시점은 아무도 예측할 수 없습니다. 이때 차입금 때문에 또는 심리적 불안감 때문에 타격을 받아서는 안 됩니다. 그러나 미국 주식을 수십 년 동안 계속 보유할 수 있다면, 여러분은 국채를 보유하거나 남들의 조언을 따를 때보다 훨씬 좋은 성과를 거두게 될 것입니다. 사람들은 아무 소용 없는 조언에 막대한 비용을 치르고 있습니다. 남의 조언 덕분에 초과수익을 얻을 수 있다고 생각한다면 정말로 잘못 판단하는 것입니다.

미국을 대표하는 우량주에 투자하십시오. 대부분 사람들에게 최선의 선택은 S&P500 인덱스펀드를 보유하는 것입니다. 그러나 S&P500 인

덱스펀드는 팔아도 남는 것이 많지 않으므로 금융사 직원들은 다른 상품을 권유할 것입니다.

나는 평생 미국에 돈을 걸겠습니다. 버크셔의 내 후계자도 그럴 것으로 기대합니다. 버크셔가 미국에 돈을 거는 방법은 두 가지입니다. 우리는 기업을 통째로 인수하거나, 기업의 일부를 매수합니다. 지금이 주식 매수에 적기라는 말은 아닙니다. 나는 주가가 언제 상승할지 모릅니다. 그러나 미국 대표 주식들을 매수해서 20~30년 동안 보유할 수는 있습니다. 누구나 동업자가 된다는 생각으로 주식을 매수할 수 있습니다. 그러면 주식을 가격 등락에 따라 사고파는 종이 쪼가리로 보지 않을 수 있습니다.

아시다시피 지난 4월 우리는 주식 약 60억 달러를 순매도했습니다. 이는 주식시장 침체를 예상해서도 아니고, 누군가 목표 주가를 낮춰서도 아니며, 기업들이 올해 이익 추정치를 낮추어서도 아닙니다. 단지 내가 평가에서 실수했다고 판단했기 때문에 매도했습니다. 이해할 수 있는 실수였습니다. 주식을 매수할 때 우리는 확률가중 판단을 했습니다.

우리는 항공사 주식들이 매력적이라고 판단해서 투자했습니다. 4대 항공사 주식 약 10%씩을 70~80억 달러에 매수했고, 여기서 나오는 이익(배당+유보 이익 중 버크셔의 몫)이 약 10억 달러라고 평가했으며, 향후

> **"**
> **항공사에 대한 내 생각은 틀린 것으로 밝혀졌습니다.**
> **탁월한 4대 항공사 CEO들의 잘못 때문은 아니었습니다.**
> **"**

계속 증가할 것으로 보았습니다. 항공사 주식은 뉴욕증권거래소를 통해서 매수했지만, 우리는 기업을 통째로 인수한다는 생각으로 매수했습니다. 그러나 항공사에 대한 내 생각은 틀린 것으로 밝혀졌습니다. 탁월한 4대 항공사 CEO들의 잘못 때문은 아니었습니다.

내 생각이 틀리길 바라지만, 4대 항공사들은 상황이 크게 변화한 탓에 각각 평균 100~120억 달러 이상을 차입하게 될 것입니다. 그리고 일부 항공사는 주식을 발행하거나 신주인수권을 판매해야 할 것입니다. 항공사 승객 수가 작년 수준으로 회복되려면 2~3년이 걸릴지도 모릅니다.

버크셔가 지분을 매각한 4대 항공사를 밝혀주시겠습니까?

버핏 우리는 항공사 경영진에 대해 실망해서 매도한 것이 절대 아닙니다. 단지 항공산업에 대한 평가가 달라졌을 뿐입니다. 우리가 매도한 미국 4대 항공사는 아메리칸항공, 델타항공, 사우스웨스트항공, 콘티넨탈항공입니다. 이제 항공산업의 환경이 바뀌었습니다. 항공사들의 문제가 조속히 해결되기를 바랍니다. 여러 산업 중에서도 특히 항공산업이 통제 불능 사건에 의해서 큰 타격을 입었다고 생각합니다. 그레그, 보탤 말 있나?

그레그 에이블 보탤 말 없습니다.

버핏 제2의 찰리가 등장했군요.

항공사 투자는 내 실수였습니다. 확률이 낮아도 가끔 발생하는 사건이 있는데, 이번에는 항공산업에서 발생했습니다. 투자를 결정한 사람은 바로 나였습니다.

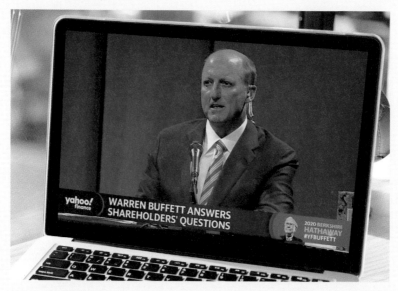
찰리 멍거의 빈자리를 채운 버크셔 해서웨이 비보험 총괄 부회장 그레그 에이블

우리는 보유 지분을 매도하면
대개 모두 매도합니다.

4대 항공사 지분을 모두 처분하셨나요?

버핏 네. 모두 매도했습니다. 우리는 보유 지분을 매도하면 대개 모두 매도합니다. 조금만 파는 방식이 아니라는 뜻입니다. 어떤 기업의 지분을 100% 인수하면, 일부를 매각하고 90%나 80%만 보유하지 않는 것처럼 말이지요. 마음에 드는 기업이면 지분을 최대한 인수해서 최대한 오래 보유합니다. 항공사 주식은 매수한 가격보다 훨씬 낮은 가격에 매도했습니다.

다른 사람의 조언에 의지해서도 안 됩니다.
자신이 스스로 이해하고 결정해야 합니다.

당신은 주주들에게 주식을 매수하라고 권유하지만, 버크셔는 막대한 현금을 보유하고 있으면서 주식 매수를 꺼리는 듯합니다.

버핏 현재 우리 포트폴리오 규모는 그다지 크지 않습니다. 최악의 가능성을 생각할 때, 나는 확률이 희박한 사건에 대해서도 생각합니다. 그런 사건이 발생하지 않길 바라지만, 그래도 발생 가능성이 없는 것은 아닙니다. 예컨대 보험 사업을 하다 보면 사상 최대 규모의 허리케인이 발생할 수 있습니다. 1개월 후에 사상 최대 규모의 지진까지 발생할 수도 있습니다. 그래서 우리는 한 가지 사건에만 대비하지 않습니다. 문제가 가속적으로 확대될 가능성에도 대비합니다.

예컨대 2008~2009년 세계 금융위기에서도 첫날에 모든 문제가 한꺼번에 발생하지는 않았습니다. 9월 초 패니메이(Fannie Mae), 프레디맥(Freddie Mac) 등 정부지원기관(Government Sponsored Enterprises)이 법정관리에 들어가자 문제가 본격적으로 시작되었습니다. 이어서 MMF 시장이 붕괴하면서 순자산가치가 액면가 밑으로 떨어졌습니다. 이렇게

> **66**
>
> 다른 사람의 조언에 의지해서도 안 됩니다.
> 자신이 스스로 이해하고 결정해야 합니다.
> 자신이 이해하지 못하면 남의 말에 휘둘리게 되니까요.
>
> **99**

한 사건이 다른 사건을 불러일으키기도 합니다. 그래서 우리는 사람들이 생각하는 최악의 사례보다 훨씬 나쁜 시나리오에 대비합니다.

나는 주식을 오늘, 내일, 다음 주, 다음 달에 매수하라고 권유하는 것이 아닙니다. 매수 시점은 여러분의 상황을 고려해서 선택해야 합니다. 그러나 매우 장기간 보유할 생각이고 금전적·심리적 충격까지 버텨내기로 각오한 사람이 아니라면 주식을 매수해서는 안 됩니다. 농부들이 농지 시세에 관심 기울이지 않고 계속 농지를 보유하듯이 주식 시세에 관심을 기울이지 말고 계속 보유해야 합니다. 주가가 바닥일 때 매수하려 해서도 안 됩니다. 여러분에게 바닥 시점을 알려줄 수 있는 사람은 아무도 없습니다. 주식을 매수하고 나서 주가가 50% 이상 폭락해도 느긋한 태도로 견뎌낼 수 있어야 합니다.

몇 년 전 연차보고서(2017년 주주서한)에서 밝혔듯이, 버크셔도 주가가 50% 이상 폭락한 적이 3회 있었습니다. 만일 차입금으로 버크셔 주식을 보유하고 있었다면 포지션이 청산되었을 것입니다. 이렇게 주가가 50% 이상 폭락했을 때, 실제로 버크셔에는 아무 문제가 없었습니다. 만약 주가가 폭락하는 모습을 보고 대응하려고 했거나 남의 조언을 들었다면 주식을 계속 보유하기 어려웠을 것입니다. 투자 심리가 흔들려서는 안 됩니다. 하지만 공포감에 쉽게 휘둘리거나 부주의한 사람들도 있습니다. 바이러스에 유난히 취약한 사람들이 있는 것과 마찬가지입니다. 나는 손실을 두려워하지 않으며, 찰리도 마찬가지입니다. 그러나 투자 심리가 불안정한 사람은 주식을 보유해서는 안 됩니다. 잘못된 시점에 주식을 매수하거나 매도할 것이기 때문입니다. 다른 사람의 조언에 의지해서도 안 됩니다. 자신이 스스로 이해하고 결정해야 합니다. 자신이 이해하지 못하면 남의 말에 휘둘리게 되니까요.

오늘이 매수에 적기인지 나는 알지 못합니다. 1~2년 보유하면 좋은 실적이 나올지도 나는 알지 못합니다. 그러나 20~30년 보유한다면 좋은 실적이 나올 것입니다.

이번엔 연준이 신속하게 대응해서 버크셔는 기업에 자금 지원 안 해

지난 세계 금융위기 기간에 버크셔는 일종의 최종 대부자 역할을 했습니다. 이번에는 왜 그런 역할을 하지 않았나요?

버핏 매력적인 투자 기회를 발견하지 못했기 때문입니다. 솔직히 말하면, 연준이 매우 신속하게 적절한 대응 조처를 했기 때문입니다. 이에 대해 경의를 표합니다. 덕분에 자금이 필요했던 많은 기업들이 최근 매우 용이하게 자금을 조달할 수 있었습니다. 그래서 우리는 좋은 기회를 찾을 수가 없었습니다.

그러나 상황은 곧바로 바뀔 수도 있고 바뀌지 않을 수도 있습니다. 2008~2009년 우리가 기업에 자금을 제공한 것은 세상에 우리를 알리려는 목적이 아니었습니다. 자금 제공이 현명한 일이라고 생각했고, 이 과정에서 시장에 경쟁자도 많지 않았기 때문입니다. 그러나 그때 자금을 4~5개월 뒤에 제공했으면 우리에게 훨씬 유리했을 것입니다. 내가 자금을 제공한 시점은 형편없었지만, 그래도 매우 매력적인 기회가 많아서 좋은 성과를 거둘 수 있었습니다. 시장이 공황 상태여서 자금을 제공하려는 경쟁자가 없었기 때문입니다.

최근 미국에 코로나가 발생했을 때에도 주식시장은 한동안 공황 상태였습니다. 자금시장도 얼어붙고 있었습니다. 그러나 연준이 대응에 나서자 상황이 급변했습니다. 하지만 다음 주, 다음 달, 내년에 어떤 일이 발생할지 누가 알겠습니까? 나도 모르고 연준도 모르고 아무도 모릅니다. 향후 펼쳐질 시나리오는 매우 다양합니다. 시나리오에 따라 우리는 많은 자금을 제공할 수도 있고 아닐 수도 있습니다.

지금은 자금을 조달하기 좋은 시점이므로, 자금을 제공하기에는 좋은 시점이 아닙니다. 자금을 조달하기 쉬워서 미국에는 좋은 일이지만, 버크셔에는 좋은 일이 아닙니다. 우리도 자금을 다소 조달했지만 말이지요. 아무튼 우리는 언행이 일치합니다.

지난 4월 17일 인터뷰에서 찰리는 코로나가 지나간 다음에도 버크셔가 보유한 일부 소기업은 사업을 재개하지 못할 것이라고 말했습니다. 어떤 기업을 말하는 것인가요?

버핏 버크셔가 보유한 기업들은 대개 여러 자회사를 거느리고 있습니다. 예컨대 마몬은 보유 자회사가 97개나 됩니다. 이들 중 몇 개는 코로나 발생 이전부터 고전하고 있었습니다. 경기가 매우 좋을 때에도 고전하는 기업이 몇 개는 있었으니까요. 그런데 지난 몇 달 동안 고객들의 소비 습관이 바뀌면서 이들의 실적 악화 추세가 더 빨라지고 있습니다. 이렇게 고전하는 우리 소매 자회사가 많지는 않습니다.

하지만 우리 자회사들 중 규모가 중간 이상인 기업들이 사업을 재개하지 못할 가능성은 상상할 수가 없습니다. 물론 세상은 실제로 많이 변화하고 있으며, 이런 변화가 우리 기업들에는 전혀 달갑지 않을 것입니다. 예컨대 쇼핑센터에 입주한 매장 임차인들 중에는 임차료를 내기 어려운 사람이 많습니다. 소매점에 대한 수요와 공급은 크게 바뀔 것입니다. 사무실을 사용하던 사람들 중에도 이제는 재택근무 등 다른 방식으로 사업을 할 수 있다고 생각하는 사람이 많습니다. 세상에 변화가 일어나면 사람들은 그 변화에 적응합니다.

항공산업이 모두 잘되기를 바라는 마음입니다. 하지만 우리가 할 수 있는 일은 많지 않습니다.

그레그에게 하는 질문입니다. 항공기 부품 업체 프리시전 캐스트파츠 (Precision Castparts)는 항공산업 침체에 어떻게 대응하고 있나요?

에이블 프리시전 캐스트파츠의 사업은 대부분 항공산업에 속하며 세 가지 분야로 구분됩니다. 그중 방위산업 분야는 여전히 매우 견실하게 운영되고 있습니다. 그러나 나머지 분야는 실적이 항공기 수요에 직접적으로 좌우됩니다. 프리시전 캐스트파츠는 보잉의 수요에 따라 사업을 지속적으로 조정하고 있습니다. 매주 보잉사의 생산 주문에 따라 사업을 조정하고 있습니다.

버핏 보잉은 며칠 전 250억 달러를 조달했고 그 전에도 140억 달러를 조달했습니다. 1년 전만 해도 보잉은 보유 현금이 충분한 상태였습니다. 에어버스도 비슷한 상황입니다. 장래 상황이 어떻게 될지는 이들도 모르고 나도 모릅니다. 그래도 미국에서 항공기가 사라지지는 않을 것입니다.

하지만 관건은 '새 항공기에 대한 대규모 수요가 존재하느냐'입니다. 바로 이 수요가 프리시전 캐스트파츠, GE, 보잉에 직접 영향을 미칩니다. 그러나 이들은 수요에 영향을 미칠 수 없습니다. 미국에서는 사람들이 항공기 여행을 중단했습니다. 장래에 항공기 여행 수요가 어떻게 될지, 사람들의 여행 습관이 어떻게 될지는 예측하기 어렵습니다. 보잉이 심각한 타격을 입는다면 프리시전 캐스트파츠 역시 심각한 타격을 입을 것입니다. 항공산업의 다른 기업들도 마찬가지입니다. 그러나 항공산업은 규모가 거대하며 미국이 강점을 보유한 분야입니다. 보잉은 대단히 중요한 기업입니다. 수출 규모도 막대하고 창출하는 일자리도 매우 많습니다. 항공산업이 모두 잘되기를 바라는 마음입니다. 하지만 우리가 할 수 있는 일은 많지 않습니다.

버크셔는 향후 전염병에 대해 보상하는 보험 상품도 판매할 수 있나요?
버핏 판매할 수 있습니다. 우리는 다양한 보험 상품을 판매합니다. 매우 이례적인 조건으로 전염병에 대해 우리가 100억 달러까지 보장하는 보험 상품을 원하는 사람도 있었습니다. 그 상품은 판매하지 않습니다. 그러나 적정 가격을 제시했다면 전염병 보험을 판매했을 것입니다. 물론 판매했다면 손해를 보았겠지요. 하지만 우리는 거액을 보장하는 매우 이례적인 보험도 기꺼이 판매합니다. 다만 적정 가격이어야 하며, 우리가 상습 방화범에게 화재보험을 판매하는 일은 없습니다.

우리는 9·11 테러 직후에도 보험 상품을 많이 판매했습니다. 그 시점에 보험 상품 판매를 마다하지 않은 보험사는 전 세계에 버크셔와 AIG 둘뿐이었습니다. 물론 9·11 테러 직후 어떤 사건이 발생할지는 우리도 알 수 없었습니다. 그러니까 사람들이 보험에 가입하는 것이지요. 하지만 가격만 적정하다면 우리는 세계적인 전염병 보험 상품도 기꺼이 판매할 생각입니다.

그레그, 토드, 테드는 자본배분을 훌륭하게 해낼 것

그레그에게 하는 질문입니다. 버크셔가 강세장에서는 S&P500을 능가하지 못하겠지만, 현재와 같은 하락장에는 막대한 보유 자금을 이용해서 좋은 실적을 내리라 기대합니다. 버핏과 멍거가 떠난 뒤에도 버크셔는 이런 투자 기법을 유지할 수 있을까요?

에이블 워런과 찰리가 떠난 뒤에도 버크셔의 문화는 바뀌지 않을 것이라고 생각합니다. 물론 워런과 찰리보다 뛰어난 사람은 없지만, 그래도 그들 못지않게 유능한 인재들이 버크셔에 있으며 매우 신속하게 기회

> **"**
> 인덱스펀드의 시대는 끝났다는 말은
> 미국에 투자하는 시대는 끝났다는 말과 다르지 않습니다.
> 그래서 나는 절대로 동의할 수 없습니다.
> **"**

를 포착할 수 있습니다. 하지만 워런과 찰리는 우리의 엄청난 강점이므로 지금처럼 계속 있어주길 바랄 뿐입니다. 워런?

버핏 현재의 투자 기법을 유지할 것입니다. 그레그 에이블, 토드 콤즈, 테드 웨슐러는 기업을 인수하는 안목이 탁월하므로 자본배분을 훌륭하게 해낼 것입니다. 찰리와 나는 20년 이상 알고 지낸 경영자들이 있으므로 가끔 인수 문의를 받습니다. 그러나 세 사람이 아는 경영자들이 훨씬 더 많습니다. 세 사람의 사고방식은 과거 찰리와 나의 사고방식과 똑같으며 에너지는 더 넘칩니다. 그러므로 세 사람이 자본배분을 하면 찰리와 내가 하는 방식보다 훨씬 더 개선될 것입니다.

인덱스펀드의 시대는 끝났다 = 미국에 투자하는 시대는 끝났다

최근 액티브 펀드매니저들은 패시브 투자의 시대가 끝났다고 말합니다. 이제는 인덱스펀드에 장기 투자해도 안전하지 않다고 말합니다. 어떻게 생각하시나요?

버핏 나는 유서를 변경하지 않았습니다. 내 아내는 상속받는 돈의 90%를 인덱스펀드로 보유하게 됩니다. 증권업계에서 인덱스펀드를 권유하지 않는 것은 팔아도 돈벌이가 되지 않기 때문입니다. 그러나 "인덱스펀드의 시대는 끝났다"라는 말은 "미국에 투자하는 시대는 끝났다"라는 말과 다르지 않습니다. 그래서 나는 절대로 동의할 수 없습니다. 인덱스펀드에 뭔가 특별한 문제가 있다는 주장이지만 근거를 찾기

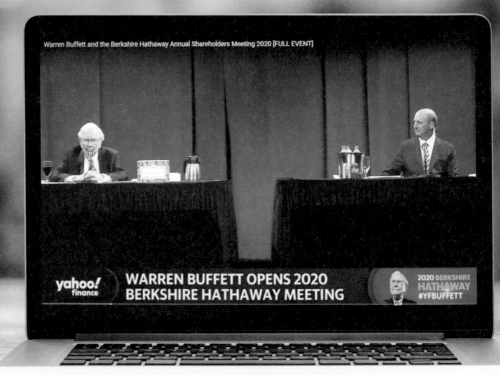

Warren Buffett and the Berkshire Hathaway Annual Shareholders Meeting 2020 [FULL EVENT]

yahoo! finance

WARREN BUFFETT OPENS 2020 BERKSHIRE HATHAWAY MEETING

2020 BERKSHIRE HATHAWAY #YFBUFFETT

온라인 주주총회에서 질문에 답변하고 있는 워런 버핏(좌)과 그레그 에이블(우)

> 66
>
> 우리는 철도회사를 보유해서 매우 기쁩니다.
> 그동안 많은 자본을 투자했지만,
> 철도회사는 앞으로도 수십 년 동안
> 대단히 견실한 실적을 유지할 것이라고 봅니다.
>
> 99

Cover Story
온라인 주주총회 Q&A 지상 중계

어렵습니다. 높은 보수를 받는 펀드와 낮은 보수를 받는 인덱스펀드 중 장기적으로 어느 쪽이 승리할지 나는 분명하다고 생각합니다.

뛰어난 실적을 안겨줄 수 있다고 고객을 설득해야 돈을 버는 사람이 많습니다. 이들 중에는 운이 좋아서 실적을 내는 사람도 일부 있고, 실력으로 실적을 내는 사람도 소수 있습니다. 그래서 사람들은 짐 사이먼스(헤지펀드 르네상스 테크놀로지 설립자) 같은 탁월한 실력자를 찾을 수 있다는 생각에 매료됩니다. 짐 사이먼스는 실력으로 탁월한 실적을 달성했지만 이는 매우 이례적인 경우이며 보수도 매우 높습니다. 게다가 펀드 규모가 커지면 실적을 유지하기 어려워지므로 이런 펀드는 모집을 중단하기도 합니다. 자산 운용업계에서는 펀드 판매만 잘해도 돈을 벌고, 판매도 잘하고 운용도 잘하면 더 많이 법니다. 그런데 업계의 실상을 보면 운용을 잘해서 버는 돈보다 판매를 잘해서 버는 돈이 훨씬 많습니다.

운용자산 규모가 커질수록 초과수익 내기가 더 어려워져

지난 5~15년 버크셔의 실적이 S&P500보다 저조한 이유는 무엇인가요?
버핏 나는 버크셔의 장기 수익성이 다른 어떤 기업보다도 견실하다고 생각합니다. 그러나 향후 10년 수익률이 S&P500보다 높다는 쪽에 내 목숨을 걸고 싶지는 않습니다. 물론 버크셔의 수익률이 더 높을 가능성도 어느 정도 있다고 생각합니다. 지난 50여 년 중 버크셔가 초과수익을 낸 경우가 몇 번인지는 모르겠지만, 1954년에 기록한 실적이 최고

> **"**
>
> 실제로 우리는 운용자산 규모가 커지면서
> 초과 실적을 내기가 더 어려워졌습니다.
> 그래서 나는 S&P500 대비 초과수익을 내겠다는 약속을
> 아무에게도 하지 않을 것입니다.
>
> **"**

였습니다. 하지만 당시에는 운용자산 규모가 아주 작았습니다. 운용자산 규모가 작을 때에는 초과수익을 올리기가 쉽다고 생각합니다.

그러나 운용자산 규모가 커질수록 초과수익을 내기가 더 어려워집니다. 실제로 우리는 운용자산 규모가 커지면서 초과 실적을 내기가 더 어려워졌습니다. 그래서 나는 S&P500 대비 초과수익을 내겠다는 약속을 아무에게도 하지 않을 것입니다. 그러나 나는 재산의 99%를 버크셔에 넣어두겠다는 약속은 하겠습니다. 내 가족들도 재산의 대부분을 버크셔 주식으로 보유하고 있습니다. 나는 장기적으로 버크셔가 잘되기를 누구보다도 바라는 마음입니다. 하지만 이런 마음이 실적을 보장해주지는 않습니다.

버크셔가 형편없는 실적을 내는 모습은 상상하기 어렵지만, 세상에는 어떤 일도 발생할 수 있습니다. 1분기 말에는 다소 감소해서 버크셔의 순자산이 약 3,700억 달러지만 그래도 미국 최대 규모이며 아마 세계에서도 최대 규모일 것입니다. 그래서 운용에 어려운 점이 있습니다.

아지트 자인은 자본배분보다
보험 위험 평가에서 세계 최고

앞에서 자본배분 업무에 대해 말하면서 아지트 자인을 빼놓은 이유는 무엇인 가요?

버핏 자인은 자본배분 업무에 참여하지 않습니다. 아지트의 능력은 단연 세계 최고 수준입니다. 20년 전 나는 아지트의 아버지에게, 아지트와 비슷한 아들이 또 있으면 내게 보내달라고 편지를 보낼 정도였습니다. 아지트는 정말이지 유례를 찾기 힘든 인물입니다. 그러나 그의 역할은 자본배분이 아니라 보험 위험 평가입니다. 그는 희귀한 재능을 발휘하면서 막대한 자본을 활용하고 있으므로 지극히 소중한 자산입니다.

반면 그레그, 토드, 테드는 장기간 본격적으로 자본배분 업무를 담당했습니다. 자본배분은 이들의 업무입니다. 보험은 아지트의 업무이고요. 그래서 자본배분 업무에 대해서는 세 사람만 언급한 것입니다. 찰리와 나도 버크셔를 떠나기 전까지는 자본배분 업무를 담당할 것입니다. 우리가 자발적으로 버크셔를 떠나지는 않겠지만, 십중팔구 머지않아 비자발적으로 떠나게 되겠지요. 다행히 찰리와 나 모두 건강 상태가 좋습니다.

석유 주식에서 원금 영구 손실 가능성
"분명히 있다"

석유 주식 투자에서 원금 영구 손실 가능성이 있나요?

버핏 분명히 가능성이 있습니다. 의심의 여지가 없습니다. 석유 가격이 현재 수준에 머문다면 막대한 손실이 발생할 수 있습니다. 그러면 은행 대출도 부실화되므로 은행업계에도 악영향이 미치게 됩니다. 서부 텍사스산 원유(West Texas Intermediate: WTI) 가격이 10~20달러 대였다면 석유업계에 이렇게 막대한 자금이 투자되지 않았을 것입니다. 그러나 구리산업도 마찬가지입니다.

석유회사들은 선물옵션을 이용해서 가격 위험을 어느 정도 줄일 수 있습니다. 실제로 옥시덴탈 석유는 풋옵션을 매도해 위험을 관리했습니다. 그러나 석유 주식을 매수하면 유가가 장기적으로 상승하는 쪽에 돈을 거는 셈입니다. 만일 유가가 현재 수준으로 유지된다면 석유회사들은 큰 위험을 떠안게 됩니다. 그러므로 원금 영구 손실 가능성이 있습니다.

장기간 마이너스 금리가
유지될 수 있을지는 의문"

금리가 마이너스가 되면 보험사의 플로트는 자산이 아니라 부채가 될 텐데, 버크셔 보험사들은 어떻게 대응하나요?

버핏 마이너스 금리가 장기간 유지된다면 주식 등을 보유하는 편이 좋습니다. 지난 10년 동안 금리는 이상한 흐름을 보였습니다. 이렇게 저금리가 장기간 유지되는데도 인플레이션이 없을 줄은 생각하지 못했습니다. 우리는 현금성 자산 1,200억 달러의 대부분을 단기 국채로 보유했는데 이자가 거의 없었습니다. 단기 국채가 장기 투자 대상으로는 형편없지만, 갑자기 기회가 왔을 때 사용할 수 있는 유일한 지급 수단입니다. 전 세계가 마비되더라도 우리는 자신을 보호하고 보험 계약자들에게 보험금을 지급할 수 있어야 하므로 단기 국채가 필요합니다. 우리는 이런 위험을 매우 진지하게 고려합니다.

전 세계가 돈을 계속 찍어내도 장기간 마이너스 금리가 유지될 수 있을지는 의문입니다. 지금까지는 내 생각이 틀렸지만 그래도 믿기 어렵습니다. 만일 생산 능력을 초과해서 돈을 계속 찍어내도 마이너스 금리가 유지된다면, 이 사실은 지금이 아니라 지난 2,000년 동안 이미 발견되었을 것입니다. 두고 보면 알겠지요. 아마 가장 흥미로운 경제 문제가 될 것입니다. 지금까지 10여 년 동안은 돈을 계속 찍어내도 저금리가 유지되었지만, 이제는 더 많은 돈을 계속 찍어내도 저금리가 유지된다는 가설을 우리가 검증하는 시대가 오고 있습니다.

자금을 계속 조달해도 마이너스 금리가 유지된다면 나는 재무장관 자리라도 기꺼이 맡을 생각입니다. 골치 아플 일이 없을 테니까요. 우리는 최종 결과를 제대로 알지 못하는 상태에서 일을 진행하고 있으며, 그 결과는 극단적일 수 있습니다. 하지만 그렇게 하지 않아도 극단적인 결과가 발생할 수 있습니다. 누군가 이 문제를 해결해야 하겠지요.

철도회사는 앞으로도 수십 년 동안
대단히 견실한 실적을 유지할 것

그동안 버크셔는 철도회사 등 자본집약적 기업에도 투자했는데, 인플레이션 위험에 대해 어떻게 생각하시나요?

버핏 향후 법인세율은 인하될 확률보다 인상될 확률이 훨씬 높다고 생각합니다. 몇 년 전 우리 이익 중 정부의 몫(법인세)이 컸던 것처럼 말이지요. 물론 대통령과 의회를 어느 정당이 차지하느냐에 따라 다소 차이가 있을 것입니다. 인플레이션이 발생하면 자본집약적 기업은 더 불리해질 것입니다. 수익성은 비슷하더라도 추가 자본이 필요 없는 기업이 더 유리합니다. 이런 기업은 성장성은 낮지만 추가 자본이 들어가지 않으므로 막대한 현금을 창출해줍니다.

버크셔도 이런 자회사를 보유하고 있어서 세금을 절감하면서 자본을 효율적으로 배분할 수 있습니다. 그래서 사람들은 누구나 성장에 추가 자본이 많이 들어가지 않는 기업을 원합니다. 그러나 에너지 사업은 성장할수록 더 많은 자본이 필요합니다. 철도 사업은 성장하지 않는데도 추가 자본이 필요하고요. 그래서 자본집약적 사업은 불리합니다.

현재 미국 주식시장의 시가총액은 약 30조 달러인데, 상위 4~5개 회사의 시가총액 합계가 약 4조 달러입니다. 이들은 수익성이 높은데도 많은 추가 자본이 필요 없기 때문에 시가총액이 큰 것입니다. 우리도 그런 훌륭한 기업들을 보유하고 있습니다. 50~60년 동안 기업을 경영하면서 우리가 배운 사실이, 추가 자본 없이 성장하는 기업이야말로 탁월한 기업이라는 점입니다. 보험사가 그런 기업입니다. 보험사는 추가 자

> **"**
> 주가가 내재가치보다 낮은 상태라면,
> 자사주 매입을 하지 않는 것이
> 오히려 커다란 실수라고 생각합니다.
> 버크셔는 주주들에게 유리한 방식을 선택할 것입니다.
> **"**

본이 필요 없으며, 우리는 보험사가 창출하는 자본으로 훌륭한 기업들을 보유할 수 있었습니다. 그러므로 보험사는 장기간 버크셔의 성장을 견인한 가장 중요한 요소였습니다. 그레그, 자네가 자본집약적 기업에 대해 설명해주게.

에이블 우리 에너지회사와 철도회사는 (법규나 계약에 의해서) 어느 정도 가격 결정력을 보유하고 있습니다. 따라서 인플레이션이 발생하더라도 비용 증가분 중 상당 부분을 보상받게 되므로 수익성을 유지할 수 있습니다.

버핏 우리는 철도회사를 보유해서 매우 기쁩니다. 그동안 많은 자본을 투자했지만, 철도회사는 앞으로도 수십 년 동안 대단히 견실한 실적을 유지할 것이라고 봅니다. 처음에 말했듯이 나는 100년을 내다보고 철도회사를 인수했고, 인플레이션이 발생하더라도 돈을 더 벌려고 노선을 연장했습니다. 그래도 인플레이션은 발생하지 않는 편이 좋고, 자본도 들어가지 않는 편이 좋습니다. 우리는 자본이 풍부하므로 수익성만 보장된다면 자본집약적 기업을 더 인수할 수 있습니다.

버크셔는 주주들에게 유리할 때에만 자사주를 매입

최근 자사주 매입에 반대하는 주장이 나오고 있는데 어떻게 생각하시나요?

버핏 지금은 자사주 매입에 대한 반대가 정치적으로 정당한 주장이라고 생각합니다. 자사주 매입에 대해서는 터무니없는 주장이 많습니다. 그러나 자사주 매입의 개념은 매우 단순해서, 주주들에게 현금을 분배하는 것과 같습니다. 예컨대 당신과 그레그와 나 셋이서 각각 100만 달러씩 투자해 맥도날드 대리점 하나를 인수했다고 가정합시다. 이후 대리점은 순조롭게 성장 중인데, 동업자 셋 중 하나는 대리점의 이익 일부를 회수하고자 하고 둘은 이익을 계속 재투자하고자 합니다. 그렇다면 대리점 이익을 모두 배당으로 지급할 수도 없고, 배당을 동결해서도 안 됩니다.

이때 합리적인 방법은 이익을 회수하려는 동업자가 원하는 만큼 자사주를(동업자의 지분을 그가 매도하고자 하는 만큼) 매입하는 것입니다. 그러면 이 동업자는 원하는 만큼 이익을 회수할 수 있고, 나머지 동업자 둘은 대리점에 대한 지분이 그만큼 증가하게 됩니다.

나는 2006년부터 보유 주식을 여러 자선재단에 기부하고 있습니다. 자선재단은 내가 기부한 주식을 받으면 즉시 매도해서 신속하게 지출해야 합니다. 나는 각 자선재단에 약 30억 달러씩 기부하고 있습니다. 그러나 내가 기부하는 금액보다 버크셔에 유보되는 자본이 더 많아서, 그동안 내 버크셔 지분은 감소했지만 내 지분의 시장 평가액은 오히려 더 증가했습니다.

나는 주주들이 원치 않는다면 누구에게도 억지로 현금을 분배하지 않습니다. 대신 이익을 모두 버크셔에 재투자합니다. 그러나 성장에 필요한 자금을 지출하고도 남은 자금 중 일부는 자사주 매입을 통해 주주들에게 분배했습니다. 기업이 자사주 매입을 결정하는 원칙은 두 가지가 되어야 합니다. 첫째, 건전한 성장에 필요한 자금은 유보해야 합니다. 둘째, 주가가 내재가치보다 훨씬 낮을 때 자사주를 매입해야 합니다. JP모간의 제이미 다이먼도 이런 원칙을 발표했고, 우리도 여러 번 언급했습니다.

우리는 계속 남아 있는 주주들에게 유리할 때에만 자사주를 매입할 것입니다. 그러나 자사주 매입에 50억 달러를 지출하게 될지 100억 달러를 지출하게 될지는 미리 말할 수가 없습니다. 이는 우리가 올해 기업 인수에 얼마를 지출하게 될지 알 수 없는 것과 같습니다. 둘 다 가격이 중요하기 때문입니다. 하지만 적절한 상황에서는 자사주 매입을 꺼리지 않을 것입니다.

그런데 유행에 편승해서 자사주를 매입하는 기업도 있습니다. 이런 자사주 매입도 남아 있는 주주들에게 유리하다면 아무 문제가 없습니다. 그러나 남아 있는 주주들에게 불리하다면 매우 어리석은 짓이 됩니다. 우리는 성장과 재무 건전성을 넉넉히 유지하고도 남는 자금으로 내재가치보다 낮은 가격에 자사주를 매입하는 기업들을 좋아합니다.

주가가 내재가치보다 낮은 상태라면, 자사주 매입을 하지 않는 것이 오히려 커다란 실수라고 생각합니다. 버크셔는 주주들에게 유리한 방식을 선택할 것입니다. 우리는 우리처럼 생각하는 기업에 즐겨 투자합니다. 그러나 모든 기업이 우리처럼 생각하지는 않습니다.

지난 3월에는 버크셔 주가가 1월과 2월 자사주 매입 시점보다 30%나 하락했는데도 왜 자사주를 매입하지 않았나요?

버핏 지난 3월 주가가 30% 하락한 기간은 매우 짧았습니다. 그리고 지금은 버크셔 주가가 내재가치보다 훨씬 낮다고 생각하지도 않습니다. 케인스도 말했듯이, 상황이 바뀌면 내 생각도 바뀝니다. 지금이 3개월, 6개월, 9개월 전보다 자사주 매입에 훨씬 매력적이라고 생각하지는 않습니다. 향후 상황을 지켜볼 것입니다.

버크셔의 내재가치가 1년 전보다 감소했습니다. 내가 항공사 주식을 매수한 것은 실수였습니다. 그 밖에도 비슷한 실수들이 있었습니다. 그래서 지금은 과거처럼 자사주 매입이 매력적이지 않습니다.

신용카드 대출을 함부로 이용해서는 안 돼

최근 몇 년 동안 연방기금 금리에 비해 신용카드 금리가 많이 상승했는데 어떻게 생각하시나요?

버핏 신용카드 금리는 카드사들 사이의 경쟁과 손실 가능성에 좌우됩니다. 물론 최근 몇 달 동안 손실 가능성이 대폭 증가했습니다. 그러나 신용카드 금리에 대해서 나는 많이 알지 못합니다.

하지만 신용카드 금리에 대해 일반적인 조언은 할 수 있습니다. 신용카드 대출을 함부로 이용해서는 안 됩니다. 얼마 전 한 친구가 찾아와서 내게 투자 조언을 부탁했습니다. 큰 금액은 아니었지만 그녀에게는 소중한 돈이었습니다. 내가 물었습니다. "신용카드 대출을 쓰고 있나요?" 그녀는 "얼마를 쓰고 있습니다"라고 대답했습니다. 금리가 아마 18% 수준이었을 것입니다. 나는 말했습니다. "18% 수익률은 나도 내지 못 합니다." 18% 금리로 대출을 쓰고 있다면, 투자보다 대출금 상환이 훨 씬 낫다는 뜻입니다. 그러나 그녀가 원하는 대답은 아니었습니다.

이후 그녀는 딸에게 1,000~2,000달러가 있는데 어떻게 투자해야 하 느냐고 물었습니다. 나는 딸에게 돈을 빌려 신용카드 대출금을 상환하 고 딸에게 18% 이자를 지불하라고 말했습니다. 딸에게 이렇게 유리한 투자는 찾기 어려우니까요.

고금리 대출을 쓰면서 부자가 될 수는 없습니다. 사람들은 신용카드 대출을 즐겨 사용하지만, 금리가 12% 수준이더라도 절대 사용해서는 안 됩니다. 신용이 좋은 분이라면 나를 찾아오세요. 내가 그 금리로 대 출해드리겠습니다.👈

번역 **이건** │ 투자 분야 전문 번역가. 연세대학교 경영학과를 졸업하고 같은 대학원 에서 경영학 석사 학위를 받았으며 캘리포니아대학에서 유학했다. 장 기신용은행, 삼성증권, 마이다스에셋자산운용 등에서 일했다. 《워런 버 핏 바이블》과 《워런 버핏 라이브》, 《현명한 투자자》, 《증권 분석》 등을 번역했다.

2019년 버크셔 해서웨이 주주서한 분석

버핏식 언택트 투자에
주목하라

이은원

코로나19 사태에 대한 버핏의 대응은 이전 위기 때와 얼핏 달라 보인다. 주가 저점에서 항공주를 모두 비워냈고 금융주를 일부 매도했다. 버크셔 해서웨이의 추가 지분 투자와 주식 매수는 없었다. 팬데믹 이후의 경기에 대해 부정적인 견해를 갖고 있다는 걸 유추하기가 어렵지 않다. 그러나 우리가 주목해야 할 부분은 애플 주식은 단 한 주도 매도하지 않았다는 데 있다.

2019년 한 해 동안 버크셔 해서웨이는 세후 814억 달러를 벌어들였다. 세부적으로는 영업이익 240억 달러, 실현한 자본이익 37억 달러, 보유 유가증권 미실현 이익 537억 달러로 나뉜다. 보험, 제조 및 소매, 유틸리티 등의 사업 자회사들이 벌어들인 영업이익은 전년도와 큰 차이를 보이지 않았으나, 미실현 이익이 증시 강세 덕분에 큰 폭으로 증가했다. 2018년부터 미국 회계기준에서 손익계산서에도 보유 유가증권의 시가 평가를 의무화하면서 사업 자회사들의 실적과는 상관없이 순이익의 변동성이 커졌다.

버핏은 보유 유가증권들의 내재가치가 2019년에도 증가했다고 보지만 시장의 평가에 따른 순이익을 중요하게 보지는 않는다. 버크셔 해서웨이의 가치를 정확하게 판단하려면 사업 자회사들의 실적인 영업이익에 관심을 집중해야 한다고 조언한다.

유보이익은 향후 성장의 근본 동력

버핏은 기업의 유보이익을 중요하게 본다. 유보된 이익은 사업에 재투자되거나 다른 사업을 인수하는 데 사용되기 때문에 향후 성장의 근본 동력이 된다. 그 결과 기업 가치가 증가하고 주가는 이를 반영해 상승한다.

주식의 수익률은 기업이 성장하는 만큼 장기적으로 복리로 우상향하게 된다. 1924년 당시 무명의 경제학자이자 재무상담사였던 에드거 로렌스 스미스는 《Common Stocks as Long-Term Investment(주식 장기 투자)》(한국 미출간)라는 얇은 책을 발간했다. 이 책에서 그는 물가 상황에 따라 주식과 채권의 수익률 추세가 상반된다고 설명하려 했지만, 연구 결과 주식의 수익률이 더 높은 것을 확인했다. 이에 대해 존 메이너드 케인스는 다음과 같이 서평을 남겼고, 버핏은 이를 통해 유보이익의 중요성을 강조했다.

"요컨대 스미스가 제시한 아마도 가장 중요하고 참신한 개념은 다음과 같다. 훌륭하게 경영되는 제조회사들은 이익을 모두 주주들에게 분배하지는 않는다. 적어도 실적이 좋은 해에는 이익의 일부를 유보해서 사업에 재투자한다. 따라서 건전한 제조회사에는 '복리 이자 요소'가 있어서 유리하다. 건전한 제조회사의 실제 자산가치는 장기적으로 복리로 증가한다. 주주들에게 배당을 지급하고서도 말이다."

버크셔 해서웨이의 유보이익 활용에는 순서가 있다. 먼저 자회사들의 다양한 사업을 운영하고 확장하는 데 투자한다. 지난 10년 동안 버크셔 해서웨이 그룹의 감가상각비 합계는 650억 달러에 달했지만 유형자산에 대한 투자 규모는 1,210억 달러였다. 즉, 기본적인 운영 외에 기존 사업의 성장을 위해 560억 달러를 투자한 셈이다.

기존 사업의 경쟁력 강화를 위한 투자 외의 자금은 버크셔 해서웨이 본사로 보내진다. 이는 버핏의 세 가지 기준을 충족하는 다른 기업들을 인수하는 데 쓰여서 그룹 전체의 지속적인 성장에 기여한다. 세 가지 기준은 잘 알려진 대로 유형자본이익률이 높고, 유능하고 정직한 경영자가 경영하며, 합리적인 가격에 인수하는 것이다.

이런 기업을 발견하면 지분을 100% 인수하고자 하지만, 규모가 충분히 커서 버크셔 해서웨이에 의미가 있는 대기업을 인수할 기회는 흔하지 않다. 그 대신 변동성이 큰 주식시장에서 규모가 큰 기업들의 비지배 지분을 매수할 기회가 더 많다고 언급한다. 자본배분이 합리적인 기업이라면 지배권을 확보하지 못하더라도 상관하지 않는다. 그저 그런 기업을 100% 인수하는 것보다 훌륭한 기업의 비지배 지분을 확보하는 것이 더 의미가 있다고 버핏은 말해왔다. 버크셔 해서웨이의 이익 기반이 사업 자회사들의 영업이익과 상장 주식의 투자 이익으로 구성되는 이유다.

버핏은 여유 자금을 운용하는 방안으로 기업 인수와 상장 주식 투자를 병행한다. 좋은 기업을 100% 인수함으로써 창출되는 현금흐름을 컨트롤하는 방법을 선호한다. 그러나 때때로 주식시장이 주는 좋은 매수 기회를 놓치지 않아서 자금 운용의 효율을 높인다.

피지배 기업(버크셔 보유 지분이 50%를 초과하는 회사)들의 이익은 회계상 연결로 인식되기 때문에 유보이익이 전액 장부에 계상된다. 그러나 비지배 지분을 보유하는 기업들은 배당이익만 회계적으로 인식된다. 버크셔 해서웨이를 정확하게 판단하기 위해서 버핏은 이 기업들의 지분율에 해당하는 유보이익 규모에 집중할 필요가 있다고 설명한다. 그런 다음 투자 규모가 가장 큰 10개 기업에 대해 '배당이익'과 '유보이익 중 버크셔의 몫'을 열거해서 차이를 느낄 수 있게 배려했다.

버핏은 이들 주식으로 향후 실현하는 이익이 '유보이익 중 버크셔의

투자 규모가 가장 큰 10개 기업의 '배당이익'과 '유보이익 중 버크셔의 몫' 비교

회사명	지분율 (%)	배당 (100만 달러)*	유보이익 중 버크셔의 몫 (100만 달러)**
아메리칸 익스프레스	18.7	261	998
애플	5.7	773	2,519
뱅크 오브 아메리카	10.7	682	2,167
뱅크 오브 뉴욕 멜론	9.0	101	288
코카콜라	9.3	640	194
델타항공	11.0	114	416
JP모간체이스	1.9	216	476
무디스	13.1	55	137
US뱅코프	9.7	251	407
웰스 파고	8.4	705	730
합계		3,798	8,332

* 현재 연간 배당률 기준.
** 2019년 이익 − (보통주 배당+우선주 배당) 기준.

몫'과 정확하게 일치하지는 않겠지만 결국 그 이상이 될 것이라고 강조한다. 주식시장의 침체 탓에 주기적으로 손실이 발생할 수도 있겠지만, 때로는 시장의 활황으로 대규모 이익이 발생할 것이다. 구체적으로 전자는 2018년, 후자는 2019년을 예로 들었다.

투자자들은 이러한 유보이익에 대한 버핏의 견해를 눈여겨볼 필요가 있다. 기업이 이익을 '유보'한다는 말은 재투자를 통해 '성장'할 사업 기회가 있다는 것을 의미한다. 따라서 유보이익을 통해 향후 성장 규모와 가능성을 가늠할 수 있다.

버핏은 지배권을 가진 기업에는 성장에 필요한 부분 외의 이익을 배

> **"**
>
> 유보이익에 대한 버핏의 견해를 눈여겨볼 필요가 있다.
> 기업이 이익을 '유보'한다는 말은 재투자를 통해
> '성장'할 사업 기회가 있다는 것을 의미한다.
> 따라서 유보이익을 통해
> 향후 성장 규모와 가능성을 가늠할 수 있다.
>
> **"**

분함으로써 버크셔 전체의 '성장'을 이뤄낸다. 그러나 그런 선택권이 없는 일반 투자자들로서는 자본배분에 대한 경영진의 판단을 신뢰할 수밖에 없다. 투자자들은 기업이 지속적인 사업 기회가 있어서 적절한 투자를 통해 성장을 이뤄내는지, 사업 기회가 없다면 과감히 주주환원을 통해 주주가 다른 투자 기회를 찾게 해주는지 점검할 필요가 있다. 장기 투자를 전제한다면, 버핏의 지적대로 시간이 흐를수록 이런 자본배분 능력이 기업 가치에 미치는 영향이 커지기 때문이다.

비보험 자회사 실적 '보통'… 버크셔 2019년 주가 11%만 상승

버크셔 해서웨이의 비보험 그룹을 이끄는 쌍두마차인 철도회사 BNSF와 버크셔 해서웨이 에너지(BHE)의 2019년 이익 합계는 83억 달러였다. 2018년 대비 6% 증가한 수치다. 다음으로 이익을 많이 낸 회사 5곳(클레이턴 홈즈, IMC, 루브리졸, 마몬, 프리시전 캐스트파츠)의 이익 합계는 48억 달러로, 2018년과 거의 같다. 그다음 5곳(버크셔 해서웨이 오토모티브, 존즈 맨빌, 넷젯, 쇼, TTI)의 이익은 2018년 17억 달러에서 2019년

19억 달러로 증가했다. 나머지 자회사들 수십 곳은 2018년 28억 달러에서 2019년 27억 달러로 감소했다. 비보험 자회사 전체의 이익 합계는 2018년 172억 달러에서 2019년 177억 달러로 3% 증가했다. 기업 인수나 매각이 미친 영향은 거의 없다고 언급하고 있다.

사실 2019년 비보험 자회사들의 실적은 화려하지 않았다. 이는 2019년 S&P500지수가 한 해 동안 31% 상승한 데 비해 버크셔 해서웨이의 주가는 11% 오르는 데 그친 이유 중 하나라고 판단된다.

손해보험 근래 17년 중 16년 보험영업이익 기록

손해보험업은 1967년 860만 달러에 '내셔널 인뎀너티'와 자매회사인 '내셔널 화재해상'을 인수한 이후 버크셔 해서웨이의 사업 확장을 견인한 엔진이었다. 현재 내셔널 인뎀너티는 순자산 기준으로 세계 최대 손해보험사로 발돋움했다.

버핏은 보험료를 먼저 받고 나중에 보험금을 지급하는 보험업의 비즈니스 모델에 매료되었다. 인수하는 보험을 적절히 구성함으로써 받아둔 보험료가 한 번에 나가지 않도록 전략적으로 접근했다. 이런 구조는 자금을 차입하는 것과 같은 효과를 내는데, 받아둔 보험료를 나중에 지급할 때까지 다른 자산에 투자해 운용할 수 있기 때문이다.

이렇게 보험업에서 차입금과 같은 효과를 내는 자금을 플로트(float)라고 부른다. 버크셔 해서웨이의 보험업에서 창출한 플로트는 1970년 3,900만 달러에서 2019년 1,294억 달러까지 지속적으로 증가했다.

기본적으로 플로트를 늘리려면 보험을 인수하면서 받는 보험료 규모를 키워야 한다. 양질의 플로트를 위해서는 나중에 돌려주는 보험금 규모가 먼저 받아두는 보험료 규모보다 작아야 한다. 업황이 좋지 못해 보험금이 보험료를 초과하더라도, 버핏은 그 차이를 10년 만기 국채 이자율보다 낮게 관리하려고 노력해왔다. 아무리 큰 규모의 보험료를 받더라도 시중 차입 금리보다 높은 비용을 치른다면, 차라리 이용하지 않는 것이 더 낫기 때문이다. 때문에 버핏은 보험을 신중하게 인수하되, 불리한 계약은 과감히 인수하지 않는 철학을 고수해왔다. 유리하면서 규모가 큰 물건은 과감히 인수하는 것은 물론이다. 버핏이 투자에 임하는 모습과도 일맥상통하는 측면이다.

이런 철학이 반영되어 버크셔 해서웨이 손해보험사들은 최근 17년 중 2017년에만 세전 손실 32억 달러를 기록했을 뿐, 16년 동안 보험영업이익을 기록했다. 받아둔 보험료보다 지급한 보험금이 작기 때문에, 오히려 이자를 받으면서 차입금을 활용한 셈이다. 지난 17년 동안 벌어들인 세전 이익 합계는 275억 달러였고 그중 2018년 이익은 4억 달러였다.

이런 기준을 고수하면서 플로트 규모를 기하급수적으로 늘려온 데에는 보험 사업을 진두지휘하고 있는 아지트 자인의 공이 컸다고 밝혔다. 자인은 보험 인수에 앞서 리스크와 기회를 판별하는 능력이 뛰어나고, 큰 리스크 없이 버크셔 해서웨이의 보험 사업을 키워왔다.

아지트 자인은 2012년 말 윌크스배리 소재의 가드 보험그룹을 순자산가치 수준인 2억 2,100만 달러에 인수했다. CEO 시 포구엘이 버크셔 해서웨이에서 스타가 될 것이라는 말도 덧붙였다. 2019년 가드의 수입 보험료는 19억 달러로, 2012년 이후 379% 증가했고, 보험영업이익도 만족스러운 수준이었다. 1967년에는 아무도 예상하지 못한 오마하에서 거대 보험사가 등장했고, 이번에는 월크스배리에서 스타가 탄생할 듯하다며 기대를 드러냈다.

BHE 원가 측면에서 경제적 해자 확보

2020년은 버크셔 해서웨이 에너지(BHE)를 인수한 지 20년이 되는 해다. 버핏은 20주년을 맞이해서 BHE가 그간 이룬 성과를 언급한다.

2000년 BHE의 지분 76%를 인수하면서 전력 사업에 진출한 시기, 주 사업 지역인 아이오와주 고객들이 부담했던 전력 요금은 킬로와트시(KWh)당 평균 8.8센트였다. 이후 주택용 전력 요금 인상률은 연 1% 미만이었고, 2028년까지 기본요금을 인상하지 않겠다고 선언한 바 있다. 반면 경쟁사의 작년 요금은 BHE보다 61% 높았고, 최근에도 요금을 인상했기 때문에 차이가 70%로 벌어진 상황이다.

이렇게 요금 차이가 커진 이유를 버핏은 BHE가 풍력발전에서 큰 성과를 거둔 데에서 찾았다. 2021년에는 BHE가 보유한 풍력발전 터빈으로 아이오와주에서 생산하는 전력이 약 2,520만 메가와트시(MWh)에 이를 전망이다. 현재 아이오와주 고객의 연간 소비량 약 2,460만 MWh를 모두 커버하는 수준이다. 아이오와주에서 풍력발전만으로 자급자족을 달성하게 되는 셈이다.

반면 경쟁사의 풍력발전 비중은 10%에도 미치지 못한다. 2021년까지 풍력발전 자급자족을 달성하는 전력회사는 BHE뿐일 것이다.

바람이 항상 부는 것이 아니기 때문에 풍력발전기는 24시간 내내 가동되지는 않는다. BHE는 바람이 불지 않을 때는 비풍력 발전기로 전력을 확보한다. 반면 풍력 발전량이 남아돌 때는 잉여 전력을 배전망을 통

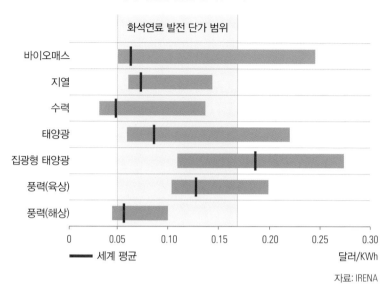

에너지원별 발전 단가(2018)

화석연료 발전 단가 범위

바이오매스
지열
수력
태양광
집광형 태양광
풍력(육상)
풍력(해상)

0   0.05   0.10   0.15   0.20   0.25   0.30

— 세계 평균   달러/KWh

자료: IRENA

해 수요처에 공급하는데, 그만큼 석탄이나 천연가스 등 탄소 자원을 이용한 전력 소비가 감소해 비용이 줄어든다.

투자자들은 BHE가 지난 20년 동안 이익을 배당하지 않고, 압도적인 가격경쟁력을 확보하기 위해 풍력발전에 지속적으로 투자해온 부분을 주목할 필요가 있다. 풍력발전 단가는 일반적으로 원자력과 석탄발전의 중간으로 알려져 있다. BHE는 석탄·천연가스 등 탄소 자원 대비 발전 비용이 낮은 풍력발전 비중을 확대하면서 가격경쟁력을 갖췄다. 이익을 재투자하지 않은 주변 경쟁사들이 가까운 시일에 따라오기 어려운 수준이다. BHE의 경제적 해자는 두텁다고 판단된다.

이런 오랜 노력에 따라 현재 아이오와주 주변의 주요 수요처들도 과거 농업 기반에서 정보기술(IT) 첨단 기업들로 변화하고 있다. 따라서 향후 BHE는 더욱 안정적으로 성장하리라 기대한다.

BHE가 어떻게 경제적 해자를 갖추게 되었는지 설명하는 부분은 이번 주주서한에서 주목할 부분이다. 유보이익에 대한 견해와 함께 실제 적용된 사례로서 BHE를 생각해볼 필요가 있다.

유틸리티 기업들은 안정적인 현금흐름이 발생하기 때문에, 인수 이후 높은 배당을 통해 자금을 회수하는 것이 통념이었다. 그러나 버핏은 통념과는 다르게 배당하지 않고 100% 유보해서 본질적인 경쟁력을 더욱 강화하는 방향을 선택했다. 20년간 우직하게 발전 단가가 낮은 풍력발전 비율을 꾸준히 늘려 지역 내 다른 경쟁사들 대비 압도적인 비용경쟁력을 확보했다.

이는 버크셔 해서웨이 재보험업이 글로벌 최대 재보험사로 발돋움한 과정과 일맥상통한다. 사업의 핵심적인 부분에 집중함으로써 경제적 해자를 구축해나가는 모습은 직접 경영하지 않더라도 훌륭한 기업들을 선별하는 안목을 키워준 것으로 보인다. 이런 사례들은 사업을 직접 해보는 것이 투자에 도움이 된다는 버핏의 견해를 뒷받침한다.

버핏, 자신 떠난 버크셔의 미래 대비

버핏과 멍거는 올해 한국 나이로 각각 91세와 96세가 되었다. 주주들은 현실적으로 버핏 사후의 버크셔 해서웨이를 준비하고 고민할 수밖에 없는 상황이다. 그런 염려에 대해 버핏은 다섯 가지 이유를 들어 안심해도 좋다고 말했다.

먼저 버크셔 해서웨이의 자회사들은 매력적인 자본이익률을 유지하고 있다. 높은 자본이익률은 경영이 효율적으로 이뤄지고 있다는 뜻이며, 그만큼 훌륭한 경영진이 포진하고 있다는 뜻이다. 버핏 사후에도 자회사들의 경영진은 잘 해나갈 것이며 버크셔 해서웨이는 견고할 것이라고 언급했다.

둘째, 자회사들이 버크셔 해서웨이라는 단일 기업 그룹에 속함으로써 얻는 경제적 혜택을 지속적으로 누리고 있다. 버크셔 해서웨이의 재무적 지원, 강력한 모회사로 인한 유리한 신용등급 등을 생각할 수 있다. 셋째, 건전한 재무 구조 덕분에 극단적인 외부 충격도 견뎌낼 수 있다. 넷째, 높은 급여나 명성보다 경영 자체를 즐기는 유능하고 헌신적인 경영자들을 보유하고 있는 부분도 중요하게 봐야 할 부분이라고 지적한다. 마지막으로 이사들이 버크셔 해서웨이 주주들의 이익과 기업문화 발전에 관심을 집중하는 것도 중요한 부분이라고 설명했다.

버핏은 자신이 사망한 후 지분을 한 주도 팔지 못하게 했다. 매년 A주 일부를 B주로 전환해서 다양한 재단에 기부하게 했는데, 그의 지분이 시장에 모두 풀리기까지는 12~15년 소요될 것으로 보았다. 즉, 최소 10년 안에 최대 주주가 바뀔 가능성은 낮다. 버핏 사후에도 독립적인 이사회가 월스트리트 등 외부의 영향으로부터 자유로울 수 있도록 환경을 조성해준 셈이다. 수많은 외부 압력이 불가피하겠지만, 버핏은 이런 계획들을 통해 현재의 문화가 충분히 유지될 수 있다고 본다.

버크셔 주가가 내재가치보다 내려가면 자사주 매입

버핏은 2019년 주주서한을 바람직한 이사회와 자사주 매입에 관련한 내용으로 마무리한다. 이사회에 대해서는 기존 지론, 즉 사업에 정통하고 주주 지향적이며 버크셔 해서웨이에 관심이 상당히 많은 사람만 이사로 선임해야 한다고 주장한다. 그래야 로봇 같은 기계적 절차가 아니라 생각과 원칙에 따라 행동할 수 있기 때문이다. 물론 버크셔 해서웨이의 현 이사회는 이런 이사들로 구성되어 있다고 말한다.

자사주 매입에 대한 버핏의 견해는 한결같다. 주가가 내재가치보다 낮아야 하고, 자사주를 매입한 후에도 현금이 충분해야 한다. 2019년 말 일부 미국 상장기업들이 보여준, 차입까지 해서 자사주를 매입하는 모습은 버핏의 견해와 거리가 있다. 버크셔 해서웨이의 주가가 내재가치보다 내려간다면 적극적으로 자사주를 매입하겠지만 주가를 떠받치지는 않겠다고 밝히면서 주주서한을 마무리한다.

코로나 이후 버핏 행보의 시사점

2019년 내내 버핏은 투자에서 의미 있는 행보를 보이지 않았다. 이는 사상 최고를 경신하던 미국 증시와 역사적인 저금리가 맞물린 상황과 무관하지 않았다. 시중의 넘치는 유동성에 힘입어 버핏 기준에서 매력적이지 않은 수준의 가격에 기업들이 거래되었다.

그러던 와중에 2020년 들어 코로나 바이러스가 전 세계에 퍼지면서, 3월 금융위기 이후 유례없는 급락장이 연출되었다. 미 연준과 정부의 발 빠른 대처는 자산시장의 V자 반등을 합작해냈고, 4월 들어 시장은 안정세를 찾았다. 3월의 급락장에 버핏이 어떻게 대처하는지 투자자들은 관심을 집중했다. 2019년 말 기준으로 1,300억 달러에 달하는 역대급 현금을 보유하고 있었기 때문이다. 그러나 버핏은 예상과 달리 급락하는 항공주를 모두 비워냈다. 2008년 금융위기 때 미국의 건재함을 피력하며 좋은 기업들을 저가에 쓸어 담던 모습과 다르게, 버크셔의 추

07/45

가 지분 투자와 주식 매수는 없었다.

버핏을 추종하던 투자자들은 혼란스러워했다. 3월 초까지만 해도 코로나 바이러스 글로벌 팬데믹 사태를 과소평가하면서 항공주를 늘렸던 터라 더욱 그랬다. 5월 초 온라인으로만 진행된 버크셔 해서웨이 주주총회에서 버핏은 자신감을 많이 잃은 모습으로 항공주를 전량 매도했음을 인정했다. 유례없는 미 연준의 빠른 대처 탓에 자금이 필요한 기업들이 자신에게까지 올 필요가 없었다는 부분도 언급했다. 찰리 멍거 또한 그 전에 〈월스트리트 저널〉과의 인터뷰에서, 한 치 앞을 알 수 없기 때문에 투자하기에 적합하지 않은 시기라고 언급했다. 5월에는 버크셔 해서웨이가 3월 중 골드만삭스 지분을 전량 매도했다는 13F 공시 내용이 전해지면서 투자자들의 혼란은 더욱 가중되었다.

주주총회에서 버핏이 한 말을 종합하면 팬데믹 이후의 전반적인 경기를 부정적으로 본다고 유추할 수 있다. 가까운 시일 내에 경제가 코로나 이전으로 복귀하기 어렵고, 항공산업은 그중에서도 가장 나중에 회복될 가능성이 높다고 언급했다. 코로나 이전보다 수요가 낮은 상황이 한동안 지속된다면 산업 전반의 과잉 공급이 불가피하다. 항공산업은 고정비가 높기 때문에 이런 과잉 공급은 대규모 적자를 초래한다. 급락한 주가에도 불구하고 전량 매도한 배경이라고 볼 수 있다.

골드만삭스 전량 매도 역시 버핏의 경기에 대한 부정적 견해가 반영된 결과다. 글로벌 총수요가 2019년 수준으로 회복되는 데 상당한 시일이 걸릴 것으로 보기 때문에, 고용과 투자는 계속 부진할 가능성이 높다. 소득이 위축되면서 글로벌 자산시장도 부진해지고, 자산시장의 변동성에 크게 좌우되는 투자은행 사업 모델상 역풍을 맞을 가능성이 높

항공주와 골드만삭스 지분 전량 매도 속에서도
눈여겨봐야 할 부분은 애플이다.
버핏은 애플 주식을 한 주도 매도하지 않았다.
버크셔 해서웨이의 애플 보유 규모는
913억 달러(2020년 7월 초 기준)에 달해, 상장 유가증권 포트폴리오의
43%를 차지할 정도로 중요한 투자 포지션이다.

다고 판단한 듯하다. 게다가 자본 대비 레버리지가 높은 사업 구조는 이런 변동성을 극대화하는 배경이 될 수 있다.

항공주와 골드만삭스 주식을 전량 매도했지만 의미 있는 수준의 신규 매수는 없었다. 신규 기업 인수도 없었다. 현금 규모는 2019년 말보다 더 늘었는데, 주주총회에서는 불확실한 이후 상황을 고려하면 이만큼의 현금도 충분하지 않을 수 있다고 언급했다.

그렇다면 버핏은 왜 코로나 이후의 경기 상황을 좋지 않게 보는 것일까? 이런 배경에는 절친인 빌 게이츠의 영향이 있었다고 보는 것이 합리적이다. 버핏이 게이츠에게 어떤 이야기를 들었는지, 둘의 대화가 어떠했는지는 밝혀진 바 없다. 그러나 게이츠는 자신의 블로그와 공개 석상에서, 완전한 백신이 나오기 전에 경제는 제대로 가동될 수 없고 코로나 확산과 억제가 계속되는 모습을 보일 것이라고 언급해왔다. 완전한 백신이 나오기 전에는 경제가 2019년 수준으로 돌아갈 확률이 낮다고 보는 것이다. 이는 버핏의 최근 행보와 일맥상통한다.

빌 게이츠는 2014년 에볼라 바이러스 발병 당시부터 바이러스의 글로벌 팬데믹을 경고해왔다. 자신의 재단을 통해 약 3억 달러를 코로나백신과 치료제 개발에 투자할 정도로 관심과 지식 수준이 깊다. 따라서 전 세계에서 손꼽는 바이러스 전문가인 그의 견해를 버핏이 진지하게 받아들였다고 볼 수 있다. 버핏은 백신이 개발되는 데 최소 18개월 소요된다는 견해에 대해서도 보수적인 것으로 보인다. 과거 기업이나 경제의 일시적 부진을 저가 매수 기회로 활용해왔으나, 이번 패닉장에서는 신규로 의미 있게 매수한 기업이 전무하기 때문이다.

항공주와 골드만삭스 지분 전량 매도 속에서도 눈여겨봐야 할 부분은 애플이다. 버핏은 애플 주식을 한 주도 매도하지 않았다. 버크셔 해서웨이의 애플 보유 규모는 2020년 7월 초 기준으로 913억 달러에 달해, 상장 유가증권 포트폴리오의 43%를 차지할 정도로 중요한 투자 포지션이다.

버핏이 애플을 매도하지 않은 이유는

이런 애플을 한 주도 매도하지 않았다는 데서, 버핏은 향후 암울한 경제 상황에서도 애플은 선방할 것으로 판단한다고 유추할 수 있다. 올해 2월 애플 CEO 팀 쿡에게서 스마트폰을 선물받은 버핏으로서는 그 안에서 이루어지는 소위 '언택트' 생태계에 대한 지식 수준이 낮을 수밖에 없다. 잘 모르는 세세한 부분을 고민하기보다는 소비자 선호가 확실한 플랫폼을 선택한 것으로 추정된다. 추가 지분 매수가 없었던 부분은 답답해 보일 수 있다. 그러나 자신이 잘 모르는 영역을 철저히 관망하는 모습이 과거 니프티피프티와 테크붐 같은 상황 속에서 부화뇌동하지 않게 해준 원동력이었음을 기억할 필요가 있다.

버핏에게는 경제 봉쇄(lock-down)로 자회사들의 매출이 얼마나 감소할지 모르는 상황에서 이들을 적시에 지원할 자금을 확보해야 한다는 사정도 있다. 코로나 사태로 향후 유발될 여러 보험 관련 소송에 대비하는 측면도 있다. 그렇더라도 2008년 금융위기 폭락에서 유유히 미국의 건재함을 외치며 대규모 현금을 풀어내던 든든한 모습이 이번 유례없는 코로나 폭락 장세에서 보이지 않는 것이 투자자로서 아쉽다.

'연준에 맞서지 말라'라는 격언은 이번에도 유효했다. 시장은 폭락 후 5월까지 가파르게 올라왔으나, 6월 들어 코로나 2차 유행 우려로 또다시 조정받고 있다. 버핏이 매도한 금융주와 항공주 위주로 조정이 큰 양상이다. 실물 경기가 회복하는 데 상당한 시일이 걸릴 것으로 시장은 판단하는 듯하다. 실제 펀더멘털에 대한 버핏의 판단은 틀리지 않은 것 같지만, 유동성이 넘치는 현 상황은 버핏에게 어떤 영향을 미칠지 궁금해진다. 🅑

글 이은원 | 연세대학교 수학과를 졸업하고, 2006년 VIP투자자문(현 VIP자산운용)을 시작으로 유리자산운용 등에서 수년간 펀드매니저로 일했다. 버크셔 해서웨이 주주서한을 분석해 워런 버핏의 가치 평가 방법론을 정리한 《워런 버핏처럼 적정주가 구하는 법》을 썼다. 현재 SK증권 서초PIB센터에서 '밸류 1호' 랩 상품을 운용하고 있다.

이제 감사위원회는 전보다 훨씬 더 열심히 일하며 업무를 대하는 관점도 늘 진지합니다. 그렇더라도 숫자를 속이려는 경영진에게는 적수가 되지 못합니다. CEO는 자신이 발표한 이익 '예측치'를 어떻게든 달성하고 싶어 하기 때문입니다. 내가 직접 경험한 바로는 (많지 않아서 다행이지만) 숫자를 속인 CEO들은 대개 돈을 벌려는 욕구보다 자존심을 지키려는 욕구가 더 강했습니다.

- 2019년도 워런 버핏의 주주서한

Audit committees now work much harder than they once did and almost always view the job with appropriate seriousness. Nevertheless, these committees remain no match for managers who wish to game numbers, an offense that has been encouraged by the scourge of earnings "guidance" and the desire of CEOs to "hit the number." My direct experience (limited, thankfully) with CEOs who have played with a company's numbers indicates that they were more often prompted by ego than by a desire for financial gain.

용환석 페트라자산운용 대표

'포스트 코로나' 시대,
더 넓은 시장서 투자하라

강영연

페트라자산운용은 해외에서 더욱 인정받는, 탁월한 수익률의 투자회사다. 용환석 페트라자산운용 대표는 우리나라를 벗어나 투자할 대상을 찾으라고 조언한다. 미국의 신기술 분야 등에서 성장하는 회사를 들었다. 또 내수 시장이 큰 중국 기업에 대한 관심도 크다고 말했다. 그는 한국 주가가 저평가된 요인 중 하나로 인색한 주주 환원 정책을 들었다.

페트라자산운용은 한국보다 해외에서 더 유명하다. 전체 설정액의 70~80%가 해외 투자자에게 받은 자금일 정도다. 주요 고객은 장기 투자로 안정적인 수익을 내고자 하는 해외 기금이다. 또 한국 회사로는 유일하게 미국, 유럽 등에서 열리는 가치투자 관련 콘퍼런스에 참여해 투자 전망과 종목에 대한 의견을 나누고 있다.

페트라자산운용은 대체투자 등에 눈을 돌리지 않고 주식에만 투자하는 가치투자 하우스다. 최근엔 해외에서 투자를 받는 것뿐 아니라 해외 시장에 대한 투자도 늘리고 있다. 미국, 중국, 일본 등의 대표주에 투자한다.

수익률이 탁월하다. 2009년 운용을 시작해서 2019년까지 11년 동안 누적 수익률 202.9%를 기록했다. 같은 기간 코스피지수는 17.8% 오르는 데 그쳤다. 연평균 수익률은 10.5%에 이른다. 같은 기간 코스피지수의 연평균 수익률은 1.6%였다.

5월 14일, 서울 여의도에 있는 페트라자산운용 사무실에서 용환석 대표를 만났다. 용 대표는 "한국 주식시장이 전 세계에서 차지하는 규모는 2~3% 정도"라며 "국내 개인 투자자와 기관투자가의 관심이 해외 시장으로 진출하는 것은 자연스러운 현상"이라고 설명했다.

코로나19로 시장을 예측하기 어려운 시간이 이어지고 있습니다.

"지금까지만 보면 큰 위기는 지나간 듯합니다. 이번 위기는 2008년 금융위기 등 과거의 위기들과 결이 다릅니다. 가장 큰 차이점은 위기 전후로 주도주가 변하지 않았다는 것입니다. 2008년 위기 이전에는 원자재 등 중국 관련 주식이 부각되었지만 회복 이후 이런 종목들은 크게 하락했습니다. 하지만 지금 상황을 보면 코로나19 문제 이전에 주목받던 분야가 더 빠르게 성장하고 있습니다. 예를 들어 배달과 같은 언택트 서비스는 성장 업종으로 꼽히고 있었고 코로나19를 계기로 급성장하고 있죠. 주가 흐름도 비슷합니다. 주식시장이 크게 하락했다 반등하는 과정에서 주도주는 덜 떨어졌다가 더 오르고 있습니다."

코로나19 이후 시장을 어떻게 전망하나요?

"지금까지는 전 세계 주식시장이 코로나 자체에 집중하고 있습니다. 하지만 바이러스로만 본다면 결국은 없어집니다. 시간문제일 뿐이죠. 그러

나 실물 경제는 좀 다를 수 있습니다. 한국은 아니지만 미국, 유럽 등 주요 선진국들은 도시가 셧다운되었습니다. 경제활동이 완전히 멈췄습니다. 실물 경제 지표가 나쁘게 나오기 시작하면 주식시장에 다시 한번 충격이 가해질 수 있다는 뜻입니다. 한국은 셧다운은 없었지만 대외무역 의존도가 높습니다. 글로벌 증시 충격에서 예외가 되긴 힘들 것입니다. 물론 지난 3월 말처럼 급격한 변동은 아닐 것으로 예상합니다. 다만 당분간은 변동성이 지속될 것이기 때문에 안심하긴 이른 상황입니다."

현재의 위기를 과거 외환위기와 연결하는 사람들이 많습니다.
"외환위기 때보다는 현 상황이 좋다고 생각합니다. 그때는 국가 부도 위기로 나라가 망할 수 있었지만 지금은 그 정도는 아닙니다. 변동성을 고려하더라도 우리나라 주식시장은 코로나19 전에도 굉장히 쌌습니다. 지난 3월 코스피지수가 1,400대까지 간 적이 있지만 순간이었고 거기에 머무르진 않았습니다. 너무 싼 가격이기 때문입니다."

이런 시장에서 개인 투자자들은 어떻게 대응하는 게 좋을까요.
"이미 주식을 보유한 경우라도 기회가 있습니다. 주가가 많이 빠져 매력적인 수준이 된 주식에 투자하는 등 포트폴리오를 바꾸는 것이지요. 코로나19로 인해 경제에 대한 예상이 시시각각 바뀌고 있고, 이에 따라 회사 전망, 가치도 변하고 있습니다. 코로나19 이전보다 변화무쌍한 흐름이 이어질 것입니다. 지속적으로 관찰하고 집중적으로 분석하지 않으면 투자가 어려운 상황입니다. 다만 이런 분석을 이어간다면 기회를 잡을 수 있다고 생각합니다."

"위기가 오면 대개 시장을 주도하는 섹터가 바뀌는데
그렇지 않아 보였습니다.
바이러스로 인해 오히려 모바일 트렌드가 가속화된다고
파악했습니다. 실제로 그 생각이 맞았습니다."

변동성 장세에도 페트라자산운용의 수익률은 나쁘지 않습니다.

"3월 중순 이후로 주가가 많이 하락하는 과정에서는 대응하지 않았습니다. 2019년 말에 IT주 중심으로 포트폴리오를 조정했는데 그 방향이 맞다고 생각했기 때문입니다. 주가가 하락할 때 시장을 면밀히 살폈습니다. 위기가 오면 대개 시장을 주도하는 섹터가 바뀌는데 그렇지 않아 보였습니다. 바이러스로 인해 오히려 모바일 트렌드가 가속화된다고 파악했습니다. 실제로 그 생각이 맞았습니다. 시장이 회복되면서 주도주 중심으로 수익이 나고 있습니다."

10년 가까이 해외 투자자 유치를 위해 노력해왔습니다. 그간 해외 투자자들의 한국에 대한 시각에 변화가 있습니까.

"안타깝지만 외국인들은 한국이라는 나라를 모르는 경우가 많습니다. 아시아 국가는 일본이나 중국 정도 알지요. 물론 시간이 갈수록 한국에 대한 관심이 많아지는 것은 사실입니다. 삼성전자와 같은 세계적 브랜드가 나오고, K-POP, 영화 '기생충' 등에서 확인된 것처럼 문화도 인정받고 있으니까요. 하지만 주식시장은 이런 관심과는 좀 다릅니다. 해외 투자자들은 아무래도 기관투자가가 많은데 이들은 주가가 올라갈 것 같아야 투자합니다. 한국 시장은 최근 10년만 봐도 다른 시장에 비해 매력 있는 곳은 아닙니다. 또 한국 시장은 주식시장 분류에서 신흥국에 속하는데 이들 국가가 최근 선진국에 비해 성적이 떨어지다 보니 더욱 관심이 적습니다."

특히 외국인들이 한국 주식에 관심이 없는 이유는 뭘까요.
"가장 큰 이유는 주가입니다. 주가가 올라가야 관심을 갖는데 10년째 제자리이다 보니 정말 오를까 하는 의구심이 큰 것 같습니다. 또 지배구조에 문제가 있고 주주환원 정책이 약한 것도 외국인 투자를 가로막는 걸림돌 중 하나라고 생각합니다. 이런 문제들이 개선되면 투자가 늘어날 수 있을 겁니다."

용 대표는 2019년 말 출범한 한국기업거버넌스포럼에 참가하고 있다. 이 포럼은 한국 기업의 지배구조 개선을 모색하는 모임이다. 강성부 KCGI 대표, 김봉기 밸류파트너스자산운용 대표, 박영옥 스마트인컴 대표, 이채원 한국투자밸류자산운용 대표, 존 리 메리츠자산운용 대표, 홍성국 미래에셋대우증권 전 대표(현 국회의원), 황성환 타임폴리오자산운용 대표 등이 발기인으로 함께 참여했다.

한국이 지배구조, 주주환원 정책 등에서 경쟁력이 떨어지나요?
"많이 떨어집니다. 먼저 우리나라 상장사 대부분은 재벌이건 작은 회사건 지배 주주가 경영합니다. 경영에 참여하지 않는 주주는 소외되는 상황입니다. 냉정하게 보면 회사 경영자의 성과는 급여나 성과급으로 받아야 합

> ## "우리나라 상장사들은 주주들에게
> 돌려주지 않고 있습니다.
> 선진국의 주주환원 정책 등과 비교하면
> 우리나라 주가가 쌀 수밖에 없죠."

니다. 주주로서는 차별이 있어선 안 됩니다. 하지만 현실은 그렇지 않습니다. 경영에 참여하지 않더라도 시장에서 주식을 산 주주들이 보유한 비중만큼 가치 공유가 되어야 하는데 그게 잘 안 됩니다."

왜 그런 현상이 나타날까요.

"과거의 경험에서 비롯된 것이라고 봅니다. 우리나라는 1990년대까지 고속 성장했습니다. 주주환원이 그다지 중요하지 않았습니다. 투자를 통해 빠르게 성장했고 주가도 올랐죠. 지금은 상황이 다릅니다. 상장사가 많지만 성장하는 산업은 많지 않습니다. 수익이 크게 증가하지 않아도 어느 정도 꾸준하게 발생합니다. 하지만 새롭게 투자할 곳은 마땅치 않습니다. 그렇다고 주주들에게 돌려주지도 않습니다. 그냥 현금만 쌓아놓고 있는 거죠. 임대하려고 부동산을 샀는데 지급된 월세를 인출하지 못하는 상황과 유사합니다. 선진국의 주주환원 정책 등과 비교하면 우리나라 주가가 쌀 수밖에 없죠."

배당, 자사주 매입 등은 기업 성장을 저해한다는 의견도 있습니다.

"주주환원은 평균적인 얘기이고, 모든 회사가 투자하지 말라는 것은 아

ra 7 Capital Manager

용환석 대표 약력   서울대 전자공학과 졸업
UCLA MBA 졸업
전 일신창투 Associate
전 Pan Asia Capital 포트폴리오 매니저
전 Pinnacle Investments CIO
현 (주)페트라자산운용 대표이사 겸 CIO

닙니다. 새로운 사업에 투자해야 하는 회사도 있지만 그렇지 않은 회사도 많습니다. 특정 업종을 말하는 것은 아니지만 많은 전통 산업의 회사들은 투자할 곳은 없고 현금은 많습니다. 그런 회사들이 주주들에게 환원하라고 하는 겁니다. 새로운 분야에 투자할 기회가 많은 회사더러 하라는 것은 아닙니다."

한국에서는 삼성전자처럼 투자가 많이 필요한 기업이 주주환원도 늘리고 있습니다.

"삼성전자의 수익성은 한국 기업 중 뛰어나게 높습니다. 하지만 시선을 조금만 돌려 미국 시장을 봅시다. 구글, 마이크로소프트 등 신사업에 투자해도 돈이 남는 기업이 많습니다. 삼성전자도 그런 케이스입니다. 주주환원 늘렸다고 투자를 못 하는 것은 아닙니다. 사실 투자와 관련이 크지 않은데 주주환원을 하지 않는 기업들이 핑계 대는 것 같기도 합니다. 투자를 주주환원 때문에 못 하는 회사는 없습니다. 어떤 산업이 성장하지 않는 것 자체는 잘못이 아닙니다. 모든 산업이 성장할 수 있는 것은 아니니까요. 사업이 어려워질 때를 대비한다는 것을 고려해도 한국 기업들의 주주환원은 너무 적습니다."

한진과 에스엠의 경우를 볼 때 금융 투자업계의 행동주의에 한계가 있다는 지적도 나온다. 용 대표는 "실효성에서는 어려운 부분이 있는 것은 사실"이라고 인정했다. 그래도 행동주의 투자를 이어갈 것이라고 말했다. "지배구조, 주주환원 등에 대한 얘기가 자꾸 나와야 인식이 바뀌고 행동이 바뀔 것이라고 생각한다"며 "앞으로도 필요한 경우가 생기면 행동할 것"이라고 강조했다.

한국에서 가치투자를 했을 때 성과가 안 나오고, 이 때문에 회의를 느낀다는 사람이 많습니다.

"'가치투자란 무엇인가'에서 시작해야 하는 질문입니다. 가치투자가 '회사의 가치를 평가해서 그것보다 주가가 쌀 때 사는 것'이라고 하면 1900년대 초반에 나온 개념입니다. 벤저민 그레이엄이 처음 만든 것으로, 자산가치 대비 싼 주식이 많았을 때 나왔죠. 그때는 그 기준에 맞춰 사기만 하면 주가가 올라갔습니다. 그런 개념으로 투자하는 사람이 많지 않기 때문입니다. 시간이 지나서 많은 사람이 그 방식을 사용했고 기회가 사라졌습니다. 자산가치 대비 주가가 낮은 경우는 회사가 정말 나쁜 경우였죠. 그래서 워런 버핏이 나왔습니다. 버핏은 자산은 없더라도 코카콜라처럼 경쟁력 있는 브랜드가 있고 수익의 변동성이 크지 않은 회사를 찾아냈습니다. 자산이 없으면 미래 수익이 곧 가치인데 이런 회사들은 미래 수익을 예측해서 평가하기가 쉬웠기 때문입니다. 많은 가치투자자가 이 같은 방법론을 차용했고, 또 돈을 벌 수 있는 기회는 다시 적어졌습니다."

지금은 어느 단계인가요?

"지금은 가장 어려운 쪽으로 가고 있습니다. 산업의 변화가 빠른 곳은 가치 평가가 어렵습니다. 생각보다 변화가 빨리 오는 경우도 많고요. 급성장해서 주가가 역시 비싸다고 생각하지만 예상보다 더 빨리 성장하면 주가는 더 오르는 식입니다. 전통적으로 보면 아니지만 냉정하게 보면

"지금은 가장 어려운 쪽으로 가고 있습니다.
산업의 변화가 빠른 곳은 가치 평가가 어렵습니다."

그런 성장하는 기업에 대한 투자도 가치투자입니다. 전통적인 방식에 매여서 그런 건 가치투자가 아니라고 말하기도 어려운 상황입니다. 많은 사람들이 하지 않는 투자를 해야 기회가 있습니다. 성장하지 않는 전통 산업에서 지표가 싼 주식을 사면 실제로 산업이 변화했을 때 살아남지 못할 수 있습니다. 어려운 상황입니다."

용 대표는 한국에서 가치투자의 개념이 좁게 해석되고 있다고 지적했다. 한국에서는 가치투자라고 하면 중소형 자산주를 사는 것이라고 이해하는 경우가 많다. 그러나 미국만 봐도 퀀트, 매크로 투자 등이 아니고 투자하기 전에 회사를 분석하기만 하면 다 가치투자라고 한다. 그는 "가치투자는 단기적으로 수익이 날 수도 있고 나지 않을 수도 있다"며 "싼 주식을 산다고 반드시 단기적으로 주가가 올라가는 것은 아니다"라고 했다. 또 경우에 따라 비싼 주식이 더 비싸질 수도 있고 싼 주식이 더 싸질 수도 있다는 설명이다. 하지만 "판단만 맞으면 결국 가격은 제자리를 찾아갈 수 있다"며 "비싼 주식이 떨어지면 영영 원금 회복이 되지 않는 경우도 많다"고 강조했다.

"우리나라를 벗어나면 회사가 워낙 많으니까
투자할 대상은 충분합니다.
또 신기술 분야 등 성장하는 회사 위주로
투자하는 것이 좋습니다."

"중국 시장에 대한 관심도 큽니다.
중국 회사들은 중국을 벗어나 글로벌 회사가 되지 않아도
워낙 내수 시장이 커서 수익을 낼 기회가 있습니다."

가치투자자들의 시선도 해외로 많이 이동하고 있습니다. 가장 관심을 갖는 시장은 어디입니까.

"미국 시장은 코로나19 직전인 2019년에도 높은 수익률을 기록했습니다. 고점 논란은 몇 년 전부터 있었지만 수익률은 여전합니다. 미국 시장은 대형 기술주가 주도하고 있습니다. 그런 회사들이 사업 내용이 좋습니다. 사업을 전 세계에서 하고 있고 코로나19 영향도 크지 않을 것으로 여겨집니다. 실제로 코로나19 이후로 미국 시장은 크게 빠지지 않았습니다. 반면 일본, 유럽 등 전통 산업이 강한 나라들은 타격이 큽니다. 코로나19 이후 수혜를 볼 것으로 기대되는 IT 기업들까지 나빠진다면 미국 시장에 대한 전망도 달라져야 할 것입니다."

해외 투자를 해야 할 때 주의해야 할 점은 무엇인가요.

"해외 투자는 아무래도 국내 투자보다 전문성이 떨어질 수밖에 없습니다. 큰 회사, 오래 들고 있을 회사로 한정하는 것이 좋습니다. 무조건 아는 회사를 해야 한다는 뜻입니다. 이런 기준을 적용해도 우리나라를 벗어나면 회사가 워낙 많으니까 투자할 대상은 충분합니다. 또 신기술 분야 등 성장하는 회사 위주로 투자하는 것이 좋습니다. 그런 점에서 기술의 중심인 미국에 있는 회사가 투자에 유리할 것입니다."

미국 외에 관심을 갖는 국가가 있습니까.

"중국 시장에 대한 관심도 큽니다. 중국 회사들은 중국을 벗어나 글로벌 회사가 되지 않아도 워낙 내수 시장이 커서 수익을 낼 기회가 있습니다. 예를 들어 알리바바만 봐도 알 수 있습니다. 중국에서만 사업해도 큰 기회가 있죠. 한국 기업들은 전 세계로 나가지 않으면 그렇게 클 수가 없습니다. 삼성전자 같은 글로벌 기업이 되는 것은 엄청나게 힘듭니다. 하지만 한 나라에서 1등이 되는 것은 상대적으로 쉽습니다."

그는 성장주와 가치주로 구분할 때의 가치주는 자산가치와 수익성 대비 주가가 낮은 것이지만 그 범위를 넓혀 생각한다고 했다. 예를 들어 구글, 네이버, 카카오 등은 유형자산은 적지만 무형 가치를 고려하면 가치주가 될 수 있다는 것이다. 그리고 "주가는 가치를 정확히 반영하는 것이 아니기 때문에 가치보다 낮은 가격으로만 사면 가치투자"라며 "가치를 평가할 때 중요하게 생각하는 요소는 다를 수 있다"고 설명했다. 그역시 전통적인 가치주뿐 아니라 성장성이 높은 IT 종목에 관심이 많다고들려줬다.

포스트 코로나 시대 어디에 투자해야 할까요.

"결국은 코로나19로 인해 어떤 변화가 생겼는지 생각하는 것이 중요합니다. 영향을 나쁜 쪽으로 받는 분야도 있고. 성장이 가속화되어 좋아지는 분야도 있을 겁니다. 변화의 계기가 온 부문을 주의 깊게 보되, 동시에 주가가 비싸지지 않았는지 파악하는 것이 중요합니다."

투자할 때 무엇을 고려해야 할까요?

"어떤 분야가 좋은지보다는 지금 가격에 사도 되는지가 중요합니다. 온라인 쇼핑, 콘텐츠, 반도체 등 분야가 좋아지는 것은 누구나 알고 있습니다. 사실 여행, 항공 등 나쁜 영향을 받을 것이 명백한 분야도 기회가 될 수 있습니다. 나쁜 것은 맞지만 지금 가격이 과도하게 떨어졌다면 저가 매수의 기회지요."

그럼 언제 사야 합니까.

"기업의 가치보다 주가가 쌀 때 사야 합니다. 물론 그게 제일 어렵습니다. 모두 어떤 분야가 좋다고 생각할 때는 이미 늦고 가격이 싸기 어렵습니다. 나만 알아야 합니다. 사람들보다 미리 사야 합니다. 또 하나는 기회를 놓쳤을 때 따라가지 말고 다른 기회를 찾는 것입니다."

언제 파시나요.

"목표 수익률은 따로 없습니다. 사고파는 것은 종목마다 다릅니다. 보통 6개월에서 3년 정도 보유한다고 말합니다. 다만 성장하지 않는 회사가 저평가되는 경우는 팔아야 합니다. 적정 가치라고 판단하는 금액에 빨리 도달하면 빨리 팔고, 처음 예상치만큼 올랐지만 회사 가치가 더 올라서 추가 상승 가능성이 있다고 판단되면 더 오래 보유합니다."

가치투자의 기본은 장기 투자 아닌가요?

"오래 보유하는 것을 목표로 합니다. 처음 살 때부터 오래 가질 만한 회사를 택하려 하죠. 하지만 상황이 바뀔 수 있습니다. 투자에 실패하는

"장기 투자는 고집을 피우라는 것이 아닙니다.
고집 피우다가 실패하는 경우도 많아요.
그래서 판단이 틀리면 손해를 보더라도 매도해요."

것은, 상황이 바뀔 수도 있고 판단이 바뀔 수도 있는데 그 생각을 유지하기 때문이라고 생각합니다. 장기 보유한다는 것은 매일, 매주 주가에 휘둘리지 않는다는 뜻입니다."

지금까지 투자한 종목 중 잘한 것과 후회되는 것이 있나요.
"2010년대 초반에 중국 관련 주식을 놓친 것이 아쉽습니다. 화장품 등 중국 관련 종목이 좋을 것은 미리 알았습니다. 그렇지만 많이 못 사고 너무 빨리 팔았습니다. 잘한 투자로는 로엔을 꼽고 싶습니다. 처음 살 때만 해도 인기가 없는 종목이었습니다. 저희는 결국 스트리밍 자체가 각광받을 것으로 봤습니다. 지나고 보니 성장주인데 매우 싸게 거래되었기 때문에 가치투자였죠. 4~5년 보유하다 카카오에 합병되기 전에 팔았습니다."

존경하는 투자자가 있다면.
"가장 영향을 많이 받은 사람은 워런 버핏입니다. 버핏은 늘 겸손하고 고집이 없습니다. 생각이 바뀌면 처음 생각이 틀린 것을 바로 인정합니다. 버핏이 장기 투자의 대명사같이 되어 있고 실제로도 많이 하지만 그것은 자신의 판단이 맞아서 하는 거지, 자기가 틀렸다고 생각하면 전혀 그렇지 않습니다. 최근에 항공주 좋다고 판단해서 샀다가 모두 판 것이 대표적입니다. 과거에도 1년 만에 매수했던 주식을 모두 판 경우가 많았습니다. 자존심 때문에 원래 판단을 바꾸지 못하는 투자자가 많은데 버핏은 아니다 싶으면 바로 팔아버립니다. 장기 투자는 고집을 피우라는 것이 아닙니다."

용 대표는 자신의 판단이 틀리면 손실을 보더라도 매도한다고 했다. 쉽지 않은 결정이다. 자기가 틀렸다고 인정하는 것, 손실을 확정하는 것 모두 고통스러운 일이다. 그는 "유연하게 판단하려고 노력하지만 초기 판단에 자꾸 집착하게 된다"며 "100% 맞는 사람이 없는데 고집 피우다가 실패하는 경우도 많기 때문에 결심한다"고 말했다.

'한번 산 주식을 오래 보유하는 것이 가치투자는 아니다'라는 당연한 사실을 적용하기는 쉽지 않다. 시시각각 변화하는 시장과 기업을 파악하지 않고 기민하게 대처할 기회를 놓친다면 고집일 뿐이라는 그의 조언은 새겨볼 만하다. 🄚

글 **강영연**	한국경제신문에서 일하고 있다. '변동성의 시대: 대가에게 길을 묻다'라는 시리즈를 연재하며 가치투자에 관심을 갖게 됐다. 읽으면 돈을 벌 수 있는 기사를 쓰기 위해 노력한다.
사진 **오환**	30년 경력의 사진 작가. 1990년 자동차 전문지를 시작으로 〈에스카이어〉, 〈모터트렌드〉 등을 거쳐 KSF(코리아스피드페스티벌) 공식 사진 작가로 활동하고 있다.

뉴 노멀 2.0 시대의 미국 주식 투자

Winners keep on winning!
승리의 여신은
앞으로도 미국 시장에!

홍성철

코로나19 이후의 '뉴 노멀 2.0'에서 경제 구조가 어떻게 변화할까. 코로나19 이전에 이미 명백해진 온라인 상거래와 클라우드 컴퓨팅, 소셜미디어 등의 성장이 더욱 빨라질 것으로 전망되고 있다. 홍성철 마이다스에셋 주식운용본부장은 미국 시장을 비롯해 오늘의 승자 대부분이 내일의 승자일 가능성이 아주 높다고 전망한다. 이어 미국의 경제적 해자를 보유한 대표적인 글로벌 성장주들은 여전히 상승할 여력이 있어 보인다고 말한다.

The last dance.

2020년 4월, 글로벌 1위 온라인 스트리밍 서비스 기업 넷플릭스는 〈Michael Jordan: The last dance〉 시리즈를 공개했다. 농구 황제 마이클 조던과 시카고 불스의 황금기를 다룬 다큐멘터리다.

마이클 조던은 스포츠 역사상 가장 성공한 선수 중 한 명이다. 1990년대 NBA를 지배한, 이견 없이 명실상부한 농구 황제다. 여전한 조던의 가치는 글로벌 1위 스포츠 의류 브랜드 나이키를 통해 증명되고 있다. 나이키가 조던에게 지급하는 브랜드 로열티만 연 1억 달러에 달한다고 한다.

'The last dance'는 조던의 시카고 불스 마지막 시즌인 1997/1998년, 필 잭슨 감독이 내건 시즌 슬로건이다. 그 시즌에 조던은 유명한 'The last shot'으로 통산 6회, 두 번째 3연속 우승이라는 위대한 업적을 달성했다. 당시 어려웠던 팀 상황과 30대 중반 나이에도 불구하고 조던은 승자의 가치를 다시 한번 증명했다.

결과는 늘 예측할 수 없다. 하지만 우월한 경쟁력을 보유한 승자는 그 승리의 필요조건이 변하지 않는 한 결국 다시 승리할 가능성이 높다. 투자의 세계에도 장기적으로 우상향하면서 여전히 독보적인 가치의 우위를 증명하고 있는 시장이 있다. 바로 미국이다.

워런 버핏은 바텀업으로 접근하는 가치투자의 대가다. 그런 버핏도 미국의 거시경제가 언제나 성장해왔기 때문에 우연히 바텀업 접근이 성공적일 수 있었다고 언급할 정도로 미국 경제와 시장은 장기간에 걸쳐 견조한 성장을 이어왔다.

지금껏 미국 주식시장은 어느 시장이나 자산보다 탄탄한 성과를 보이며 꾸준히 상승했다. 2020년 코로나19 충격으로 급격한 하락을 경험하기 전까지, 역사상 가장 긴 21번째 불 마켓랠리의 주역도 미국이 차지했다.

2008년 미국 금융위기 후 선진국 주도의 유례없는 유동성 공급이 강도 높게 지속되었고 주식과 채권 등 자산의 가격 상승세가 이어졌다. 저성장, 저금리, 저물가 등 뉴 노멀(New Normal)로 일컬어지는 새로운 글로벌 환경의 결과물이다. 중앙은행이 경기와 인플레이션 회복을 위해 비전통적 통화정책을 풀가동했고, 자산 가격에 '유동성의 힘'이 큰 영향력을 행사한 것이다.

글로벌 경제의 저성장 기조가 장기화될수록 자산 가격에 미치는 유동성 변수는 실물 경제보다 중요해진다. 금융위기 이전까지 주가지수와 통화량은 일반적으로 음의 상관관계를 보였다. 그러나 최근 10년 동안 양의 상관계수인 0.5로 바뀌었고 연관성도 높아졌다. 금리를 인상할 정도로 경기가 좋아야 주식시장이 오른다는 전통적인 법칙은 설득력을 잃어간 반면, 경기를 부양할 수 있는 통화 확장 정책이 주식시장을 끌어올린다는 논리가 힘을 얻게 되었다. 그리고 이는 채권 가격의 동반 랠리로 자연스레 귀결되었다.

미국 통화량(M2)의 전년 대비 증가율(2000~2020년 4월)

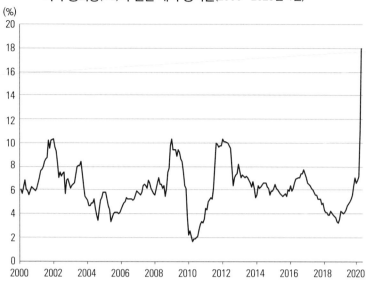

미국, 유럽연합, 일본 중앙은행의 총자산 규모(2000~2020년 4월)

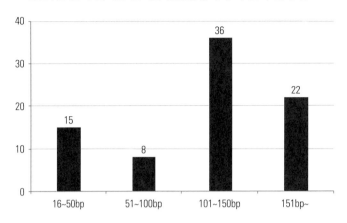

2020년 금리 인하를 실시한 중앙은행의 수와 금리 인하 규모

MSCI 주가지수를 기준으로 지난 10년간 주요 지역별 성과를 살펴보면 전 세계 지수는 116%, 선진 시장은 113% 상승한 반면, 신흥 시장의 상승률은 43%에 머물렀다. 국가별로는 미국 시장이 189% 상승하면서 전 세계 주식시장의 상승을 이끌었다. 같은 기간, 20년 이상 미국 장기국채로 구성된 ETF(종목코드: TLT)로 본 미국 장기 국채 수익률은 51%, 금은 39%를 기록한 반면, WTI 원유는 -23%였다. 해당 기간 주식은 가장 훌륭한 자산이었고 그중에서도 미국과 미국 이외 지역의 주가지수 성과는 확연히 달랐다.

그렇다면 뉴 노멀 환경에서 무엇이 미국 시장을 가장 매력적이고 독보적으로 만들었을까?

The past decade: New Normal 1.0
'뉴 노멀'과 이에 대응한 '유동성', 그리고 '양극화'는 지난 10년간 전

워런 버핏은 바텀업으로 접근하는 가치투자의 대가다.
그런 버핏도 미국의 거시경제가 언제나 성장해왔기 때문에
우연히 바텀업 접근이 성공적일 수 있었다고 언급할 정도로
미국 경제와 시장은 장기간에 걸쳐 견조한 성장을 이어왔다.

세계 경제를 이전 시기와 구분하는 가장 큰 특징들이다.

유발 하라리는 《21세기를 위한 21가지 제언》에서 21세기의 세계화, 그리고 AI와 생명공학으로 대변되는 혁신적 기술이 양극화를 더욱 심화할 수 있다고 주장했다. 양극화는 지난 10년간 더욱 확대되었다. 실물 경기와 자산 가격의 괴리, 구경제와 신경제의 괴리, 선진국과 신흥국의 괴리가 확대되었고 이러한 양극화 속에서 개인 간 부(富)의 격차도 계속 커졌다. 주식시장도 예외는 아니었는데 대표적으로 성장이 귀해지면서 가치주보다 성장주의 프리미엄이 월등히 높아졌다. 이 와중에 미국이라는 시장의 성과가 가장 돋보인 것은 당연하다.

미국 시장이 가지는 상대적 강점은 여러 가지가 있지만 핵심은 다음과 같다.

첫째, 금융위기 이후 미국은 4차 산업혁명으로 글로벌 경제를 주도하고 있다. 주식시장 양극화 과정에서 승리한 '성장'이라는 키워드와도 맞닿아 있다. 정보기술(IT) 업종과 커뮤니케이션 서비스 업종이 글로벌 경제와 산업의 변화를 주도하고 있다. 미국 주식시장에서 두 업종의 비중

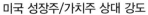

미국 성장주/가치주 상대 강도

은 37%로 가히 압도적이다. 여기에 헬스케어 업종을 더하면 53%다.

2000년대 이후 미국은 혁신에 대한 공격적 투자로 신산업 부문에서 글로벌 1등 기업들을 대거 탄생시켰다. 미국의 연구·개발(R&D) 투자는 2019년 기준 5,159억 달러로 절대적·상대적 측면에서 세계 최대 수준이다. 이러한 꾸준한 투자에 힘입어 혁신 기업의 성장동력이 강화되고 경쟁력이 높아진다.

FAANG, FAAMG에 이어 2020년에는 FANGMAN(Facebook, Amazon, Netflix, Google, Microsoft, Apple, Nvidia)으로 대변되는 빅테크 기업들이 미국 시장을 주도하고 있으며 여기에 테슬라가 더해졌다. 모두 저성장 시대에 '고성장'을 주도하는 글로벌 대표 기업이다. 이러한 혁신 기업들의 시장 집중도 역시 계속 높아지고 있다. FANGMAN의 시가총액 비중 미국 시장이 가지는 상대적 강점은 다음과 같다.

첫째, 4차 산업혁명의 핵심인 정보기술(IT)과

커뮤니케이션 서비스를 주도하고 있다.

둘째, 세계에서 가장 크고 탄탄한 내수 소비시장을 갖고 있다.

셋째, 기축통화국이라는 지위다.

은 최근 24%까지 높아졌다. 사상 최고 수준이다.

그렇다면 빅테크 기업들의 주도로 상승한 미국 시장은 단순히 유동성에 기반한 것일까? 성장에 대한 프리미엄, 밸류에이션 확장이 전부일까?

전혀 그렇지 않다. 골드만삭스(2020)의 보고서에 따르면, 2019년 말 S&P500 기업의 EPS는 2008년 금융위기 이후 90% 증가했다. 같은 기간 아시아태평양 시장의 EPS 증가율은 15%, 일본은 10%, 유럽은 2%에 불과했다.

기업 이익과 배당, 밸류에이션의 주가 상승 기여도를 계산해보면 펀더멘털 차이가 더욱 분명해진다(92쪽 그림 참조). 미국은 기업 이익의 기여도가 50%, 배당은 26%로 글로벌 증시 중에 펀더멘털의 성장 기여도가 가장 높다. 유럽은 기업 이익의 기여도가 6%에 불과했고 밸류에이션의 기여도가 46%였다. 수익성 측면을 뜯어봐도 마찬가지다. 2008년 금융위기 이후 미국과 미국 이외 지역의 자기자본이익률(ROE) 격차는

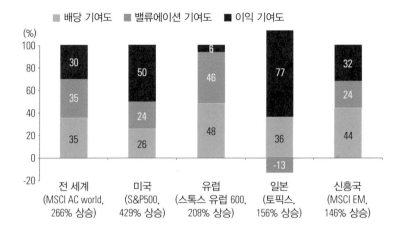

주요 주식시장의 주가 상승 기여도

■ 배당 기여도　■ 밸류에이션 기여도　■ 이익 기여도

	전 세계 (MSCI AC world, 266% 상승)	미국 (S&P500, 429% 상승)	유럽 (스톡스 유럽 600, 208% 상승)	일본 (토픽스, 156% 상승)	신흥국 (MSCI EM, 146% 상승)
이익 기여도	30	50	6	77	32
밸류에이션 기여도	35	24	46	36	24
배당 기여도	35	26	48	-13	44

계속 확대되고 있으며 2018년 이후 더욱 커졌다. 이는 미국 시장의 상승세가 단순히 유동성에 기인한 것이 아니라는 점을 잘 설명한다.

둘째, 미국은 세계에서 가장 크고 견조한 내수 소비시장을 보유하고 있다. 미국 국내총생산(GDP)에서 소비가 차지하는 비중은 약 70%로 매우 높은 수준이다. 미국 소비가 전 세계 GDP에서 차지하는 비중은 약 17%로, 중국의 GDP 규모를 상회한다. 2014년 이후 미국 민간 소비의 성장률은 미국 전체 경제 성장률을 상회하고 있다. 소비가 전체 성장의 견인차였던 것이다. 이는 금융위기 이후 가계 부채 건전화 작업이 꾸준히 진행되고, 저금리와 부의 효과(wealth-effect)로 구매력이 증가하며, 온라인 플랫폼 생태계가 빠르게 발전했기 때문이다. 여기에 부동산 시장 회복이 촉매로 작용해 코로나 사태 이전까지 사상 최저 수준의 실업률을 기록했다. 내수 경기 호황은 당연한 결과였다. 이것이 뉴 노멀 경제 환경에서 미국이 상대적으로 안정적인 성장을 유지한 근간이다.

셋째, 기축통화국이라는 넘볼 수 없는 화폐적 지위다. 달러의 발권력을 이용하면 지속적이고 실효성 높은 통화·재정정책이 가능하다. 이것이 미국 금융위기 극복의 원천이었다. 또한 아이러니하게도 저성장이 지속될수록 안전자산으로서 달러의 가치는 더욱 공고해진다. 추가 정책 여력의 선순환이 만들어지는 것이다.

여기에 미국 연방준비제도(연준, Federal Reserve)는 2020년 코로나 사태를 맞아 2008년보다 더욱 강력한 유동성 공급에 나섰다. 이에 따라 미국 증시는 글로벌 시장에서 가장 빠른 회복세를 보이며 V자 반등에 성공했다. 2020년 6월 초 미국 연준의 자산 규모는 7조 달러를 돌파해 4개월 만에 3조 달러가 증가했다. 2009년부터 2014년까지 1~3차 양적 완화로 3.6조 달러가 증가한 것과 비교하면 엄청난 속도다. 시장에서는 연준의 가용 정책이 이미 바닥난 것은 아닌가 우려하는 상황이지만, 지난 5월 제롬 파월 연준 의장은 CBS 인터뷰에서 "아직 탄약은 충분하다(We're not going to run out of ammunition)"라며 자신감을 보였다.

종합하면 미국은 글로벌 혁신 산업을 선도하고 있을 뿐 아니라, 거대하고 안정적인 내수 소비시장을 근간으로 글로벌 제조업 경기 부진에도 불구하고 안정적인 경기 펀더멘털을 유지하고 있으며, 기축통화국 지위를 기반으로 적극적이고 선제적인 통화정책을 운용해 경제위기를 해결해나가는 중이다. 이것이 미국 시장이 글로벌 어느 시장보다 높은 장기 성과를 달성하고 있는 배경이다.

POST COVID-19 World: New Normal 2.0

2020년 3월 21일 자 영국 경제지 〈이코노미스트〉의 표지에는 지구 앞에 'CLOSED'라는 팻말이 내걸려 있었다. 중국 우한에서 전 세계로 확산된 바이러스가 나비 효과가 되어 역사상 유례없는 팬데믹을 초래, 전 지구의 활동이 멈췄다. 글로벌 대공황 이후 가장 어두운 현실 앞에서 수많은 비관론과 절망이 매일의 언론을 채웠고, 미국을 포함한 전 세계 증시는 급격하게 하락했다.

다행스럽게도 연준의 무제한 양적 완화와 미국 의회의 과감한 재정 정책을 시작으로 각국은 공격적으로 경기 부양 정책을 쏟아냈다. 금융 시장은 정책을 통한 회복 기대를 선반영하면서 빠르게 안정을 찾았다. 감염 확산을 막기 위한 도시 봉쇄와 이동 제한 등 재난 영화에서 볼 법한 조치들도 이어졌다.

이번 경기 부양 정책에서 주목할 것은 미국 정부와 연준이 공조해서 사실상의 현대 통화 이론(Modern monetary theory, MMT)을 현실화했다는 점이다. MMT는 정부가 중앙은행의 발권력을 이용해 자금 조달의 제약 없이 재정정책을 시행한다는 이론이다.

코로나19 대확산 이후 국제통화기금(IMF)은 4월 'The great lockdown' 보고서에서 2020년 글로벌 경제 성장률 예상치를 기존 대비 무려 6.3%포인트나 낮은 -3.0%(미국 -5.9%)로 하향하며 대공황(미국 -8.9%) 이후 가장 큰 경기 충격을 기정사실화했다. 2021년 경제 성장률을 5.8%로 제시하며 회복에 대한 희망을 주었지만 전염병 완화와 점진적인 경제활동의 긍정적 정상화 경로를 전제했다는 점에서 불확실성은 여전히 남아 있다. 또한 2008년 세계 금융위기를 정확히 예측한 누리

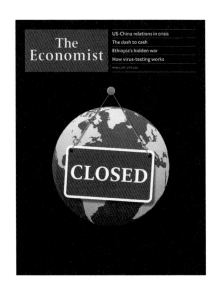

사상 유례없는 팬데믹을 상징하는
〈이코노미스트〉 표지

엘 루비니 뉴욕대 교수는 코로나19로 전 세계는 전례 없는 장기 침체를 겪을 것이며 경기침체는 V나 U 또는 L 자가 아닌 I 자 형태가 될 것이라는 암울한 전망을 내놓았다

그러나 희망적인 의견도 만만치 않다. 골드만삭스는 미국을 중심으로 경기 재개가 진행되던 5월, 2분기 경기에는 더욱 보수적인 전망을 내놓았으나, 3분기에는 예상보다 빠르게 회복할 것으로 예상했다. 워런 버핏도 지난 5월 초 버크셔 해서웨이 주주총회에서 다시 한번 미국 경제를 확신하며, 지난 세기의 다른 위기에서 그랬던 것처럼 종국에는 경제가 전염병에서 회복할 것이라고 전망했다. 블랙록* 최고경영자인 래리 핑크도 결국 경제는 회복될 것이며 눈앞을 보는 단기 투자자보다는 먼 지평선을 보는 장기 투자자에게 엄청난 기회가 될 것이라고 말했다.

---

* 2019년 말 기준 7.4조 달러를 운용하는 세계 최대 투자자산운용사.

사실 우리 모두가 목도했듯이 엄청난 충격에 비해 금융시장은 생각보다 빠르게 안정화되었다. 단기간의 강력한 반등 랠리가 놀랍기까지 하다. 이제 초점을 맞추어야 하는 것은 언제쯤 코로나에서 자유로워져 마음껏 해외여행을 다닐지가 아니다. 예상보다 긴 싸움이 될 수도 있고, 백신이 개발되어 빠르게 원상을 회복할 수도 있다.

나는 어떤 경로든 버핏과 래리 핑크의 전망을 믿는 것이 장기 투자자로서 결국 이기는 베팅이 될 것이라 믿는다. 그리고 핵심은 코로나19라는 당면한 대전환 이후 우리 삶의 패러다임과 경제 구조가 어떻게 변할 것인가라는 화두다. 이 화두는 투자를 떠나 삶의 방식 변화에 꽤나 깊숙이 관여할 수 있다는 점에서도 매우 중요하다.

역사학자인 피터 터친(Peter Turchin, 2007)에 따르면 질병 확산과 사회(산업) 변화는 깊게 연관되어 있다. 1400년 이후 1차 팬데믹은 르네상스와 종교개혁으로, 2차 팬데믹은 산업혁명으로 연결되었다. 지금의 3차 팬데믹에서 이미 또 다른 변화가 시작되었는지도 모른다. 그리고 우리는 이러한 변화 앞에서 장기 침체에 대한 우려나 공포보다, 변화의 본질과 그 가운데 피어나는 투자 기회에 더욱 주목해야 한다.

포스트코로나19에 대한 다양한 논의는 이미 활발하게 진행되고 있다. 그리고 이미 자산시장은 언택트(Untact) 문화의 확산과 4차 산업혁명의 가속화, 바이오 헬스케어 산업의 리레이팅이라는 변화의 핵심 테마를 빠르게 선반영하고 있다. 그리고 이미 지난 3월 조정 후 반등 국면에서 극명하게 반영되었다. 산업재 중심인 다우지수의 반등은 둔탁했고, 변화할 세상에서 수혜를 보게 될 4차 산업혁명과 언택트 기업들이 포함된 나스닥지수는 직전 고점을 넘겼다.

나는 버핏과 래리 핑크의 전망을 믿는 것이
장기 투자자로서 결국 이기는 베팅이 될 것이라 믿는다.
그리고 핵심은 코로나19라는 당면한 대전환 이후
우리 삶의 패러다임과 경제 구조가
어떻게 변할 것인가라는 화두다.

투자자들은 거시경제 측면에서 코로나 이후의 세상을 예측하는 것이 중요하다. 크게는 경기의 방향성과 특성, 자산시장과 돈의 흐름이 결정될 것이고, 이를 통해 장기 투자의 혜안을 얻을 수 있기 때문이다.

결론적으로 코로나 이후의 글로벌 경기 환경은 '뉴 노멀 2.0'이 될 가능성이 농후하다. 코로나 사태로 과거 1, 2차 변혁기와 같은 극적인 변화는 일어나지 않을 것이다. 다만 지금까지 진행된 변화들이 가속될 수 있다. 변화의 핵심을 3가지로 요약하겠다.

첫째, 저성장과 저금리의 고착 심화다. 코로나19 이후 세계무역기구(WTO)는 낙관적인 시나리오에서도 2020년 글로벌 교역량이 전년 대비 13% 감소하고 2021년 말 즈음에야 2019년 수준을 회복할 것으로 전망했다. 비관적 시나리오에서는 2021년에도 2019년 이전 수준을 회복하기 어렵다고 예상했다. 영국 〈이코노미스트〉지는 지난 5월 코로나 사태 이후의 미래에 대해 "세계 경제는 10%를 잃을 것이고, 90% 경제가 뉴 노멀이 될 것"이라고 예상했다. 글로벌 경제가 코로나 이전을 회복하기 힘들 정도의 충격을 받았다, 즉 글로벌 경제의 규모 자체가 축소된다고 전망한 것이다.

지난 10여 년 동안 세계는 저성장에 대응하기 위해 최선을 다해왔다. 하지만 여전한 저성장과 디플레이션 우려 속에서 2020년을 맞이했고, 전염병이라는 거대한 충격으로 경기와 사이클의 회복이 더욱 더딜 것은 자명하다. 이러한 저성장 트렌드 강화 속에 정책적 부양 논리에 따른 저금리 연장은 필연적이다. 이미 미국 연준은 강력한 포워드 가이던스를 내놓았다. 코로나를 완전히 극복하고 고용과 물가가 제 목표대로 가고 있다는 확신이 들 때까지 제로 금리를 유지하겠다는 내용이다. 파월 의장은 부인하지만 일각에서는 경기가 계속 부진하면 마이너스 금리까지 도입되는 것은 아닌지 의구심을 품고 있다.

문제는 코로나로 손실된 글로벌 유효 수요를 회복하는 과정에서 직면한 국가 부채다. IMF는 전 세계 정부 부채가 GDP 대비 96%까지 확대될 것으로 전망했다. 2008년 이후 재정 건전화가 화두였지만 앞으로는 정부 부채 부담이 높아질 수밖에 없고, 통화정책은 이를 보조하는 역할을 하게 되는 것이다. 또한 부채 부담을 희석하기 위해, 경기가 완전히 회복되더라도 통화정책 정상화는 상당 기간 지연되고 일정 수준의 인플레이션을 용인하게 될 것이다.

결국 정부와 중앙은행 주도로 경기가 정상화되는 가운데 인플레이션 압력은 점진적으로 상승하는 그림이며, 물가 상승은 급격하게 진행되기보다는 수년에 걸쳐 2~3%대로 진행될 것으로 보인다. 이러한 중앙은행의 정책 변화로 점진적 인플레이션의 회복과 장기적인 화폐 가치 하락에 베팅한다면 단기적으로는 레이 달리오의 "국채 매각 권고"에 귀를 기울여야겠지만, 장기적으로는 지난 10년간의 역사가 말해주듯 주식을 사서 헤지하는 전략이 현명할 수 있다.

둘째, 더 거대해진 유동성의 파도다. 코로나19의 충격을 극복하기 위해 각국이 쏟아부은 부양책은 천문학적 규모다. 이미 올해 주요국의 재정지출 규모는 지난 금융위기 수준을 훌쩍 넘어섰다. 금융위기 이후 선진국의 전유물이었던 양적 완화를 신흥국도 도입했고 중앙은행들은 유동성과 신용 공급을 위한 각종 기구들을 설립했다. 미국은 마침내 연준 지원하에 재정지출을 확대하는 MMT식 재정정책을 시작했으며 이미 풍부했던 시중 유동성은 더욱 극적으로 증가했다.

유동성 함정과, 경기가 회복될 때 예상치 못하게 발생하는 인플레이션 리스크는 경계해야 마땅하다. 그러나 디플레이션에 가까운 글로벌 경기 환경을 감안하면 당장의 문제는 아닐 것이다. 더 비대해진 중앙은행의 역할과 정부의 부채 부담, 경기 충격을 고려하면 완화적 통화정책은 좀 더 지속될 것이고 이는 풍부한 유동성 환경을 지지한다. 그리고 확장적 재정정책과 유동성의 콜라보가 지속되는 한 위험 프리미엄은 개선되고 자산 가격 인플레이션을 더욱 부추길 가능성이 높다.

"
확장적 재정정책과 유동성의 콜라보가 지속되는 한
위험 프리미엄은 개선되고
자산 가격 인플레이션을 더욱 부추길 가능성이 높다.
"

물론 코로나로 금융 시스템과 통화정책이 상당 부분 왜곡되었음은 인정해야 한다. 경기 사이클과 이와 연동된 금융 시스템의 정상화가 계속 지연된다면 결국 유동성 버블 붕괴는 필연적이다. 투자자로서 대비해야 한다. 그러나 이러한 리스크가 현실화될 때까지 자산 가격의 인플레이션 환경은 지속될 것이고, 높은 현금 비중 속에서 적정 투자처를 찾지 못한 버크셔 해서웨이는 입맛을 다실 수밖에 없다.

셋째, 양극화 심화다. 이미 지난 10여 년 선진국과 신흥국의 양극화는 더욱 심화되고 있다. 그리고 예측 불가능한 코로나와 같은 전염병 위험은 전통적인 공급자(생산자) 중심의 글로벌 밸류체인이 얼마나 취약한지를 단적으로 보여주었다.

코로나19 이후 미·중 무역 분쟁 같은 탈세계화와 보호무역주의의 움직임이 강화될 것이다. 여기에 산업의 밸류체인 재편, 생산 기지를 본국이나 동일 경제블록으로 되돌리는 리쇼어링(reshoring) 또는 니어쇼어링(near-shoring) 현상도 더욱 빨라질 것이다.

이렇게 되면 결국 미국과 중국처럼 정책 대응 여력이 충분하고 안정적인 내수 시장을 보유하고 있거나, 4차 산업이 도입되어 전통적인 밸류체인 파괴가 덜한 선진국에 유리한 환경이 조성될 가능성이 높다. 반면 밸류체인의 변화에 취약하고 재정 문제에 민감한 신흥국은 문제가 더 커질 수 있다.

산업과 기업 관점에서는 1960년대 말 미국의 니프티피프티(Nifty Fifty)* 시대가 회자되고 있다. 당시 '냉전'이라는 키워드 아래 글로벌 교

---

* 1960년대 말 미국 기관투자가들이 선호한 50개 종목을 가리킨다. 당시 시가총액 상위 5개 종목의 비중이 전체의 30%를 차지할 정도로 급격한 쏠림이 나타났다.

미국 시총 상위 기업인 FAAMG의 시가총액 합계는
이미 2019년 일본과 독일의 GDP를 넘어섰다.
과거 대비 견조한 경제적 이익 창출 능력과
재무 구조, 성장의 기대치 달성 가시성을 고려하면
여전히 상승할 여력이 있어 보인다.

역이 얼어붙었고 특허와 플랫폼 등 독점적 기술을 선점한 미국 중심의 글로벌 소수 기업이 성장을 주도했다. 요즘 미국 기술 기업의 놀라운 랠리와 가파른 시장 비중 상승세도 해당 시기를 연상시킨다. 미국 시총 상위 기업인 FAAMG의 시가총액 합계는 이미 2019년 일본과 독일의 GDP를 넘어섰다. 그럼에도 이 기업들의 시장 내 비중은 니프티피프티 당시에 못 미친다. 과거 대비 견조한 경제적 이익 창출 능력과 재무 구조, 성장의 기대치 달성 가시성을 고려하면 여전히 상승할 여력이 있어 보인다. 크레디트 스위스(Credit Suisse HOLT)의 2020년 자료 "메가캡의 수수께끼(The mega-cap conundrum)"에 의하면 미국 톱 25의 경제적 이익은 역사상 가장 높은 수준인 반면, 주가는 1990년대 후반 닷컴버블 때보다 고평가되지 않았다.

그리고 위와 같은 기업 가치 양극화는 기술 기업에만 국한되지 않는다. 유럽의 대형 우량주인 GRANOLAS(Glaxosmithkline, Roche, ASML, Nestle, L'Oreal, LVMH, Astrazeneca, SAP)는 제약, 소비재, 명품 기업 등으

FANMAG와 S&P500의 주가 추이(2015~2020)

(2015.01=100)

— FANMAG   — S&P500

FANMAG 시가총액이 S&P500 시가총액에서 차지하는 비중(2015~2020)

(%)

로 다양하게 구성되어 있다. 미국의 메가캡과 마찬가지로 지난 10년 동안 기업 가치가 유럽 시장 대비 놀랍게 상승했다. 이들 기업도 미래에 해당 산업에서 안정적인 성장과 우수한 재무 구조를 증명하며 상대적 우위를 점할 가능성이 높다. 결국 코로나19 이후 변화된 시대에 적합한

미국 톱 25 기업의 경제적 부가가치 규모와 비중 추이(1995~2020)

자료: 크레디트 스위스

경제적 해자, 성장과 영속성을 담보할 수 있는 핵심 경쟁력과 자본력을 보유한 기업과 그렇지 못한 기업의 양극화는 더욱 심화될 것이다.

이 양극화 담론은 개인과 가계의 부에도 적용된다. 자산 인플레이션이 심해질수록 근로소득 중심의 저소득층과 자산을 보유한 고소득층의 양극화는 더욱 확대될 수밖에 없다.

Market Winners may keep winning

2020년 들어 한국 투자자들의 해외 투자 열기가 뜨겁다. 한국의 해외 투자는 꾸준하게 증가하는 추세인데, 투자 규모는 2011년 31억 달러에서 2019년 410억 달러로 10배 이상 증가했다(결제 금액 기준). 2020년 초 이후 5월 말 현재 523억 달러로 이미 2019년 투자 규모를 훌쩍 넘어섰다. 또 한 가지 특징은 미국 시장 투자 규모가 지속적으

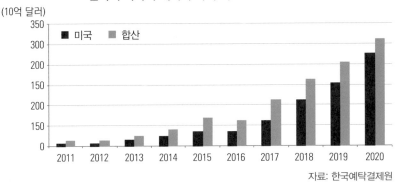

한국 투자자의 해외 투자 추이(2011~2020년 5월)

(10억 달러)

자료: 한국예탁결제원

로 증가하고 있다는 점이다. 2011년 해외 투자 중 미국이 차지하는 비중은 58%였다. 그러나 2019년에 75%로 상승한 데 이어 2020년에는 87%까지 상승하면서 해외 투자의 대부분을 차지하고 있다.

한국 투자자들의 관심에 보답하듯, 미국 시장은 2020년 저점 대비 5월 말까지 S&P500은 36%, 나스닥은 38% 상승하면서 매우 견조한 모습을 보였다.

블랙록은 지난 4월 말, 미국 시장의 예상치 못한 놀라운 초기 반등 랠리와 성장주의 주도력을 언급했다. 최근 시장의 반등을 주도한 성장주들은 유동성의 힘을 받을 뿐 아니라, 경기 사이클에 둔감하고 장기 구조적 변화의 혜택을 받을 수 있다는 매력이 부각된 것이라고 주장했다. 또한 코로나19 이전에 이미 명백했던 경향, 즉 온라인 상거래와 클라우드 컴퓨팅, 소셜미디어 등의 성장이 더욱 빨라질 것이므로 오늘의 승자 대부분이 내일의 승자일 가능성이 아주 높다고 전망했다.

결론적으로 코로나19 이후의 세계는 앞서 논의한 것처럼 새로운 패

> **"**
> 블랙록은 지난 4월 말, 코로나19 이전에 이미 명백했던
> 온라인 상거래와 클라우드 컴퓨팅, 소셜미디어 등의 성장이
> 더욱 빨라질 것이므로 오늘의 승자 대부분이
> 내일의 승자일 가능성이 아주 높다고 전망했다.
> **"**

러다임의 대전환이라기보다는 기존의 뉴 노멀 경제 환경이 심화되고 연장되는 환경이 될 것 같다. 탈세계화, 글로벌 밸류체인 재편과 함께 4차 산업혁명을 중심으로 한 패러다임 변화가 가속화되는 것이다.

이런 변화 속에서 기회를 찾아야 하는 투자자로서 우리가 앞으로 집중해야 할 핵심 트렌드는 다음과 같다.

첫째, 더욱 빨라질 4차 산업혁명의 변화에서 성장 주도 업종의 차별화가 지속될 것이다. 기업과 주가의 핵심 키워드는 '이익과 성장의 가시성'이다. 물론 기업의 성장성과 견조한 현금흐름 창출 능력을 유지해줄 경제적 해자를 분석하는 것이 선행되어야 한다. 이후 내재가치 분석에 기반해 해당 주식을 저렴한 가격에 살지, 적정 가격에 살지, 아니면 큰 그림을 보고 높은 가격에 살지는 각자의 혜안과 판단에 달려 있다. 그러나 분명한 것은 경제적 해자를 바탕으로 한 안정적 성장이 확인되고 장기 성장성을 담보할 수 있는 기업만이 가치를 꾸준히 높여가리라는 점이다. 이러한 관점에서 현재 글로벌 경기의 성장을 주도해왔고 코로나 이후 가속화될 4차 산업혁명을 이끌어갈 IT와 서비스 플랫폼, 커뮤니케

이션, 헬스케어 업종을 계속 주목해야 한다.

이러한 글로벌 성장 주도 기업들은 무형자산* 투자를 중심으로 경제적 해자를 구축하며 시장 지배력을 확대하고 있다는 특징이 있다. 에이온(AON, 2020)에 의하면 글로벌 시가총액 상위 5개 기업의 무형자산 비중이 꾸준히 증가했다. 1975년 시총 톱 5 기업인 IBM, 엑슨모빌, P&G, GE, 3M의 무형자산 비중은 16%에 불과했지만 1990년대 중반 이후 변곡점을 지나면서 급격히 증가했다. 2018년 기준 시총 톱 5 기업인 애플, 알파벳, 마이크로소프트, 아마존, 페이스북의 무형자산 비중은 84%까지 높아졌다. 특히 지난 10여 년 무형자산의 비중이 높은 산업에서 상위 기업들의 시장 집중도가 더욱 높아졌는데 이는 무형자산 투자에 기반하는 산업에서 승자독식 현상이 더 많다는 의미. 달리 해석하면 장기 성장을 담보하는 경제적 해자가 과거와 달리 무형자산 투자를 통해 더 공고하게 구축되고 있다. 게다가 코로나19 이후 글로벌 주요국 정부의 경기 회복을 위한 재정정책도 대부분 핵심 4차 산업 등 신인프라에 집중되고 있다. 이는 상기 업종에 우호적이다.

전 세계에서 가장 많은 무형자산을 가진 기업을 살펴보자. 브랜드 파이낸스(2019)에서 발표한 무형자산 가치 글로벌 톱 10 기업 중 8개가 마이크로소프트와 아마존을 포함한 미국 기업이었다(나머지 2개는 텐센트와 알리바바였다). 여전히 미래 성장 산업, 4차 산업혁명의 핵심 투자처는 미국이 될 수밖에 없는 이유다.

둘째, 퀄리티 높은 '확실한' 배당주에 대한 투자 매력이다.

---

* 무형자산은 물적 실체가 없는 고정자산으로, 이 자산을 소유함으로써 미래의 경제적 효익을 얻을 수 있는 것을 의미한다. 주요 항목으로는 영업권, 특허권, 상표권 등의 공업소유권 등이 있다.

무형자산 가치 글로벌 톱 10 기업(2019)

순위	기업	무형자산 가치 (10억 달러)	무형자산 가치가 총 기업 가치에서 차지하는 비중(%)
1	마이크로소프트	904	90
2	아마존	839	93
3	애플	675	77
4	알파벳(구글의 모회사)	521	65
5	페이스북	409	79
6	AT&T	371	84
7	텐센트	365	88
8	존슨앤존슨	361	101
9	비자	348	100
10	알리바바	344	86

자료: 브랜드 파이낸스

　코로나19 충격으로 글로벌 경제활동이 일순간에 정지되었고, 단기적으로 사업 영위가 어려워진 수많은 기업의 현금흐름이 급격히 악화되었다. 기업들은 현금 확보를 위해 자사주 매입 중단과 배당금 축소를 단행했다. 코로나19 이후 미국 S&P500 기업 중 187개 기업이 자사주 매입을 중단했고 55개 기업이 배당금을 줄이거나 지급을 연기했다(2020년 5월 말 기준). 1990년대 말 IT 버블 붕괴 때는 100개 이상이, 2008년 미국 금융위기 당시에는 200개 상당이 자사주 매입을 중단하고 배당금을 줄이거나 지급을 연기했던 것에 비해 큰 규모다.

　중요한 것은 글로벌 저성장·저금리 환경에서 배당주를 중심으로 한 안전자산에 대한 투자 수요는 지속되었다는 점이다. 특히 고도로 발달한 금융 시스템과 주주환원주의가 가장 잘 정착된 미국에서 배당주의 성과는 시장 성과를 크게 웃돌았다. 예를 들어 S&P500 배당귀족지수 (Dividend Aristocrats Index)[*]는 총수익률(주가 수익률 + 배당 수익률) 기준으로 과거 20년간 570%나 상승했다. 같은 기간 S&P500보다 370%포인트 높다.

향후 심화된 저금리·저성장 환경에서 점차 희귀해지는 고정된 수익을 선점하려는 글로벌 투자자들의 니즈는 더욱 강해질 것이다. 따라서 상대적으로 높은 배당금을 지급하는 고배당주나 지속적으로 배당금이 증가하는 배당성장주의 투자 매력은 더 높아질 것이다. 낮은 채권 금리를 대체할 배당 수익이 필요하고, 저성장 국면에서도 안정적인 실적 성장과 현금흐름에 기반해 꾸준히 배당을 지급하거나 늘리는 기업들의 가치가 상승할 것이기 때문이다.

그렇다면 앞으로 어떠한 배당주에 좀 더 주목해야 할까?

2020년 코로나 충격에 따른 미국의 배당 축소 사례를 보면 경기에 민감한 전통적 고배당주가 많았다. 보통 고배당주 카테고리에 포함된 기업들은 성장기를 지나 성숙기에 접어든 산업에 속한 경우가 많고, 성장이 둔화되는 대신 안정적인 현금흐름을 기반으로 높은 배당금을 꾸준히 지급해왔다. 그러나 이번 코로나 사태처럼 단기 경기 충격에 직면하면 배당 지급의 지속 가능성이 낮아지고, 성장이 멈추고 이익이 감소하면 배당이 축소될 위험도 상존한다.

물론 경기에 민감한 고배당 기업에서도 단기적으로 경기가 회복되거나 구조조정과 점유율 확대 등으로 산업 내에서 구조적인 변화가 발생

---

*   25년 이상 매년 배당을 늘려온 기업들로 구성된 지수.

하면 배당 이상의 좋은 투자 기회가 생기기도 한다. 따라서 내재가치 대비 저평가된 기업을 매수하면 언제든 좋은 투자 기회를 찾을 수 있다.

사실 배당 투자에서 장기적 관점으로 좀 더 주목하는 것은 배당'성장'주다. 지속성 높은 배당성장주는 보통 산업의 성장기에 해당하는 기업이거나, 확실히 차별화된 경쟁력으로 혁신을 통해 구조적인 성장동력을 보유한 기업이다. 미국은 짧게는 5년에서 길게는 50년 이상 연속으로 매년 배당을 인상한 퀄리티 높은 배당성장주가 상당하다. 버크셔 해서웨이의 투자 포트폴리오에서 비중이 3번째로 큰 코카콜라는 2019년까지 57년 연속 배당을 증가해온 대표적인 배당킹 기업이다(배당킹은 50년 이상 배당을 증가해온 기업으로 존슨앤존슨, P&G, 3M 등이 속한다).

퀄리티 높은 배당주란 재무건전성을 확보하고 있고 경제적 해자를 통한 안정적인 사업 포트폴리오와 우월한 현금 창출 능력을 기반으로 향후에도 꾸준히 배당을 지급할 수 있는 기업을 의미한다.

투자자로서 배당성장주에 투자하는 이점은 명확하다. 지속적으로 증가하는 배당 수익과 함께, 이익 성장에 기반한 기업 가치 상승으로 자본

배당성장주 전략과 고배당주 전략의 성과 추이(1996~2020)

자료: 크레디트 스위스

이득(주가 상승)도 추구할 수 있기 때문이다. 이는 과거 데이터로 검증된다. 크레디트 스위스(2020) 분석에 의하면 지난 25년간 퀄리티 높은 배당성장주에 투자했을 경우 고배당주에 투자했을 때보다 약 50%의 추가 수익을 얻었다. 특히 일반적인 고배당주와 배당성장주의 수익률 격차는 최근 더 확대되고 있다.

이번 증시 조정과 회복기에도 그 차이는 더욱 명확했다. 2020년 5월 말 기준, 미국 상장 고배당주 비중이 높은 VYM ETF(Vanguard High dividend Yield Index ETF)는 YTD -14.0%의 수익률을 기록한 반면, 배당성장주에 주로 투자하는 VIG ETF(Vanguard Dividend Appreciation ETF)는 -5.7%로 조정 폭이 적고 주가 회복력도 탁월했다. 오를 때 더 오르고 빠질 때 덜 빠지는 안정적 성향을 명확히 보여준 것이다.

마지막으로 코로나19 이후 전 세계에서 활발하게 논의되고 있는 장

배당성장 ETF와 고배당 ETF의 수익률 비교(2020년 1월~6월)

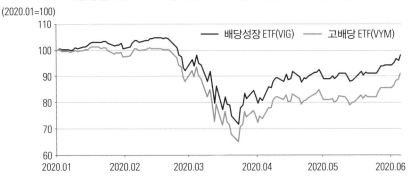

기 트렌드 관점의 변화다. 특히 탈세계화, 글로벌 밸류체인의 재편 가속화, 높아진 변동성과 불확실성에 대한 헤지 등이 주요 화두로 떠오른다.

첫째, 탈세계화와 글로벌 밸류체인 재편은 갑자기 새롭게 나타난 이슈는 아니다. 지속적으로 불거지는 미·중 무역 분쟁 심화는 결국 보호무역주의 강화로 귀결되고, 이미 코로나 사태로 취약성을 드러낸 중국과 아시아 중심의 글로벌 밸류체인 파괴가 불가피하다.

이러한 환경에서는 세계화와 무역, 투자와 개방 확대로 낙수 효과를 누렸던 신흥국은 타격이 불가피하다. 글로벌 교역 둔화와 밸류체인 재편에서 생산자 역할이 축소될 것이기 때문이다. 반면 공급망 재편을 주도하고 있는 미국은 안정적인 내수 시장을 기반으로 리쇼어링과 니어쇼어링을 통해 수요자 중심의 밸류체인을 재편함으로써 과거 지나친 공급 의존도를 완화하는 한편, 잠재적인 경쟁자로부터 경제적·기술적 우위를 높이는 계기가 될 수 있다. 중국도 단기적으로는 글로벌 생산자로서의 지위가 축소되면서 일부 피해가 예상된다. 그러나 중장기적으로는 긍정적 기회도 상존한다. 정부가 주도해서 첨단 산업을 육성하고 산업 재편을 가속화하며 기술 자립도를 높이고 내수 시장을 부양하는 등의 방법으로 방어할 수 있기 때문이다.

결국 이러한 글로벌 밸류체인의 패러다임 변화에서 우리는 수요자 중심의 재편 과정과 기술적 경쟁 과정에서 장기적 수혜가 가능한 산업과 기업에 투자할 기회를 찾을 수 있을 것이다. 한국도 반도체를 중심으로 첨단 IT산업에서 핵심 기술력을 보유해서 경쟁력이 우수하기에 장기적으로 수혜가 가능할 것이다.

둘째, 높아진 변동성과 불확실성에 대한 헤지 전략이다. 뉴 노멀 2.0으로 심화될 저성장과 유동성 팽창, 자산 가격 인플레이션은 변동성과 불확실성을 더 확대할 것이다. 때문에 상대적으로 안전한 자산에 대한 수요는 더욱 증가한다. 안정적인 수익을 창출하는 채권, 화폐가치 하락과 인플레이션을 헤지하는 금과 같은 자산이 1차적인 대용이 될 것이다. 그러나 중장기적 관점에서 글로벌 금융시장 변동성을 헤지할 수 있는 달러화 기반의 자산에 대한 관심은 필수다. 특히 앞서 일부 논의한 것처럼 저성장 시대에 경제적 해자를 통해 안정적인 실적을 창출하는, 우수한 재무 구조와 배당 지속성을 보유한 블루칩 우량 기업이 핵심이다.

이 외에도 미래의 변화에서 감지되는 투자 기회는 여러 가지다. 그중 주목할 만한 것은 각국의 재정정책 논의다. 저금리 고착화로 통화정책 영향력이 약화되고 있어 재정정책의 영향력이 그 어느 때보다도 막강하다. 각국 정부는 코로나 이후 경기 부양을 위해 막대한 재정 부양책을 내놓고 있다. 여기에는 과거와 같은 구경제 내 전통 인프라 투자가 아니라 디지털, 그린 뉴딜 및 소비 부양 등 신경제 정책이 중심에 있다는 점을 고려해야 한다. 이러한 대규모 경기 부양 정책은 저성장이 심화될수록 경기 회복을 위한 정책의 핵심 축이 될 것이기에 '성장'이라는 관점에서 더욱 주목해야 할 트렌드다.

결론적으로 코로나19 이후의 변화는 새로운 패러다임의 대전환이기보다는 기존 뉴 노멀의 연장선이 될 가능성이 높다. 저성장, 저금리의 경기 환경이 심화되는 가운데 탈세계화, 글로벌 밸류체인 재편과 함께 4차 산업혁명을 중심으로 한 기존 패러다임의 변화를 더욱 가속화하는 흐름으로 진행될 것이다. 여기에 경기 부양을 위한 비전통적인 통화정책과 막대한 재정정책이 배가되며 풍부한 유동성 환경을 창출함으로써, 코로나로 주저앉은 경기의 회복을 지지해줄 가능성이 높다. 뉴 노멀 2.0 환경에서도 여전히 차별화된 경쟁력을 보유한 미국 중심의 경제, 금융시장의 흐름이 지속될 공산이 크다는 점을 다시 한번 강조한다.

결과는 늘 예측할 수 없다. 하지만 우월한 경쟁력을 보유한 승자는 그 승리의 필요조건이 변하지 않는 한 결국 다시 승리할 가능성이 높다. 그리고 승리의 여신 니케(Nike)는 여전히 미국 시장을 향해 웃어줄 것이다.🎓

글 **홍성철** | 마이다스에셋자산운용 주식운용본부장. 서울대와 같은 대학원(경영학 석사)을 졸업하고 토러스투자자문, 하나UBS자산운용 등을 거쳤다. 국내 연기금을 포함한 대형 기관 자금과 배당형·롱숏 공모 펀드를 주력으로 운용해왔다. 지난해에는 미국 달러 자산에 주로 투자하는 글로벌 멀티에셋 펀드를 선보였다. 주식, 채권, ETF 등 다양한 투자 자산에 대한 운용 노하우를 갖춘 글로벌 투자 전문가다.

한국판 뉴딜과
포스트 코로나의 ABCDE 산업

조원경

코로나19 사태는 전 세계에서 사상 초유의 상황을 낳았다. 주요국 주식시장의 동조
화가 강해졌다. 주가는 유동성을 바탕으로 실물 경제와 괴리를 보이며 급반등했다.
향후 세계 경제의 경로는 이전의 회복 과정과는 판이할 것으로 예상된다. 언택트 시
대의 미래 주도주는 무엇일까. 한국판 뉴딜에서 주목할 산업은 무엇일까. 국제경제
전문가이자 《부의 비밀병기, IF》의 저자인 조원경 울산시 경제부시장이 종합 분석
하고 전망한다.

신종 코로나 바이러스 감염증(코로나19)은 인류 사회와 세계 경제에 전례 없는 도전으로 작용하고 있다. 전 세계에서 수십만 명의 생명을 앗아갔고 소득, 생산량, 고용에 엄청나게 부정적인 충격을 미쳤다. 미국, 일본, 독일, 한국 등 경제협력개발기구(OECD) 37개국의 2020년 1분기 경제는 2019년 4분기에 비해 급속도로 위축되면서 성장률이 글로벌 금융위기 이후 최대 폭으로 하락했다. OECD는 올해 1분기 37개 회원국의 전기 대비 실질 국내총생산(GDP) 성장률이 평균 -1.8%를 기록했다고 발표했다. 금융위기 때인 2009년 1분기(-2.3%) 이후 최대 하락 폭이다. 주요국 대부분의 2020년 1분기 GDP 성장률은 마이너스였는데, 무엇이 성장률 차이를 가져왔을까?

　　중국 우한에서 발생한 코로나19는 시차를 두고 한국, 유럽, 미국, 중남미와 아프리카를 차례로 강타했다. 우한에 총봉쇄령을 내린 중국의 2020년 1분기 성장률은 -6.8%였다. 자동차 판매 급감으로 타격 정도를 가늠할 수 있다. 봉쇄령이 내린 국가에서 차를 한 대도 못 팔게 되니 자동차 생산 업체들의 속이 오죽 타 들어갔겠는가. 미국의 성장률은 -4%로 2008년 4분기 이후 최대 하락을 보였다. 매도 먼저 맞은 게 다행이었을까. 중국의 2분기 성장률은 플러스로 돌아섰으나, 미국은 뉴욕주를 3월 20일 봉쇄하는 등 실질적 피해를 입은 것이 2분기였다. 다행히 2분기에 경제가 재개되었지만 신규 확진자가 여전히 많다. 이동이 자유로운 과거로 돌아갈 수 있을지 회의적인 시각이 팽배한 상황이 지속되고 있다. 국가 간 성장률 차이의 주된 원인은 바이러스가 시차를 두고 발생했고 이동성 제약의 속도와 강도가 달랐다는 점이다.

이 과정에서 정책 입안자들에게 주어진 과제는 코로나19 확산 억제와 경제 회복 조건 조성 사이에서 적절한 균형을 유지하는 것이다. 2020년 5월 초부터 개발도상국은 코로나19 대유행의 진앙지가 되고 있다. 공공 의료 시스템, 의료용품, 생산 능력, 경제 정책 완충 장치가 선진국에 비해 부족한 중남미, 서남·동남아시아, 사하라 이남 아프리카 등에서 전 세계 신규 확진자 발생 건수의 절반 이상이 보고되고 있고 검체 검사 능력도 부족한 상황이다.

세계은행은 코로나19 대유행으로 7천만~1억 명이 극도의 빈곤 상태(일일 소득 1.9달러 미만)에 빠질 것이라고 경고했다. 나라별로는 2020년 경제 성장률을 미국과 일본 모두 −6.1%, 유로존 −9.1%, 중국 1.0%로 전망했다.

코로나19의 '경제 지표'는 이동성 데이터

코로나19의 경제적 영향을 즉각 관측할 수 있는 지표는 이동성 데이터다. 이는 전 세계 경제활동의 광범위한 위축을 측정하는 대용물로 사용되었다. 구글, 애플, 바이두 같은 기업의 익명화된 데이터를 기반으로 이동성(모빌리티 정도) 제약을 산정할 수 있다. 예를 들어 구글은 유통, 레크리에이션, 식료품 매장과 약국, 작업장에서 위치 추적 정보를 수집

각국의 이동성과 경제 성과

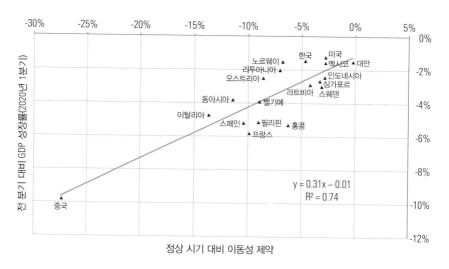

자료: Graphing the Pandemic Economy, Luohan Academy, 2020/06/01

한다. 애플은 운전, 교통, 보행에 관한 이동성 데이터를 알려준다. 바이두 역시 위치 기반 서비스(LBS)를 통해 이동성 데이터를 제시할 수 있다. 이러한 데이터가 매주, 나아가 매일 업데이트되어 경제 위축과의 관련성을 알려준다.

물론 이동의 자유는 경제 위축과 침체를 알려주는 하나의 지표에 불과하다고 주장할 수 있다. 소비자와 기업의 위험 회피 성향은 강제 봉쇄가 없는 경우에도 경제활동을 위축시킬 수 있다. 그럼에도 불구하고 경제활동 상황을 파악하는 변수로서 이동성 제약 정도는 충분한 이점을 지닌다. 우선 매일 130개 이상의 국가에서 사람들의 활동을 포착하고 이용할 수 있는, 몇 안 되는 빅 데이터 중 하나다. 나아가 위험 회피

> "
>
> 사회적 거리 두기의 지속적인 필요성을 감안할 때
> 항공, 여행, 스포츠, 이벤트 등은 코로나19 이전으로
> 돌아가기 어려운 분야로 남을 수 있다.
>
> "

의 영향과 사람들의 선택을 반영하는 내재적 변수다. 위험하면 사람들은 이동을 꺼리게 되고 이동이 제약된다. 시간이 지남에 따라 이동이 자유로워지면 경제 전반에 걸친 GDP 변화의 상당한 부분을 알 수 있기에 매우 유용하다 하겠다.

바이러스가 통제되면서 경제가 침체된 상태로 남아 있는 정도와 기간은 나라마다 다양할 수 있다. 이동이 어느 정도 자유로워지면 느리지만 꾸준한 성장에 가속도가 붙고 어느 수준으로 성장하면 성장 속도가 느려지기 마련이다. 소비 위축 이후 어느 정도 기간이 지나 경제가 회복되면 보복적 소비가 발생하고, 이후에는 소비 증가 속도가 줄어든다. 즉, 아래 그림처럼 느리지만 꾸준하게 상승하는 S자형 회복이 시작되고 생산량이 팬데믹 전 수준에 가까워짐에 따라 회복 속도가 줄어든다. 이 마지막 감속에서 사회적 거리 두기의 지속적인 필요성을 감안할 때 항공, 여행, 스포츠, 이벤트 등은 코로나19 이전으로 돌아가기 어려운 분야로 남을 수 있다.

코로나19 대응 과정에서 각국의 경제적 어려움은 바이러스의 조기 감지와 봉쇄를 통해 경제의 자유 낙하 기간을 얼마나 빠르게 단축하는

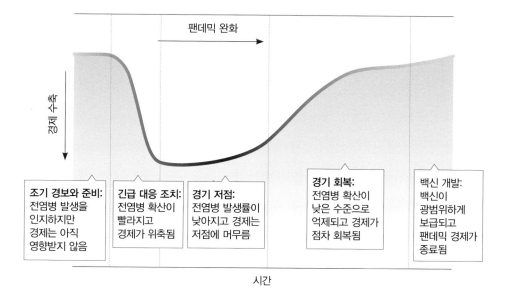

팬데믹 경제 5단계

팬데믹 완화 →

경제 수축 ↓

조기 경보와 준비:
전염병 발생을
인지하지만
경제는 아직
영향받지 않음

긴급 대응 조치:
전염병 확산이
빨라지고
경제가 위축됨

경기 저점:
전염병 발생률이
낮아지고 경제는
저점에 머무름

경기 회복:
전염병 확산이
낮은 수준으로
억제되고 경제가
점차 회복됨

백신 개발:
백신이
광범위하게
보급되고
팬데믹 경제가
종료됨

시간

자료: Graphing the Pandemic Economy, Luohan Academy, 2020/06/01

가에 좌우된다. 그다음으로 중요한 것은 얼마나 빠르고 만족스럽게 바이러스를 억제하는가다. 새로운 확진자 발생에 의한 감염 수준이 낮아지면 바이러스 확산에서 어느 정도 자유로워질 수 있다. 궁극적으로는 백신과 치료제가 개발되어야 이동의 완전한 자유와 경제의 정상화가 가능하다.

베트남과 대만의 모범 사례에서 배울 점

동아시아에서 얻은 교훈은 국가가 초기 단계에서 바이러스를 억제하기 위해 더 빠르고 결단력 있게 움직일수록 공중 보건과 경제 측면에

들어가는 비용이 적어진다는 점이다. 세계보건기구(WHO)는 베트남의 코로나19 대응이 "국제 사회의 모범"이라고 평가했다. 베트남이 모범 방역국으로 떠오른 데는 철저한 초기 대응이 효과적이었다는 분석이 나온다. 미국 정치 전문 매체 폴리티코 역시 2020년 5월 베트남을 조사 대상 30개국 중 최고의 방역 국가라고 평가했다.

폴리티코는 각국의 경제 성과와 공중 보건을 기반으로 코로나19 대응을 주도하는 30개국의 성과를 코로나19 확진자 및 사망자 수, 경제 성과, 실업률, 정부 정책 등을 감안해 도표화했다. 그 결과 "베트남은 9,700만이라는 많은 인구에도 300여 건에 불과한 확진 사례, 더 중요한 것은 단 1명의 사망자도 보고되지 않은 모범적이고 놀라운 방역 성과를 보여줬다"며, "베트남 경제가 2020년 코로나19 팬데믹에도 2.7% 성장할 것"으로 전망했다.

대만은 코로나19 유입 초기 신속한 출입국 통제와 정보통신기술(ICT) 활용, 마스크 수출 금지 등으로 질병 확산을 억제하고 경제 충격을 최소화했다. 그 결과 2020년 6월 현재 확진자가 500명 이하이고 1분기 GDP 성장률은 1.6%로 주요국 대비 경제 상황도 양호했다. 경제 기반이 취약한 신흥국들이 코로나19 충격에 휘청이는 가운데 베트남과 대만의 선방이 돋보인다.

중국은 코로나19 확산을 막기 위해 초기에 봉쇄 조치를 취해 성공적으로 통제하며 가장 먼저 경제를 재개했다. 그러나 2020년 경제 성장률은 지난 40년 중 가장 낮을 것으로 예상되고, 전염병의 심각성을 숨기고 조기에 대응하지 못해 전 세계를 혼란의 도가니에 몰아넣어 미국을 위시한 세계의 비난을 받고 있다.

영국, 스페인, 이탈리아, 프랑스, 벨기에, 러시아 등 여러 유럽 국가와 미국은 공중 보건과 경제 측면에서 가장 큰 타격을 받은 그룹에 속한다. 한국을 비롯한 대만, 일본 등 아시아 주요국은 경제적으로는 좋지 않지만 공중 보건은 성공적으로 평가받았다.

아르헨티나는 역대 아홉 번째 채무 불이행(디폴트) 사태를 맞았다. 에콰도르와 레바논도 디폴트를 선언했다. 경제 전망도 전염병 확산 곡선 예측에 의존할 수밖에 없어 불확실성이 매우 크다. 전 세계의 확산이 끝나기 전까지, 어느 국가도 확산이 끝났다고 장담할 수 없다.

주요국의 유례없는 금융 안정화 조치

9·11 테러 당시를 훨씬 능가하는 미국의 사망자들, 2008년 금융위기 수준을 압도하는 미국의 실업수당 청구자의 수를 보며 코로나19 대유행의 끝은 어디인지 생각해보게 되었다. 코로나19가 발발하자 IMF와 WTO는 코로나19로 인한 경기 침체가 장기화되면 'L자형 침체'도 현실화될 것으로 우려했다.

크리스탈리나 게오르기에바 IMF 총재는 코로나19 확산으로 세계 경제가 침체에 진입한 것이 분명하다며 글로벌 금융위기 때만큼 나쁘거나 더 나쁠 것이라고 경고했다. 2021년에는 경제가 회복할 것으로 예상되지만 이는 코로나19를 억제하고 유동성 문제를 막을 때의 이야기라고 강조했다. 호베르투 아제베두 WTO 사무총장도 경기 침체와 실업이 2008년 금융위기 때보다 심각할 것이라는 전망이 나오고 있다며 세계 무역도 급격한 감소가 예상된다고 밝혔다.

코로나19가 발발할 당시 세계 경제의 불안감이 어디에서 비롯되었는지 돌이켜 보자. 우선 과거의 금융위기 때와 달리 코로나19 사태는 실물 부문에서 시작되어 단순한 금융위기가 아니라 세계 경제 전반의 위기로 확산되었다. 생산과 투자 활동이 둔화되고, 글로벌 공급망이 교란되는 한편, 국제 교역 감소로 실물 부문이 급격하게 위축되었다. 미국과 유럽에서 코로나19 확산세가 진정되거나 실물 경제 수요를 회복하는 등 근본적 진전이 없을 경우 위기 상황이 장기간 이어질 우려는 여전히 존재한다. 다른 한편, 소상공인·자영업자·중소기업 등 취약 부문부터 위기가 전이되어 모든 경제 주체에 파급될 위험이 있다. 과거 경제·금융위기는 대기업이나 대형 은행 등에서 촉발되었지만 이번에는 소상공인 등 서민 경제가 취약해질 수 있다. 폭넓고 광범위한 처방이 필요한 이유다.

각국 정부는 수요 급감에 따른 실물 부문 위축과 금융시장 불안감이 상승 작용을 일으켜 위기가 증폭될 가능성에도 대비해야 했다. 코로나19 사태는 실물 위기의 성격으로, 금융 시스템을 치료하는 것만으로 해결되지 않는 고약한 문제이기 때문이다. 국민들의 경제활동에 제약이 가해지니 충격을 가늠하기조차 어렵다. 전염병이 사라진 후 사회·경제 안전망을 유지하는 가운데 근로자의 실직과 기업의 파산에 따른 피해를 최소화하는 것이 각국이 직면한 최선의 목표다. 미국과 주요 신흥국 간 통화스왑이 맺어져 환율 폭등은 방지할 수 있었지만 달러 품귀 현상이 다시 발생할지는 아무도 모르는 상태다.

미국에서는 보잉 등 항공사, 호텔, 여행, 레스토랑 등 업계가 앞다투어 구제금융을 요청했다. 연쇄 파산 우려로 현금 수요가 늘어 투자자들이 회사채를 내다 팔기 시작한 후, 많은 회사의 신용등급이 투기 등급으로 떨어질 수 있다는 불안감도 조성되었다.

수입 감소, 전염의 두려움, 높은 불확실성은 사람들이 지갑을 닫게 만든다. 특히 코로나19 발발 초기 서비스 업종의 피해가 유달리 심했다. 뜻하지 않게 계약을 이행하지 못해 손해배상책임까지 걱정하는 일도 벌어졌다. 감염 우려 때문에 몇 달 전 체결한 여행·항공권·숙박·예식장 계약 등을 취소하고 손실을 감수하는 것은 일상이 되었다. 이런 충격이 많은 국가에서 동시에 발생할 경우, 국제 무역과 그물망처럼 얽힌 국제 금융의 연결 고리를 통해 위험이 더욱 증폭될 가능성이 상존했다. 세계적으로 교역이 축소되었고, 원자재 가격은 수요 감소로 더욱 낮아졌다.

마이너스 유가의 이변과 향후 전망

유가는 급격히 하락했다. 유가 하락이 소비자들에게 긍정적적일 수 있으나 관련 산업의 위축, 산유국의 상품 수요 감소로 세계 경제에 부담이 되는 것이 엄연한 현실이었다. 원유 수출국들의 재정적자가 확대되고 기초 생활용품 공급이 부족해 민생 파탄이 이어지면 산유국 정부는 부채를 갚을 여력이 없어질 수 있다. 원유 수출이 재정 수입의 70%를 차지하는 국가들이 재정 확충을 위해 외화 표시 채권을 제대로 발행할 수 있을지 의문이 드는 상황이 이어졌다.

이런 와중에 2020년 4월 20일 코로나19 영향으로 국제 유가가 마이너스권으로 떨어지는 전례 없는 일이 벌어졌다. 뉴욕상업거래소(NYMEX)에서 5월 인도분 서부 텍사스산 원유(WTI)가 배럴당 -37.63달러에 거래되었다. 전날 종가 18.27달러에서 55.90달러 하락한 것이다. 국제 유가가 마이너스로 떨어진 것은 사상 처음 있는 일이다. 매도자가

> "
> 코로나19 사태가 잘 극복되고
> 원유 수요가 가파르게 늘면
> 이후 원유 공급 부족이 현실이 되고
> 유가가 상승할 수도 있다.
> "

돈을 얹어주고 원유를 판다는 것인데, 석유를 보관하는 데 돈이 더 들어갈 정도로 석유 수요가 아예 사라졌다는 의미다.

유가는 6월 40달러대로 급반등했다. 감산과 미국의 경제활동 재개, 중국의 원유 수요 증가가 주요 원인으로 꼽힌다. 물론 생산된 원유를 다 소비할 만큼 경제가 회복된 것은 아니나, 중국의 원유 소비가 2월 저점을 찍고 되살아났다는 것에 주목할 필요가 있다. 원유 가격의 최대 변수는 코로나 바이러스 재확산, 백신·치료제 개발 여부이고 원유 가격 상승이 세계 경제를 견인하는 상황에서 마이너스 유가는 걱정하지 않아도 되는 상황에 그나마 안도하고 있다.

이런 상황에서 누군가는 코로나 바이러스의 2차 유행 없이 예상대로 수요가 살아나기 시작하면 다른 위험 요인이 도사리고 있다고 주장할 수도 있다. 유가 상승은 없다고 자신 있게 말할 수 있을까? 채굴을 중단한 셰일 유정을 재가동하기 위해선 자금이 있어야 한다. 셰일업계는 자금이 마르고 돈을 빌리지 못해 자체 자금만으로 원유와 가스를 겨우 생산하고 있다. 셰일회사들이 돈을 원활하게 조달하지 못하면 원유 소비가 늘어난 만큼 생산하지 못할 수 있다. 코로나19 사태가 잘 극복되고 원유 수요가 가파르게 늘면 이후 원유 공급 부족이 현실이 되고 유가가 상승할 수도 있다. 아무튼 유가의 향방에 세계의 이목이 집중되어 있다.

세계적인 경제위기가 전개될 것인가

글로벌 금융위기의 학습 효과로 각국의 정책 대응은 사상 유례없는 규모로 빠르게 진행되었다. 증시가 폭락하자 놀란 도널드 트럼프 미국 대통령은 '해임 권한'까지 거론하며 제롬 파월 미국 연방준비위원회 의장을 압박했다. 미국 중앙은행인 연방준비제도는 3월 16일 기준금리를 1%p 전격 인하했다. 이로써 기준금리는 0.00~0.25%가 되어 사실상 제로 금리 수준이다. 연준은 7000억 달러 규모의 양적완화 프로그램(통화를 풀어 국채 등을 매입하는 경기 부양책)도 시작하기로 하면서, 미국 경제가 코로나 사태를 극복하고 최대 고용과 물가 안정을 이룰 때까지 현재의 기준금리를 유지하겠다는 의지를 피력했다. 연준은 사상 처음으로 회사채와 정크본드 매입에까지 손을 댔다.

각국은 코로나19 사태로 경제적 피해를 입은 개인의 생계·고용 지원에 재정지출을 집중했다. 저소득층·실업자·휴직자를 중심으로 한 현금 지급, 대출 지원, 실업보험 확대를 통해 소득이 감소하고 일자리를 잃은 국민들에 대한 지원을 강화했다.

각국의 유례없는 유동성 살포 공조로 금융시장이 타격을 받더라도 2008년 글로벌 금융위기와 같은 세계적인 위기가 발생할 가능성은 작아 보인다. 코로나19 사태가 글로벌 금융위기와 같은 세계적인 시스템 위기로 당장 확산하진 않을 것이다. 시스템 위기는 어느 금융회사의 유동성 부족이나 파산이 다른 금융회사로 파급되어 연쇄적으로 금융회사 전체로 확산되는 현상을 일컫는다.

과거 시스템 위기가 왔을 때 금융회사의 과잉 투자와 건전성 훼손이 문제가 되었다. 2008년 글로벌 금융위기 당시 주요국 금융회사들은 과잉 투자 상태였다. 이 때문에 금융위기가 발발하자 디레버리징(부채 축소)을 진행할 수밖에 없었다. 이는 경기 부양과 회복에 계속 부담으로 작용했다. 당시 과도하게 빚을 내 투자에 쏟아부어 만들어진 '거품'이 금융위기의 발단이었다. 이후 금융회사에 대한 위험자산 투자 규제가 강화되면서 이들의 자산 건전성은 높아졌다. 2008년에는 자기자본비율이 낮다 보니 금융회사들의 지불 위험이 문제가 되었지만 현재 그런 위험은 낮아졌다.

그럼에도 금융주의 주가가 코로나19 이후 급락하고 여전히 덜 오른 상태여서 불안이 완전히 가신 것은 아니다. 많은 기업과 국민에게 헬리콥터로 돈을 뿌려도 금융이 부실해질 가능성은 산재해 있다. 미국의 경우 코로나19 여파로 극심했던 기업 유동성 부족 문제는 정책 당국의 지원으로 다소 해소되었지만 기업별 차별화는 심화되고 있다. 원유과 석유 제품 등 에너지 업종, 항공과 기계 장비 등 산업재 업종, 숙박과 음식, 자동차 등 경기 소비재 업종의 부실화 가능성이 높아 보인다. 외부의 자금 조달이 없다고 가정했을 때 이들 기업 상당수는 보유 현금을 1년 내 소진할 수도 있다.

각국이 전례 없는 통화·재정 정책으로 위기를 막고 있지만 백신이나 치료약이 개발되기 전까지 심리적으로 '사회적 거리 두기'가 계속되어 사람들의 이동이 완전할 수는 없어 보인다. 통화·재정 정책만으로 실물 경제, 특히 소비 침체를 막기 어려울 것이란 게 대체적 의견이다. 확장적 통화·재정 정책이 글로벌 금융위기 이후 지속되었다. 그동안 미국은 금리가 높아졌지만 다시 전 세계 국채 이자율이 0% 수준이나 그 이하로 내려갔다. 코로나19로 인해 이 추세가 수년간 지속될 것으로 예상된다. 낮은 이자율로 인해 각국 부채 비율과 기업·가계 부채가 크게 증가했다. 향후 이를 줄이는 과정이 쉽지 않을 것이고, 늘어난 부채는 미래세대의 부담으로 귀결되거나 화폐 발행으로 막아야 하니 위험 요인이 될 수 있다.

실물과 괴리된 주가의 급격한 상승

2020년 초 미·중 무역 분쟁이 끝날 거라고 예상하며 오랜만의 주가 상승을 기대한 투자자들은 코로나19 발발로 쓴맛을 봐야 했다. 테슬라 주가의 곡예만큼 하늘 높은 줄 모르던 미국 3대 주가지수는 코로나19 발발로 폭락을 거듭했고, 세계 주요국 주가는 속절없이 떨어졌다. 2020년 4월 초 〈포브스〉는 전 세계 주가가 급락하면서 재산을 10억 달러(약 1조 2000억 원) 이상 보유한 억만장자가 크게 줄었다고 보도했다.

코로나19 확산 후 주요국 주가지수들의 동조화 현상이 강해졌다. 자본시장연구원은 코로나19가 글로벌 증시의 공통 위험 요인으로 작용하며 주요국 증시가 동조화된 하락 양상을 보이고 있다고 보고했다. 주요국 주가지수 수익률의 상관계수는 0.6 이상으로 사스(SARS) 발생 당시(0.3), 신종플루(H1N1)·메르스(MERS·중동호흡기증후군) 발생 당시(0.4)에 비해 높은 수준이었다.

초기에는 중국의 영향이 큰 소비자 서비스, 생활용품, 유통 부문의 타격이 컸으나, 세계 증시 급락 이후 글로벌 경기에 민감한 조선과 자동차, 거시경제 안정성에 민감한 은행과 보험의 하락 폭이 컸다. 한국 시장에서 외국인 순매도는 중국, 글로벌 경기 위축 가능성, 유가 하락이라는 세 가지 요인에 대한 민감도가 높은 업종에 집중되었다. 이 중 유가 요인이 외국인 순매도에 가장 큰 영향을 미친 것으로 분석된다. 각국은 전례 없는 위기 극복 정책을 추진 중이지만 세계 경제의 역성장은 불가피해 보인다.

문득 2년 전, 10년 위기설을 무색하게 한 신문 기사가 생각난다. 2008년 글로벌 금융위기 이후 10년 만에 세계 경제가 본격적인 회복세를 보이고 있다는 내용이었다. 서브프라임 모기지 사태의 근원지였던 미국은 위기 직후 1년 만에 곧바로 활력을 되찾아 올 2월까지 역사상 최장기 호황을 누렸고, 2월에 사상 최저의 실업률(3.5%)을 기록했다. 구직자가 거의 모두 일자리를 찾을 수 있다는 완전고용에 이르러 경제학자들이 꿈꾸는 '자연 실업률'에 도달했다고 노래했다. 2019년에는 한국의 13배 규모로 거대한 경제가 한국보다 높은 경제 성장률을 기록했다. 성장·고용뿐 아니라 미국 경제의 엄청난 '회복탄력성'에 세계가 놀라워했다. 미국 경제는 10여 년의 호황기 속에서 엄청난 구조조정과 함께 신사업이 급속히 확대되며 가파른 V자형의 회복탄력성을 보여준 것이다.

그런 회복탄력성에 대한 추억 때문일까? 코로나19 발발로 4월 실업률은 역대 최고인 14.7%에 달했고 전문가들은 2월 실업률 수준을 회복하려면 수년이 걸릴지 모른다는 견해를 내놓았지만, 미국 주식시장은 물론 한국을 비롯한 세계 주식시장이 동조화되어 가파른 회복을 보여주었다. 주요국이 전례 없는 규모의 통화·재정 정책으로 시장에 유동성을 충분히 공급하고 있기 때문으로 분석된다. 미국이 '코로나 봉쇄'를 풀고 경제활동을 재개하면서 경기가 'V'자 형태로 급반등할 것이라는 기대도 커지고 있으나 코로나 2차 대유행 우려가 이를 제약하는 요인이다. 당초 'L'자 혹은 'W'자 형태로 느리게 반등할 것이라는 예상이 지배적이었지만 5월 고용보고서는 V자 반등 기대를 높였다. 5월에 일자리 833만 개가 사라졌을 것으로 예상되었지만 251만 개가 만들어지며 실업률은 4월(14.7%)보다 낮은 13.3%로 집계되었다.

특히 기술주 중심의 나스닥지수는 6월 역사상 처음으로 만스닥(나스닥 1만 선)을 기록했다. 2020년 2분기에만 30.6% 상승해 6월 30일 10,058.77로 2분기를 화려하게 장식했다. 분기 기준으로 1999년 이후 가장 높은 상승이다. S&P500지수도 연초 대비 '플러스' 수익률로 돌아섰으나 6월 하순 시작된 코로나 2차 확산 우려와 확진자 수 증가는 증시의 불안 요인이다.

나스닥지수가 두 달여 만에 급등한 배경은 무엇일까? 우선 공급한 막대한 유동성이다. 3월 16일 제로 금리와 함께 양적완화에 들어간 연준은 3월 초부터 석 달간 약 3조 달러를 금융시장에 공급했다. 이는 미국 GDP의 15%에 달하는 금액이다. 중소기업을 대상으로 한 '메인스트리트 대출 프로그램'의 최소 대출 금액은 낮추고 최대 대출 한도는 올리는 등 많은 기업에 돈을 풀려는 의지를 피력했다.

코로나19 여파로 '디지털 전환'이 가속화하면서 관련 분야가 새로운 성장 엔진으로 떠오르고 인터넷·정보기술(IT) 기업들이 혜택을 보고 있다는 지적이다. 그래서일까 애플, 마이크로소프트, 아마존, 알파벳(구

> "
> 2차전지시장은 2025년까지 연평균 성장률이
> 50%를 넘는 고성장세를 실현하고
> 2026년 반도체시장을 능가할 것으로 전망된다.
> "

글), 넷플릭스, 테슬라 같은 기술주들이 급등세를 주도하며 나란히 신고가를 경신했다. 코로나19 우려로 디지털 기반의 언택트(비대면) 산업, 의약·바이오 산업이 포스트 코로나를 선도할 유망 분야로 각광받고 있다. 봉쇄령으로 많은 국가에서 재택근무를 시행하면서 기술주 의존도가 높아져 나스닥이 상대적인 주가 호조를 보였을 수 있다. 코로나19를 계기로 비대면 기술 제품의 수요가 더욱 늘어날 전망이다. 나스닥의 급격한 반등은 이런 산업 트렌드를 선반영한 것으로 보인다.

2차 대유행을 걱정하는 전문가도 있어 경제를 바라보는 시각이 다를 수 있으나 코로나19 상황이 최악을 넘겼다는 인식이 확산되었다. 2020년 2분기 경제 상황이 좋든 나쁘든, 시장은 미래 경제지표가 어떻게 나올지 여부에 초점을 맞추고 있는 것 같다. 전 세계적으로 코로나19에 대비해 치료제, 백신 개발이 한창인 가운데 한국의 진단 키트를 중심으로 바이오 헬스 분야의 주식 투자 열풍이 불었다.

코로나19가 디지털 변혁을 앞당길 것으로 전망되면서 IT·소프트웨어에 이어 2차전지 관련 주 주가가 고공행진을 이어갔다. 코로나19 이후 경제위기 극복 과정에서 완성차 메이커들의 전기차 확대, 주요국 정부들의 환경 정책 등에 힘입은 결과다. 2차전지시장은 2025년까지 연평균 성장률이 50%를 넘는 고성장세를 실현하고 2026년 반도체시장을 능가할 것으로 전망된다.

물론 안심하기에는 이르다. 감염병 2차 재확산과 미·중 갈등이 여전히 변수로 작용하고 있다. 감염병 확산 책임론을 둘러싼 미국과 중국 간 갈등이 다시 무역 갈등으로 재연될 조짐을 보였다. 양국의 무역 갈등이 향후 어떻게 구체화될지, 구체화된다면 어떤 조치가 어느 정도의 강도로 나타날지 예상하기가 어렵다.

미·중 경제 전쟁은 치명적일 수 있는 '상수'

미·중 경제 전쟁은 구조적 경기 하락세가 이미 진행 중인 중국과 세계 경제에 치명적인 영향을 미칠 수도 있는 상수다. 코로나19에 따른 글로벌 공급망 교란은 우리가 과거에 경험한 어떤 것보다 훨씬 더 파괴적이었다. 중국에서 촉발된 코로나19에 따른 글로벌 공급망 붕괴가 이토록 전 세계 경제에 큰 파괴력을 발휘하는 것은 어쩌면 예견된 일인지도 모르겠다. 갈수록 높아만 가는 전 세계 제조업의 중국 의존도를 생각하면 당연한 일이기 때문이다.

우리는 지구촌이라 부르며 역사상 가장 글로벌한, 즉 전 세계가 대단히 밀접하게 연결된 시대에 살고 있다. 원료가 공급되어 완제품이 만들어지고 이 제품이 전 세계 소비자들에게 유통 공급되는 모든 가치사슬 과정이 국경이 없는 하나의 국가 혹은 지역처럼 움직이고 있다. 세계화된 글로벌 공급망 구조에서 경쟁우위를 확보하려는 많은 기업은 원가 경쟁력 확보와 같은 효율성을 중시하는 가치사슬을 끊임없이 추구하는

"

미국과 중국이 협력해도 코로나19를 극복하는 데
시간이 걸릴 텐데 지금 G2 양국이 갈등의 모습을 보이고 있어
설상가상의 국면이다. 중국에 대한 미국의 방향은
확실해 보이며 속도의 차이가 있을 뿐이다.
중국은 미국에 대항하며 한 세대에 걸친 장기전을
준비하고 있는지도 모르겠다.

"

것이 무엇보다 중요했다. 그 결과 수많은 글로벌 기업이 제조 비용이 저렴한 중국에 제조 기지를 운영하게 되었고, 여분의 재고를 유지하지 않는 것이 관례였다.

코로나19가 글로벌화에 강하게 제동을 걸었다. 초기 방역이 실패하면서 중국을 넘어 급속하게 세계로 퍼지는 팬데믹 상황이 되자, 어느 한 국가나 지역 문제가 아니라 전 세계에서 동시 다발적으로 공급망이 뒤틀려 버렸다. 국가 간 인적·물적 이동이 극히 제한되어, 글로벌 공급망을 더 많이 활용하는 기업일수록 더 큰 어려움에 처하는 역설이 발생했다. 이 현상이 트럼프 행정부의 해외 소재 자국 기업의 유턴 정책인 리쇼어링 정책과 맞닿게 되었다. 트럼프 행정부는 출범할 때부터 해외에 있는 자국 기업을 다시 미국으로 불러들이는 정책을 강력하게 추진했다. 이번 코로나19 상황에서 공급망이 흔들리고 미국에 방역 물자가 없어서 굉장히 어려움을 겪는 상황이 발생하자 트럼프 대통령은 리쇼어링 정책을 가속화해야겠다고 생각하게 된 것이다.

코로나19로 인한 글로벌 공급망 교란이 보호무역주의 확산으로 이어질 가능성은 피하기 어려울 듯하다. 제조업에서는 설비 자동화 확대가 본격화될 것으로 보인다. 저렴한 인건비를 강점으로 세계의 공장 역할을 해온 중국의 위상에 적잖은 변화가 예상된다. 중국 내수시장을 염두에 두고 중국에 생산 기지를 구축한 기업들은 계속 남아 있겠지만, 중국을 글로벌 공급망 조달 기지로 삼았던 기업들은 '탈(脫)중국 러시'를 할 가능성이 상당하다.

미국과 중국이 협력해도 코로나19를 극복하는 데 시간이 걸릴 텐데 지금 G2 양 국가가 갈등의 모습을 보이고 있어 설상가상의 국면이다.

미 대선의 결과에 상관없이 중국에 대한 미국의 방향은 확실해 보이며 속도의 차이가 있을 뿐이다. 중국은 미국에 대항하며 국가적 의지를 굽히는 행위는 하지 않을 것으로 보인다.

중국이 G2로 등장한 지 10여 년이 지났다. 비록 G1으로 발돋움하지 못했지만 중국의 존재감은 확실하다. 일대일로(一帶一路) 정책을 통해 많은 개도국을 자국 편으로 유도하면서 미국을 비롯한 서방 국가의 신경을 건드리고 있다. 중국 경제가 살아나면 세계는 중국의 눈치를 볼 수밖에 없다는 판단은 여전히 유효하고, 어쩌면 중국은 한 세대에 걸친 장기전을 준비하고 있는지도 모르겠다.

언택트 시대 주식시장의 미래 주도주

코로나19가 남긴 2가지 키워드는 디지털 세상의 가속화와 친환경이다. 우리 정부 역시 한국판 뉴딜 정책에서 디지털 뉴딜과 그린 뉴딜을 주축으로 추진할 결의를 다졌다. 세계적으로 데이터(Data), 네트워크(Network), 인공지능(AI)과 관련된 DNA 경제가 대세다. 이와 함께 비대면화(Untact) 경제에 대한 관심이 제고되었다. 코로나19로 사람 간의 접촉을 멀리하는 현상이 가속화된 것이다. 사회적 거리 두기가 정착되면서 이런 현상이 심화되고 있다.

부정의 의미인 Un과 접촉(Contact)이 합쳐져 언택트, 즉 접촉하지 않는다는 '비대면'이란 말이 생겼다. 인구와 세대 구조가 변화하면서 점차 대인관계를 꺼리게 되었고, 스마트폰이 대중화되어 문자와 데이터로 소통하는 것을 선호하면서 직접 대면하는 것이 불편하게 느껴진다. 이런 현상은 젊은 층에서 뚜렷하게 나타난다. 코로나19는 문명의 전환으로 언택트 현상을 가속화했다. 산업에서도 언택트 비즈니스가 뜨고 주식시장에서 언택트 관련 주식이 높은 주가 상승률을 기록하고 있다.

이런 현상은 코로나19로 가속화되었지만 언택트의 조짐은 이미 있었다. 기술의 발달로 스마트폰 하나로 언제 어디서든 누구에게나 쉽게 연락하고 소통할 수 있는 초연결 사회가 펼쳐진 지 오래다. 이제 초연결 사회에 대한 피로감이 높아져 사람들은 혼자만의 시간을 갖고 싶어 하고, 이는 세계적 추세로 자리를 잡고 있다. 산업계에서 비대면은 무인을 넘어서 손대지 않는다는 언택트의 개념 자체로 진화하고 있다. 언택트를 사회적 현상으로 보고 마케팅으로 적극 활용하는 것이 여기저기서 감지된다. 고객이 변하면 새로운 사업이 탄생하고, 기존 사업체들은 몰락하기도 한다.

오프라인 유통점인 대형 마트는 어려움을 겪고 있다. 사람들이 온라인으로 주문하기에 아마존 주가는 코로나19에도 상승했다. 집 앞에 이마트가 있어도 사람들의 태도와 습관이 변했기 때문에 쿠팡 주문이 늘고 있다. 소비자들은 사람 만나는 것을 불편해하고 빨리 원하는 제품을 사고 싶어 한다. 배달의민족으로 주문한 음식을 문 앞에 두는 것은 피할 수 없는 현상일지도 모른다.

언택트에 익숙하지 않은 노년층은 모르겠지만 중년층 이하에게 언택트는 편리함 자체다. 스타벅스에는 사이렌 오더가 있다. 점원에게 주문하지 않고 자리부터 잡고 앉아서 앱으로 주문한다. 줄 서서 오래 기다리지 않아도 된다. 내 음료가 나오면 점원이 별명을 불러준다. 자리로 음료를 가져오면 그만이다. 맥도날드에는 드라이브 스루와 배달이 급증하고 있다. 모두 언택트 서비스다. 계산대에서 점원을 만나지 않아도 되

> 66
>
> 한국판 뉴딜을 바탕으로 포스트 코로나 시대의 산업을
> 알파벳 ABCDE로 풀어보자.
> A는 인공지능(AI), B는 바이오산업, C는 화학산업,
> D는 디지털 산업화, E는 에너지다.
>
> 99

기에 훨씬 편리하고 빠르다. 언택트는 앱과 가상현실(VR) 서비스를 활용한 가상 서비스 체험, 로봇을 활용한 쇼핑, 가사, 노동 등 더욱 진화된 서비스로, 새로운 소비 트렌드로 자리 잡고 있다.

한국판 뉴딜과 포스트 코로나의 ABCDE

이런 한국판 뉴딜을 바탕으로 포스트 코로나 시대의 산업을 알파벳 ABCDE로 풀어보자. 우선 A는 인공지능(AI)이다. 데이터 기반 기술이 발전함에 따라 인공지능이 모든 산업에 필수가 되고 있다. 앞으로 인공지능 기술은 산업 환경 전반으로 확대될 것이다. 제조 관점에서 살펴보면, 인공지능은 축적된 데이터를 분석해서 제조 공정을 최적으로 운영하는 방안을 제시하고 작업의 효율성을 높일 수 있다. 제조 설비 이상 감지, 불량 제품 자동 검사, 안전 관리 등 생산 최적화가 가능해진다. 머신러닝 알고리즘을 통해 다양한 불량 사례를 학습하면서 공정 불량률이 급감하게 된다. 아울러 더 정확한 분석과 시장 예측이 가능해진다. 조달 물류 측면에서는 AI가 물류 창고 내 특정 시점, 특정 구역의 혼잡

도를 예측해서 작업을 할당하고 최적 경로를 제시함으로써 운송 시간이 절약된다.

다음으로 B인 바이오산업에서는 유전정보 바탕 생물정보산업(Bio-informatics based on Genome)의 번성이 예상된다. 게놈 프로젝트의 성공적인 수행과 이를 바탕으로 하는 유전자 분석, 치료 물질 개발, 맞춤형 치료 산업 확대가 바이오산업의 새로운 미래를 열 것이다. 게놈을 기반으로 하는 맞춤형 바이오메디컬산업과 정보통신기술을 이용한 헬스케어 등의 융합을 통해 개개인을 위한 맞춤형 정밀 의료 시대를 열어가야 한다. 아울러 시장성과 성장성을 갖춘 게놈산업을 신수종 사업으로 발전시켜 경제 활성화를 이끌 수 있다. 게놈은 바이오의 반도체라고 불리는 핵심 기술이며, 게놈 빅데이터를 기반으로 한 바이오헬스산업은 생명, 의료, 농업, 식품 등 다양한 연관 산업에 광범위한 파급 효과를 가진다. 이를 통해 바이오헬스산업을 육성해 다가오는 글로벌 바이오경제 시대에 대비해야 한다.

C는 화학산업으로, 미래 첨단 소재 생산을 위한 석유·정밀화학산업(Chem for High Advanced Materials) 육성이다. 미래 먹거리로 자리매김할 수 있는 새로운 소재 부품 산업 창출과 산업 생태계 조성을 위해 산업적 파급 효과가 큰 핵심 소재 산업에 대한 연구개발을 늘려야 한다. 반도체와 함께 급격한 시장 확대가 예상되는 2차전지 소재와 친환경 생분해성 플라스틱 소재 개발을 중점 추진하고 불소 산업단지 조성, 그래핀산업 활성화 등도 그 예가 되겠다.

큰 발전이 예상되는 2차전지와 관련 소재 산업을 들여다보자. 2차전지란 한 번 쓰고 버리는 1차전지와 달리 충전해서 반영구적으로 사용하는 전지다. 친환경 부품으로 주목받고 있으며, 니켈-카드뮴, 리튬이온, 니켈-수소, 리튬폴리머 등 다양한 종류가 있다. 1차전지가 재사용이 불가능하고 수거와 재활용 등에 비용이 많이 든다는 단점이 있는 반면, 2차전지는 여러 번 충전해 사용한다는 장점이 있다. 2차전지는 노트북 컴퓨터와 휴대전화, 캠코더 등 들고 다니는 전자 기기뿐만 아니라 전기자동차의 핵심 소재이며, 부가가치가 높아 반도체 및 디스플레이와 함께 21세기 '3대 전자 부품'으로 꼽힌다. LG화학, 삼성SDI, SK이노베이션 등 국내 배터리 3사가 글로벌 시장에서 두각을 나타내고 있지만 관련 소재 공급망은 취약하다. 장기적으로 국내 2차전지 소재 생태계 육성에 공을 들여야 한다는 지적이 꾸준히 제기되고 있다. 양극재, 음극재, 분리막, 전해액의 국산 점유율이 모두 10% 미만이다. 이들 소재 분야에서는 국내 업체가 존재하지만 이를 만드는 원료 단계로 내려가면 국내 독자 생태계가 전무하다는 점을 업계 전문가들은 우려하고 있다. 국내 배터리 제조사들이 전략적으로 국내 업체를 키우기보다는 품질이나 원가 경쟁력이 우수한 일본이나 중국 제품을 선택하는 경우가 대부분이다. 소재 산업 육성이 무엇보다 필요하다.

다음으로 D, 즉 디지털 산업화를 보자. 성숙한 기존 산업에 4차 산업혁명 기술 접목(Digital Transformation for Mature Industry)을 활성화해야 한다. 4차 산업혁명을 위해 개발한 통신, 소프트웨어, 로봇 등의 새로운 디지털 기술을 성숙하고 발전이 더딘 기업과 산업에 적용하고 확산해 나가야 한다. 성장 한계에 직면한 기존 산업을 디지털로 대전환한다는 큰 그림이 필요하다. 제조, 금융, 유통, 의료 등 전통 분야를 디지털 기반으로 신속하게 전환하는 청사진과 맞물려야 한다. 다행히 우리는 코로나19를 거치면서 디지털 기반 기술과 적응력이 뛰어난 산업 생태계를 확인했다. 한국판 뉴딜은 산업 지형을 디지털 중심으로 바꾸는 기폭제가 되어야 한다.

마지막으로 E, 즉 에너지다. 새로운 에너지원을 산업화하는 에너지 허브(Energy Hub based on New Resources) 육성이다. 수소 산업화 추진, 동북아 오일·가스허브 착공, 해상풍력단지 조성, 에너지기관 간 협력사업을 통해 에너지 허브 국가로 발돋움해나가야 한다. 예를 들어 정부와 석유공사, SK가스가 함께 울산 북항을 동북아 오일·가스허브로 개발하는 사업을 본격화하기로 했다. 울산 북항에 대규모 상업용 석유제품·천연가스의 탱크터미널 조성과 운영을 조속히 추진하는 것이다.

ABCDE를 되뇌며 스마트하게(스마트 뉴딜) 인간의 편의를 생각하고(휴먼 뉴딜) 환경을 생각하며(그린 뉴딜) 현재의 위기를 극복하는 한국판 뉴딜을 추진해야 한다. 주식시장의 주도주는 이런 경향과 무관하지 않을 것이다. 미래를 준비하는 자는 미래 트렌드를 읽고 공부를 열심히 해야 한다. 다만 이런 미래 트렌드가 비이성적으로 진행되면 주식시장의 질이 낮아지고 후폭풍이 무서워진다.

주식시장에 대한 버핏의 견해

시장이 한쪽 방향으로 쏠릴 때 주가의 오버슈팅을 정당화하는 논리가 선다. 시장 앞에 먹구름이 잔뜩 끼어 있는 불확실성하에서 우리에게 교훈을 줄 걸출한 인물은 역시 워런 버핏이다. 그의 1999년 IT 버블에 대한 이야기를 새삼스럽게 꺼내고 싶다. 유동성 장세에서 이제는 실적이 뒷받침되는 주식으로 투자의 관점을 이동해야 하지 않을까? 물론 전통적인 주가수익배수(PER)가 저금리로 좀 더 높은 수치를 허용한다 하더라도, 비즈니스 모델이 아무리 독점적인 구조라 하더라도 본질에 비해 너무나 비싼 주식은 언젠가는 균형으로 수렴한다. 다음은 버핏이 친구들과 비즈니스 리더를 대상으로 한 두 강연을 〈포춘〉이 정리해 1999년 11월 22일 자로 보도한 내용이다. 제목은 '주식시장에 대한 버핏의 견해(Mr. Buffett on the stock market)'였다.

요즘 주식 투자를 하는 사람들은 너무 과도한 기대를 갖고 있습니다. 그 이유를 설명하겠습니다. 이 이야기를 하다 주식시장 일반에 관한 이야기를 할 수밖에 없게 됩니다. (중략)

비록 내가 주식시장의 수준에 대해서 이야기하게 되더라도 주식시장이 이후 어떻게 움직일 것인지를 예측하려는 것은 '아니다'라는 점입니다. 버크셔에서 우리는 거의 전적으로 개별 회사의 가치(밸류에이션)에만 집중하며 아주 제한적인 수준에서만 시장 전체의 가치를 살펴볼 뿐입니다. 그것도 시장 전체가 다음 주나 다음 달, 또는 다음 해에 어떻게 될 것인가 같은 것과는 전혀 상관없습니다. 그런 유의 생각은 결코 하지 않습니다. 사실은 시장은 때때로 아주 오랜 기간 동안 가치와 상관없이 움직입니다. 하지만 조만간 가치에 영향을 받습니다.

그러므로 앞으로 내가 할 얘기는—만약 제 이야기가 옳은 것이라면—미국 주식 보유자들이 장기적으로 얻을 수 있는 결과의 의미에 관한 것입니다. (중략)

항공기의 실패 사례를 볼까요? 이것이 지난 20년 동안 파산한 129

개의 항공기 회사 목록입니다. 컨티넨털은 목록에 두 번이나 들 정도로 스마트했습니다. 1992년을 기준으로, 사실 상황이 그때 이후로 많이 나아지기는 했지만, 항공 산업이 막 시작된 때 이래로 미국 내 모든 항공 회사가 번 돈을 합하면 제로입니다. 완전히 0입니다.

이런 점들을 바탕으로 판단해보면, 나는 만약 1903년에 오빌 라이트가 비행기를 이륙시켰던 키티 호크에 있었다면 그를 저격할 만큼 충분히 앞을 내다볼 수 있었고 공익에 충실했다는 상상을 자주 해봅니다. 물론 그 두 가지 특성은 내가 그 이후의 자본가들 덕분에 갖게 되었지만요. 내 말은, 칼 마르크스도 오빌만큼 자본가들에게 큰 피해를 주지 않았다는 뜻입니다.

우리 삶을 드라마틱하게 바꾸어놓았지만 동시에 미국 투자자에게 보상을 주지 못한 다른 놀랄 만한 비즈니스들에 대해서 더 얘기하지는 않겠습니다. 라디오나 텔레비전 같은 게 그런 예가 될 것입니다. 투자의 핵심은 어떤 산업이 사회에 얼마나 많은 영향을 미칠 것인가 또는 얼마나 성장할 것인가를 평가하는 게 아닙니다. 개별 회사의 경쟁우위를 평가하고, 그 이점이 얼마나 지속적일까를 판단하는 게 투자의 핵심입니다. 어떤 제품이나 서비스가 광범위하고 지속 가능한 해자(Moat)가 있을 때 투자자에게 보상을 안겨주는 것입니다.

해자는 적군이 성에 접근하지 못하도록 성 주변에 물을 채워 넣은 시설을 말한다. 버핏이 말한 경제적 해자도 이와 같은 개념이다. 다른 경쟁 기업들이 쉽게 침범하지 못하게 하는 것이 무엇인지 판단하기 위해 버핏은 이 용어를 사용했다.

그가 실수를 인정하고 산 애플과 아마존 주식은 지속적으로 1위를 독점하는 기업일까? 그래서 애플과 아마존 주식을 보유하는 것일까?

버핏은 닷컴 버블의 경고와 함께 당시에도 항공사에 대한 불만을 가진 듯하다. 2007년 주주들에게 보낸 서한에서 "인류 사상 첫 비행기가 하늘로 날아오른 이후 항공업계의 자금 수요는 밑 빠진 독이나 마찬가지였습니다"라고 비판했다. 그러나 몇 년 후 마음을 고쳐먹고 항공주에 투자했다. 2020년 2월 27일 미국 델타항공 주식을 약 98만 주 사들여 보유량을 7,190만 주(지분 11.2%)로 늘렸다. 버핏은 코로나 공포로 좋은 기업의 주식을 아주 값싸게 매수할 수 있는 최고의 기회라고 말했다.

그랬던 그가 원점으로 돌아왔다. 코로나19로 인해 항공주의 미래를 어둡게 보고 전량 매도해서 수조 원의 손실을 입었다. 항공주를 매도하면서 전 세계 항공업계 구제금융이 시간 벌기일 뿐이라는 버핏의 비판은 항공주 주가가 폭등하는 시기와 맞물려 많은 이에게 회자되고 있다.

버핏의 두 차례 판단 번복을 어찌 보면 좋을까. 항간에서는 1930년생인 그의 나이를 들어 그의 판단력이 수명을 다했다고 주장한다. 그러나 코로나19는 블랙 스완이었고 전문가들조차 예측하지 못한 사건이었다.

그가 항공주 주식을 판 후 급하강하던 항공주 주가는 미국 경제 재가동과 항공기 운항 재개로 크게 상승한 후 롤러코스터처럼 등락을 거듭하고 있다. 코로나 바이러스 후폭풍 직격탄을 제대로 맞은 항공주와 크루즈 관련 주가 폭등한 사례의 배경은 무엇일까? 일부 시장 관계자 사이에서는 이러한 움직임에 대해 최근 젊은 투자 세력들의 큰 사랑을 받고 있는 유명 주식 트레이딩 플랫폼 로빈후드(Robinhood)로 대변되는 개미 투자자들의 위험천만한 주식 투기 전략을 지목하고 있다. 코로나 바이러스 발생 이후 최근까지 주간 투자 수익률을 비교하면, 스마트 머니로 대변되는 프로 투자 세력들(월가 헤지펀드 머니 매니저들)은 아마추어 투자 세력들(이른바 로빈후드 개미 투자자)에 훨씬 못 미치는 투자 성과를 기록한 것으로 추정된다. 난기류 앞에선 항공주 주가의 향방을 알 수 없지만, 팬데믹 이전 수준으로 복귀하는 것은 무리로 보인다.

코로나 위기의 종식만큼 알 수 없는 것이 주가의 향방이다. 그의 옆에서 오랜 친구이자 투자 동료인 찰리 멍거가 '자네가 옳아'라며 위로해주고 있다. 2008년 금융위기 이후 자동차 회사 GM에 공적 자금이 투입된 후 GM 소액 주주들은 손실을 모면할 수 없었다. 이번에는 다를지 두고 볼 일이다.

글 **조원경** | 국제경제 전문가. 기획재정부에서 대외경제협력관과 국제금융심의관, 대한민국OECD정책센터 조세본부장 등을 지냈으며 현재 울산시 경제부시장이다. 저서로 《부의 비밀병기, IF》, 《한 권으로 읽는 디지털 혁명 4.0》, 《식탁 위의 경제학자들》, 《명작의 경제》, 《법정에 선 경제학자들》 등이 있다.

Buffettology

Buffett~ology

코로나 사태와 현명한 투자자

'블랙 스완'은 가치투자를 더욱 빛나게 한다

박성진

블랙 스완 코로나19 시대에 투자자들은 어떻게 대응해야 할까. 박성진 이언투자자문 대표는 '톱다운'과 '바텀업' 방식을 비교한다. 톱다운 방식은 코로나 사태가 어떻게 전개될지 예측하고 그에 따라 투자한다. 바텀업 방식은 관심 기업이 코로나 사태에서 살아남고 이후 수익력을 회복할 수 있을지 전망한다. 《현명한 투자자》를 쓴 벤저민 그레이엄의 뛰어난 제자인 버핏은 후자를 택했다. 바텀업 방식이 가치투자다. 한편 《블랙 스완》을 쓴 나심 탈레브는 충격을 기다리며 충격이 올 때 큰돈을 벌 수 있는 안티프래질한 바벨 전략을 추구한다.

"어떻게 투자할 것인가?" 투자자라면 누구나 한 번쯤 고민해보았을 질문이다. 어떤 사람은 10년 후, 20년 후에 100배가 될 주식을 골라내 오랫동안 묻어두는 것이 최고의 투자라고 말한다. 다른 사람은 현재 시장에서 가장 관심이 집중되는 시장의 중심주를 찾아 투자하는 것이 좋다고 말한다. 또 누군가는 세상일은 알 수 없기에 안전마진이 큰 투자처를 찾아 분산 투자해야 한다고 한다. 어떤 게 정답일까? 사실상 정답이 없는 질문일지 모른다. 사람마다 투자 방식이 다르고, 어떤 투자 방식을 취하든 돈을 번 사람들이 있다. 나는 이 질문의 답을 구하는 과정에서 두 권의 책으로부터 큰 도움을 얻었다. 바로 나심 탈레브의 《블랙 스완》과 벤저민 그레이엄의 《현명한 투자자》다.

1,001일째 칠면조의 꼴을 당하지 않으려면

칠면조 한 마리가 있다. 주인이 매일 먹이를 가져다준다. 먹이를 줄 때마다 칠면조는 주인에게 고마움을 느끼며 주인이 자신을 무척이나 사랑한다는 생각을 굳히게 된다. 그렇게 1,000일이 지났다. 그리고 1,001일째, 추수감사절을 앞둔 어느 날 상상도 못 했던 일이 칠면조에게 닥친다.* 《블랙 스완》과 《현명한 투자자》는 모두 1,001일째 칠면조

> **"**
>
> 《블랙 스완》과 《현명한 투자자》는 모두
> 1,001일째 칠면조 꼴을 당하지 않으려면 어떻게 살아야 하는지,
> 어떻게 투자해야 하는지에 대한 고민을 담은 책이다.
>
> **"**

꼴을 당하지 않으려면 어떻게 살아야 하는지, 어떻게 투자해야 하는지에 대한 고민을 담은 책이다.

탈레브과 그레이엄의 인생 경험이 그들의 사상에 큰 영향을 주었을 것으로 생각한다. 탈레브와 그레이엄은 부유했던 집안이 순식간에 쇠락하는 모습을 지켜보았다. 또 두 사람은 각각 예상치 못했던 전쟁과 대공황이 터지고 사람들의 예상을 벗어나 오랫동안 지속되는 상황을 겪었다.

탈레브는 1960년 할아버지가 내무장관이던 레바논의 부유한 집안에서 태어났다. 탈레브가 열다섯 살이 되었을 때 레바논의 기독교인과 무슬림 사이에 내전이 벌어졌다. 내전 초기 주위의 모든 사람들은 입만 열면 이 전쟁이 "불과 며칠이면" 끝날 것이라고 말했다고 한다.[**] 하지만 그 전쟁은 무려 15년 동안 이어졌고 탈레브의 집안은 내전 기간 모든 재산을 잃었다. 다행히 탈레브는 프랑스에서 박사 학위를 마치고 월가에서 경력을 시작했다. 그리고 1987년 10월, 뉴욕 증시가 하루 만에

---

[*]   나심 탈레브, 《블랙 스완》, p98
[**]   같은 책, p53

22%나 폭락하는 블랙 먼데이를 겪게 된다.

이 경험들로 탈레브는 세상에는 상상도 못 했던 일들이 언제든 벌어질 수 있음을 깨닫고 블랙 스완에 기반한 삶의 철학과 바벨 전략(barbell strategy) 투자 방식을 구상한다. 바벨 전략은 수익률은 낮지만 매우 안전한 자산과, 위험도는 높지만 큰 수익을 얻을 수 있는 자산으로 포트폴리오를 구성하는 것이다. 2007년 출간된 《블랙 스완》은 별다른 주목을 받지 못했지만, 2008년 금융위기로 최악의 파국이 월가를 덮치자 탈레브는 '월가의 현자'로 떠올랐고 《블랙 스완》은 대중적 인기를 얻었다.

그레이엄은 1894년 런던의 풍족한 사업가 집안에서 태어났고 이후 뉴욕으로 이주했다. 하지만 열 살 때 아버지가 죽고 사업이 쇠락하면서 가족은 점차 가난해졌다. 그레이엄은 다행히 장학금을 받고 컬럼비아대학에 입학할 수 있었고 차석으로 졸업했다. 이후 컬럼비아대학의 교수 제안을 뿌리치고 월가의 금융회사에서 사회생활을 시작했다. 주식투자를 카지노의 도박처럼 여기던 시절, 그는 기업의 내재가치를 계산해 투자하는 가치투자 분야를 개척했고 직접 투자회사를 차려 큰 성공을 거두었다.

1929년 대공황이 터졌다. 1929년 10월 주식시장이 폭락했고 그레이엄은 20% 손실로 그해를 마감했다. 1929년 말 시장은 어느 정도 반등한 상태였고 그레이엄과 주변 사람 대부분은 '이제 최악은 끝났다'고 믿었다.[***] 하지만 이어지는 3년 동안 더 큰 폭락과 고통이 찾아왔다. 1930년 그레이엄의 펀드는 50.5%의 손실을 입었고, 1931년에는 16%

[***] 벤저민 그레이엄, 《벤저민 그레이엄》, p339

손실, 1932년은 3% 손실로 이 기간 누적 손실은 70%였다.

그러나 그레이엄은 살아남았다. 난파선같이 침몰한 시장에서 헐값에 주식을 사들여 1935년에 대공황 시기의 손실을 모두 만회할 수 있었다. 이런 경험을 토대로 1934년《증권분석》이라는 책을 출간했다. 회고록에서 그레이엄은 "1934년까지 엄청난 고통을 치르며 얻어낸 지혜를 그 책에 쏟아부을 수 있었기 때문에, 만약 더 일찍 책을 냈더라면 큰 실수가 되었을 것"이라고 언급했다.* 《증권분석》은 컬럼비아대학의 대학원생들을 대상으로 강의한 내용을 바탕으로 한 것이라 분량이 방대하고 전문적인 내용을 담고 있다. 그는 일반 투자자도 건전한 투자 전략을 수립하고 실행할 수 있도록 안내하기 위해 1949년《현명한 투자자》를 출간했다.

《블랙 스완》은 예측 불가능한 극단에 대한 고민의 산물

《블랙 스완》과《현명한 투자자》는 1,001일째에도 살아남은 칠면조들의 성찰의 결과다. 두 책에는 세상과 인간에 대한 심오한 통찰이 담겨 있다. 세상과 인간에 대한 깊은 통찰에 기반할 때 굳건한 투자철학이 정립되고, 굳건한 투자철학에서 지속 가능한 투자 방법이 나올 수 있다.

《블랙 스완》은 1,001일째 칠면조에게 일어났던 일이 생각보다 자주 일어나는 극단의 세상에 우리가 살고 있다고 말한다. 극단의 세상에서 사람들은 능력으로 위장한 행운에 속기 쉽다. 작금의 코로나 사태로 가장 큰 타격을 받고 있는 산업이 항공업이다. 항공사들은 2020년 1분기

---

*　같은 책, p321

《블랙 스완》은 우리 인간의 인식론적 오만을 경고하며,
인식의 한계와 이 세상의 예측 불가능성을 이야기한다.
극단의 세상에서 어떻게 살아가야 할 것인지 고민을 담은 책이다.

에만 수백억 원에서 수천억 원의 적자를 냈다. 2분기는 상황이 더 암울
하다. 언제 망할지 알 수 없는 상황이다. 하지만 2~3년 전 상황은 지금
과 완전히 달랐다. 모든 항공사들이 매년 몇 대씩 항공기를 늘렸고 여행
수요는 끝이 없을 것처럼 보였다. 항공사들은 매년 수백억 원에서 수천
억 원의 이익을 냈다. 당시 항공사들이 벌어들인 수익은 전적으로 경영
진의 현명한 판단과 뛰어난 능력 덕분이었을까?

극단의 세상에 살고 있음에도 사람들 대부분은 평범의 세상에 살고
있다고 착각한다. 우리는 자신의 생각을 확인해주는 사례들만 찾는 확
증 편향 오류에 취약하며, 모든 사건에 반드시 '이유'를 붙여야 한다는
강박감에 우연히 발생한 사건들에서도 과도하게 패턴을 찾고 이야기를
지어낸다. 노력한 만큼 성과가 곧바로 나올 것이라 기대하며 세상의 비
선형성(non-linearity)을 잘 인식하지 못한다. 전문가들은 학교에서 배운
지식이 현실에서는 잘 통하지 않는다는 사실을 모르는 헛똑똑이들이
다. 그럼에도 우리 인간은 후견지명과 사후 왜곡을 통해 자신이 세상을
잘 알고 있다고 착각하며 산다. 《블랙 스완》은 우리 인간의 인식론적 오
만을 경고하며, 인식의 한계와 이 세상의 예측 불가능성을 이야기한다.

> **"**
>
> 안전마진의 기능은 우리가 미래를 정확히 예측할 필요가
> 없게 만들어주는 것이다. 안전마진이라는 개념에는
> 이 세상이 결코 예측할 수 없는 곳이라는 깨달음이 담겨 있다.
>
> **"**

극단의 세상에서 어떻게 살아가야 할 것인지 고민을 담은 책이다.

《현명한 투자자》는 상황 악화에 대비하는 '안전마진' 제시

《현명한 투자자》는 투자를 이야기하는 책이다. 하지만 그 안에는 세상과 인간에 대한 깊은 통찰이 담겨 있다. 책의 핵심 개념은 '안전마진'과 '미스터 마켓'이다. 그레이엄은 투자와 투기를 구분하는 것으로 1장을 시작한다. 그는 시장 변동을 예측하고 그로부터 이익을 얻으려는 행위를 투기라고 말했다. 미래 주가 예측은 불가능하며, 투자자들이 아무리 시장을 예측하려 노력해도 가격 변동을 이용해서 성공적으로 투자할 수 있는 방법은 없기 때문이다.

14장에서 미래에 대한 두 가지 접근 방식으로 '예측하는 방법'과 '보호하는 방법'을 대비한다. 예측을 강조하는 사람들은 기업의 미래 실적을 정확하게 예측하려 노력하며, 특히 높은 이익 성장률이 장기간 유지될지 확인하려 한다. 만일 장기 전망이 상당히 유리하다고 확신하면, 십중팔구 현재 주가 수준을 그다지 고려하지 않은 채 그 주식을 매수할 것이다. 반면 보호를 강조하는 사람들은 분석 시점의 주가에 항상 관심

을 기울인다. 이들은 주가보다 내재가치가 높아서 안전마진이 충분한지 확인하려고 노력한다. 안전마진이 충분하면 장래에 상황이 악화되어도 손실을 피할 수 있기 때문이다. 그레이엄은 항상 보호하는 방법을 선택했다고 말한다.

안전마진의 기능은 우리가 미래를 정확히 예측할 필요가 없게 만들어주는 것이다. 그래서 양호한 투자 실적을 거두는 데 투자자의 높은 통찰력이나 선견지명은 크게 필요하지 않다. 안전마진이라는 개념에는 이 세상이 결코 예측할 수 없는 곳이라는 깨달음이 담겨 있다.

8장에서는 '미스터 마켓'이라는 가상의 인물이 등장한다. 그는 매일 우리를 찾아와 자신이 생각하는 주가를 제시한다. 그가 제시하는 주가는 회사의 실적과 전망에 비추어 타당해 보일 때도 있지만, 그가 흥분하거나 공포심에 휩싸일 때면 종종 어이없는 수준을 제시하기도 한다. 합리적일 때도 있지만 가끔은 탐욕과 공포를 오가는 존재, 미스터 마켓의 정체는 바로 우리들 자신이다. 그레이엄이 제시한 안전마진과 미스터 마켓에는 세상의 예측 불가능성과 탐욕과 공포를 오가는 인간 본성이

> **"**
> 바벨 전략은 양쪽 끝에 무거운 추가 달린 바벨처럼
> 두 개의 극단적 투자를 병행하는 방식이다.
> 전체 자산의 85~90%는 미국 국채처럼
> 극도로 안정적인 대상에 집어넣고,
> 나머지 10~15%는 매우 투기적인 곳에 투자하는 것이다.
> **"**

'블랙 스완'은 가치투자를 더욱 빛나게 한다

담겨 있다.

《블랙 스완》과《현명한 투자자》가 보여주는 세상은 복잡하고 미래 예측이 불가능한 곳이다. 그리고 그 속에서 살아가는 우리는 감정에 쉽게 휩쓸리는 비이성적인 존재이고 비합리적이며 여러 가지 편견을 가진 불완전한 존재다. 세상과 인간의 특성이 이러할 때 어떻게 살아가고 투자할 것인지에 대한 고민의 결과가 두 책에 담겨 있다. 두 책은 모두 예측이 필요 없는 투자, 예측이 틀리더라도 크게 손해 보지 않는 투자 방법을 추구한다. 하지만 어떻게 투자할 것인지에 대한 구체적인 대답은 많이 다르다.

탈레브의 대응: 두 극단을 병행하는 바벨 전략

탈레브는 세계 경제가 점점 더 긴밀하게 연결되고 역동적으로 상호작용하는 세상에서 블랙 스완은 예외적인 현상이 아니라 생각보다 자주 일어나는 사건이라고 말한다. 그래서 이런 블랙 스완이 나타날 때 크게 수익을 낼 수 있는 포지션을 구축하려고 한다. 그 결과가 안티프래

66

가치투자자들은 홍수에 대비해 튼튼한 방주를 건설한 노아처럼
강건하고 회복력이 강한 포트폴리오를 구축하기 위해 노력한다.
워런 버핏은 중요한 것은 홍수 예측이 아니라 방주 건조이며,
버크셔는 항상 1,000년 만의 홍수에 대비하고 있다고 얘기한다.

99

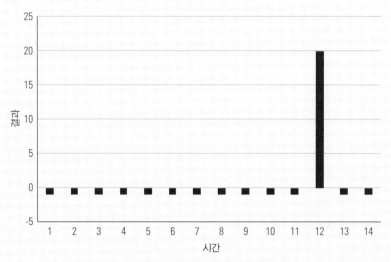

조금씩 손실을 입다가 한 번에 막대한 수익을 올리는 경우

자료: 마이클 모부신, 《마이클 모부신 운과 실력의 성공 방정식》, p260을 수정.

질(anti-fragile)한 바벨 전략이다. 바벨 전략은 양쪽 끝에 무거운 추가 달린 바벨처럼 두 개의 극단적 투자를 병행하는 방식이다. 전체 자산의 85~90%는 미국 국채처럼 극도로 안정적인 대상에 집어넣고, 나머지 10~15%는 매우 투기적인 곳에 투자하는 것이다. 예를 들어 영화 〈빅숏〉의 주인공들처럼 서브프라임 모기지 사태로 금융시장이 붕괴할 것에 크게 베팅하는 빅숏 포지션을 취하는 것이다. 이렇게 포트폴리오를 구축하면 위의 그림처럼 평상시에는 계속해서 조금씩 돈을 잃는다. 하지만 위기가 발행하고 충격이 오면 그동안 입었던 손실을 모두 만회하고도 남을 만큼 큰돈을 벌게 된다.

충격이 무시무시할수록 더 많은 돈을 번다는 의미에서 탈레브는 자신의 투자 방법이 안티프래질하다고 말한다. 깨지고 부서지기 쉽다는 뜻의 'fragile'의 반대말로 강건하고 회복력이 강하다는 뜻의 'robust'를 생각하기 쉽다. 하지만 안티프래질은 강건하다는 의미가 아니다. 충격이 올 때 더 강해진다는 의미다. 아니, 충격이 와야 돈을 버는, 간절히 충격을 기다리며 충격이 클수록 오히려 더 많은 돈을 버는 구조를 뜻한다. 이런 의미를 가진 영어 단어가 없어서 탈레브가 만들어낸 용어다.[*]

그레이엄과 버핏: 강건하고 회복력이 강한 포트폴리오 구축

탈레브가 충격을 기다리며 충격이 올 때 큰돈을 벌 수 있는 안티프래질한 바벨 전략을 추구했다면, 그레이엄과 그레이엄의 가르침을 받아들인 가치투자자들은 홍수를 대비해 튼튼한 방주를 건설한 노아처럼 강건하고 회복력이 강한 포트폴리오를 구축하기 위해 노력한다. 그레이엄의 뛰어난 제자인 워런 버핏은 중요한 것은 홍수 예측이 아니라 방주 건조이며, 버크셔는 항상 1,000년 만의 홍수에 대비하고 있다고 얘기한다.[**]

가치투자는 미래는 예측 불가능하다는 것을 알기에 철저하게 바텀업(bottom-up) 방식으로 투자한다.[***] 반면 톱다운(top-down) 방식은 미래에 대한 예측에 기반해 투자 계획을 확정하고 실행한다. 지금의 코로나19 상황을 예로 들어보자. 톱다운 투자자들은 코로나19 사태가 언제 끝날지 예측하려 한다. 2차 유행이 언제 오고 얼마나 큰 규모로 올지 예

---

[*]   나심 니콜라스 탈레브, 《안티프래질》, p52
[**]   워런 버핏, 리처드 코너스, 《워런 버핏 바이블》, pp 424, 467
[***] 세스 A. 클라만, 《안전마진》(비매품), p139

측한다. 그리고 이로써 경제가 얼마나 충격을 받을지 예측한다. 충격에서 언제쯤 벗어날지, 벗어나는 모습은 U자형일지, 아니면 V자나 W자형일지, 아니면 L자형 장기 침체일지 예측한다. 이런 경제 충격으로 주식 시장은 또 어떤 충격을 받을지 예측한다. 코스피지수가 1,800까지 하락할지 아니면 1,500이나 1,000을 깨고 떨어질지 예측한다. 언제 바닥에 도달하고 어떤 모습으로 회복할지 예측한다. 이런 예측에 기반해 가장 회복이 빠를 산업과 종목을 찾고 언제쯤 주식 투자를 시작할지 결정한다. 하지만 이런 모든 예측은 인간의 능력을 넘어선다. 이렇게 접근하면 투자가 극도로 어려워진다. 신이 아닌 이상 모든 단계에서 예측이 빗나갈 확률이 높고 실수를 범하기 쉽다.

가치투자는 철저하게 바텀업 방식으로 투자한다. 코로나19 사태로 공포가 극에 달한 3월 중순, 대부분의 주식 가격이 폭락했다. 음식료회사들의 주가도 크게 하락했다. 연간 150억 원에서 200억 원의 순이익을 내는 제과회사의 시가총액이 620억 원 수준으로 하락했다. 만약 이 가격에 회사를 통째로 사들인다면 3~4년 만에 매입 대금을 모두 회수

> **66**
>
> **바텀업 방식은 톱다운 방식에 비해 투자가 좀 더 쉽다.**
> **그럼에도 많은 사람들이 톱다운 방식을 선호하는 것은**
> **주가가 바닥에 도달하기 전에 투자할 때 겪는 주가 하락의 고통을**
> **감내하기 싫기 때문이다. 하지만 가치투자자는 하락의 고통을**
> **견디며 시장이 다시 정상으로 회복되기를 기다린다.**
>
> **99**

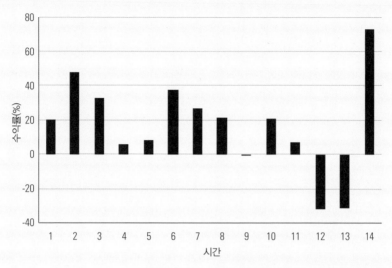

찰리 멍거의 오일쇼크 시기 수익률(1962~1975)

자료: 벤저민 그레이엄, 《현명한 투자자》, p395에 기반해 그림

할 수 있다는 의미다. 물론 코로나 사태로 매출이 급감하고 수익이 떨어질 수도 있다. 하지만 음식료회사들은 현금흐름이 매우 양호하고 감가상각 비용으로 인해 영업이익보다 영업현금흐름이 훨씬 더 큰 구조를 가지고 있다. 코로나 사태가 언제 끝날지 알 수 없지만 넉넉하게 3년 정도 기다릴 생각으로 투자한다면, 3년 안에 코로나 사태가 종식되고 회사의 매출과 수익도 회복될 가능성이 높다. 가치투자자의 수익률은 위의 그림과 유사한 모습을 보일 것이다.

바텀업 방식은 톱다운 방식에 비해 투자가 좀 더 쉽다. 그럼에도 많은 사람들이 톱다운 방식을 선호하는 것은 기다리기 싫기 때문이다. 주가가 바닥에 도달하기 전에 투자할 때 겪는 주가 하락의 고통을 감내하기 싫기 때문이다. 상승 직전에 사서 사자마자 수익을 취하고, 하락 직전에 팔아 수익을 극대화하고 싶기 때문이다. 하지만 가치투자자는 그럴 수 없음을 알기에 하락의 고통을 견디며 시장이 다시 정상으로 회복되기를 기다린다.

이런 측면에서 가치투자자는 철저하게 보수적인 동시에 또 철저하게 미래에 낙관적이다. 그렇다고 근거 없이 허황된 낙관주의자는 아니다. 로또를 사고 당첨될 것으로 바라는 그런 낙관주의가 아니다. 어려움이 닥치면 어떻게든 극복하려 노력하고 남들보다 잘살기 위해 애쓰는 것이 인간 본성이라는 것을 믿고, 크고 작은 여러 가지 문제가 있고 삐걱거리기도 하지만 자본주의의 수레바퀴가 계속 굴러갈 거라고 믿는 낙관주의다. 자본주의는 인간 본성에 가장 부합하는 경제 체제이기 때문이다.

톱다운 방식은 그레이엄 시대에도 만연했다. 투자자 대부분은 투자에 성공하려면 먼저 성장 가능성이 가장 높은 산업을 선택한 다음 그 산업에서 가장 유망한 기업을 찾아내야 한다고 생각한다. 하지만 그레이엄은 이런 투자를 권하지 않았다. 성장 전망이 확실하다고 해서 투자 수익도 확실한 것은 아니며, 전문가들조차 가장 유망한 산업에서 가장 유망한 기업을 선정해서 집중 투자할 방법은 없다고 지적한다.* 《현명한 투자자》가 집필된 시기에 가장 성장하던 산업은 항공운수산업이었다. 항공운수산업의 매출이 장기적으로 엄청나게 성장하리라고 예측하기는 어렵지 않았다. 많은 투자자가 이런 예측을 바탕으로 앞다투어 항

---

* 벤저민 그레이엄, 《현명한 투자자》, p18

공운수 주식을 매수했다. 하지만 매출이 빠르게 성장했음에도 기술적 문제와 과도한 설비 투자 탓에 수익성이 심한 기복을 보이며 막대한 손실을 기록했다. 미래 전망은 빗나가기 쉽다. 투자자 대부분이 한결같이 성장한다고 동의하는 산업이나 기업에 투자를 고려하고 있다면 정말 신중을 기해야 할 것이다.

가치투자자는 '거시 예측' 대신 '관심 기업 전망'

그렇다면 가치투자자는 예측을 전혀 하지 않는 걸까? 아니다. 가치투 자자도 미래를 예측하기 위해 노력한다. 하지만 두 가지 점에서 다르다. 첫째, 가치투자자는 거시경제나 주식시장 전반을 예측하려 하기보다는 개별 기업의 미래를 전망하는 데 노력 대부분을 기울인다. 코로나19 사 태가 언제 끝날지 예측하는 것은 너무도 어렵지만, 관심 기업이 이 사태 에도 망하지 않고 살아남을지, 사태 이후 수익력을 회복하고 성장할 수 있을지 전망하는 작업은 좀 더 쉽기 때문이다. 둘째, 가치투자자는 자신 의 예측이 얼마든지 틀릴 수 있음을 인정한다. 투자한 기업이 망하지 않 을 것이라 생각했지만 예측이 틀려 망할 수도 있다. 워런 버핏조차 항공 주 투자에 실패했다.* 그래서 가치투자자는 반드시 분산 투자한다.

요즘 많은 사람들이 가치투자는 끝났다고 말한다. 하지만 이것은 가 치투자를 철학으로서 받아들이지 못하고 저PER 주식이나 저PBR 주식 에 투자하는 도구나 기법 정도로 피상적으로 받아들이기 때문에 나온

---

* "워런 버핏, 항공주 손절매", 한국경제 2020년 4월 5일 기사 https://www.hankyung.com/international/article/2020040567991

말이라고 생각한다. 가치투자는 미래는 예측할 수 없고 우리의 지식은 한계가 있다는 깨달음에서 나온 투자철학이다. 가치투자가 끝났다고 얘기하는 것은 자신의 지식이 무한하며 선견지명으로 미래 일을 모두 예측할 수 있다고 말하는 것과 같다. 그러면 안전마진은 필요 없고 분산투자도 거추장스러운 짐이 된다.

가치투자는 항상 시장을 이기는 투자가 아니다. 세상일이 어떻게 될지 알 수 없으니 항상 안전마진을 추구하며 보수적으로 투자하는 태도다. 시절이 좋고 잘나갈 때는 이런 조심스러움과 보수적인 자세 때문에 시장에 뒤처지고 바보처럼 보일 수도 있다. 하지만 탈레브와 그레이엄이 깨달은 것처럼 세상에는 오르막이 있으면 내리막이 있다. 가치투자는 오르막 뒤에 있을 내리막을 항상 대비하는 투자철학이다.

최근 몇 년간 FAANG 기업들의 주가가 계속해서 상승하자 사람들은 4차 산업혁명으로 새 시대가 열렸고 새 시대에는 이들 기업의 주가가 계속 상승할 것이라고 믿는 듯 보인다. 이런 믿음은 전혀 새로운 것이 아니다. 그레이엄의 시절에도 이런 믿음은 있었다. 하지만 그레이엄은 경고한다. 우량주라면 언제 어떤 가격으로 사도 항상 수익을 주며, 일시적으로 손실을 보더라도 결국은 시장이 신고가를 경신해 손실이 곧 만회된다는 '착각'에서 벗어나야 한다고 말이다.**

블랙 스완이 자주 등장할수록 가치투자가 빛을 발한다

세상이 긴밀하게 연결되고 상호작용이 증가하면서 블랙 스완이 더

** 《현명한 투자자》, p15

자주 등장한다. 이런 시기일수록 가치투자 철학의 중요성이 더 빛을 발한다고 생각한다. 불과 며칠이면 끝날 것이라던 전쟁이 15년 동안 이어졌고, 최악은 지났다고 믿었던 1929년의 폭락이 대공황의 시작이었음을 당시에는 아무도 몰랐다. 마찬가지로 지금의 코로나19 사태가 언제 어떤 모습으로 끝날지 우리는 알 수 없다.

이 세상은 결코 예측할 수 없고 인간의 지식은 유한하다는 것을 받아들이는 자세야말로 가치투자 철학의 정수다. 이 사실을 받아들이고 나서 어떤 방식으로 투자할 것인지는 여러분의 선택이다. 나심 탈레브처럼 충격을 기다리며 충격이 올 때 큰돈을 벌 수 있는 안티프래질한 바벨 전략을 추구할 수도 있고, 그레이엄과 버핏처럼 충격이 와도 견뎌내고 회복할 만큼 강건한 방주를 건설할 수도 있다. 그 방주는 튼튼한 유·무형의 자산 가치를 바탕으로 지어질 수도 있고, 현재와 미래의 강한 수익력을 기반으로 만들어질 수도 있다. 아니면 전혀 다른 여러분만의 방법을 이용할 수도 있다.

《블랙 스완》과《현명한 투자자》가 변덕스러운 세상의 거친 풍파를 견디며 저 멀리 안전하게 항해할 여러분만의 투자 방법을 만드는 데 도움이 되기를 바란다. ☯

글 박성진 │ 이언투자자문에서 고객 자산 운용을 책임지고 있다. 투자는 결국 사람과 세상을 이해하는 일이라 생각한다. 독서 모임 '거인의 어깨'와 '사피엔스', 'EDGE'에서 지적 동료들과 함께 책 읽는 시간을 즐긴다.

"

가치투자는 미래는 예측할 수 없고
우리의 지식은 한계가 있다는 깨달음에서 나온 투자철학이다.
가치투자가 끝났다고 말하는 것은
자신의 지식이 무한하며 선견지명으로 미래 일을
모두 예측할 수 있다고 말하는 것과 같다.
그러면 안전마진은 필요 없고
분산투자도 거추장스러운 짐이 된다.

"

Buffett~ology

어닝 서프라이즈 가치주 발굴법

정보우위보다 지식우위가 '우위'

이건규

주가는 이익 기대치와 실현된 이익의 차이에 따라 움직인다. 이익이 기대치를 뛰어넘는 어닝 서프라이즈 때 주가가 오른다. 어닝 서프라이즈 기업은 어떻게 발굴할까? 여기에는 두 가지 방법이 있다. 하나는 정보우위를 확보하는 것이고, 다른 하나는 지식우위를 갖추는 것이다. 이건규 르네상스 자산운용 공동 대표는 특정 산업 혹은 기업에 대한 이해도를 높이는 지식우위를 확보하라고 권한다. 요컨대 정보우위보다 지식우위를 확보하는 편이 더 낫다.

가치투자자들이 받는 가장 큰 오해가 있다. 성장에 관심을 두지 않을 거라는 편견이다. 가치투자자들이 비싼 가격을 지불하기를 꺼리는 측면을 강조하다 보니 성장에 대해서는 상대적으로 조명을 받지 못했던 것으로 보인다.

주가 = 주가수익배수(PER) × 주당순이익(EPS)

주가수익배수(PER)는 주식 투자를 한다면 누구나 들어보았을 것이다. 주가는 PER이 오르거나 주당순이익(EPS)이 증가하면 상승한다. PER과 기업 이익이 별개로 느껴질지 모르겠지만, 기업 이익이 증가하리라는 기대가 높을수록 PER은 높게 형성된다. 결국 주식 투자의 핵심은 이익이 증가할 것으로 보이는 기업을 찾는 것이다.

다만 가치투자자들은 기업 이익 증가 가시성이 높을 뿐 아니라 PER이 낮은 주식을 최고로 꼽는다. 왜냐하면 EPS 증가뿐 아니라 EPS 증가 기대로 PER까지 상승하면서 주가 상승 폭이 커질 수 있기 때문이다. 가치투자자들이 저PER 주식을 찾으려고 노력하는 이유가 이것이다.

여기서 '그런 주식이 정말 있어?'라는 의문을 제기할 수도 있다. EPS

증가 가시성이 높지만 PER이 낮은 주식은 시장 참여자들이 관심을 가지지 않는 업종이나 종목에서 발견된다. 일부 기업은 비즈니스의 결함이나 지배구조 등의 문제로 PER이 낮다. 그런 문제 없이 EPS가 증가하는 기업은 시간이 좀 걸리더라도 결국 PER이 높아진다.

이러한 현상은 주로 중소형주에서 나타난다. 대형주는 증권사 애널리스트들과 자산운용사 펀드매니저들이 수시로 점검하고 지켜보기 때문에 시장 가격이 왜곡될 확률이 낮지만, 중소형주는 대형 기관들이 접근하기 어려워 가격 왜곡이 자주 발생한다.

지난 18년간 펀드매니저 생활을 하면서 느낀, 주식 투자로 큰돈을 버는 방법은 '잘되고 있는 기업을 남들보다 조금 일찍 발견해서 투자하고 기다리는 것'이다.

주식 투자는 시장 기대치와의 싸움

가끔 '기업 이익이 잘 나왔는데 주가가 왜 떨어져요?'라는 질문을 받을 때가 있다. 이와 같은 일을 자주 겪다 보니 주식시장에는 '소문에 사서 뉴스에 팔아라'라는 이야기가 있다.

예를 들어 생각해보자. A 기업의 영업이익이 전년 동기 대비 40% 증가하리라고 기대되고 실제로 40% 증가했다는 뉴스가 나온다면 주가는 어떻게 반응할까? 더 좋아지리라는 기대가 크지 않다면, 주가가 선반영되어 올랐기 때문에 밋밋하게 흐르거나 단기적으로 하락할 가능성이 높다.

만약 영업이익이 30% 증가했다면 주가는 어떻게 될까? 매우 훌륭한 실적이지만 주식시장 참여자들은 40% 증가를 기대했기 때문에 하락할 확률이 매우 높다. 반대로 영업이익이 50% 증가했다면 주가는 강한 상승 흐름을 보일 수 있다. 이와 같이 동일한 영업이익을 두고도 향후 이익에 대한 기대에 따라 시장은 다르게 반응한다. 주식시장이 어려운 것은 영업이익이 30%, 40%, 50% 증가할지 예측하기가 어려울 뿐 아니라 시장의 기대에 따라 주가가 매번 다르게 반응할 수 있기 때문이다.

어닝 서프라이즈와 어닝 쇼크가 실제로 주가에 미치는 영향을 확인하기 위해 2010년부터 2019년 1분기까지 이익이 발표되는 분기와 1년간의 주가 움직임을 살펴보았다. 유가증권시장에 상장된 제조사 중 컨센서스가 존재하는 기업들만 대상으로 했다. 4분기 실적은 일회성 이익과 비용이 반영되는 경우가 많고 늦게 발표되어 투자자들이 무시하는 경향이 있기 때문에 제외했다.

어닝 서프라이즈 vs 어닝 쇼크 종목 수익률

구분	분기 수익률(%)	연간 수익률(%)
어닝 서프라이즈 종목	5.69	10.53
어닝 쇼크 종목	-3.04	-1.02

자료: Wisefn, 르네상스자산운용

분석 결과 어닝 서프라이즈 종목은 어닝 쇼크 종목에 비해 눈에 띄는 성과를 거두었다. 절대 수치도 중요하지만 기대치 달성 여부의 차이가 매우 크다. 어닝 강도에 따른 수익률을 비교하면 차이가 더 뚜렷해진다.

어닝 서프라이즈가 강할수록 수익률이 높고, 어닝 쇼크가 강할수록 손실 폭이 확대되었다. 이익의 증감도 중요하지만 시장의 기대치가 주

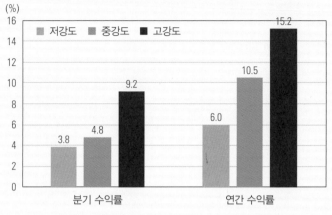

어닝 강도별 어닝 서프라이즈 종목 수익률(2010~2019)

자료: Wisefn, 르네상스자산운용

가에 큰 영향을 미치는 것이다.

이와 같은 사실은 가치투자자들에게도 시사하는 바가 크다. 시장이 어닝 모멘텀에 주는 점수가 커진 만큼, 어닝 모멘텀이 없는 싼 주식을 사서 기다리는 전략만 고수하기보다는 어닝 모멘텀이 있고 적절한 가격에 거래되는 종목에도 분산 투자해, 시장의 움직임에서 소외되지 않도록 포트폴리오의 밸런스를 맞추어나가야 한다.

PER과 주가 변동의 관계

다시 한번 PER 공식을 떠올려 보면 주가는 EPS 조정으로 움직일 뿐 아니라, EPS 증가에 대한 기대치 변화로 PER까지 재조정되면서 주가 변동 폭이 확대되어 나타난다. 또한 실적이 악화되더라도 시장의 기대보다 양호한 수준이 나올 경우 주가는 상승할 수 있고, 실적이 개선되더

어닝 강도별 어닝 쇼크 종목 수익률(2010~2019)

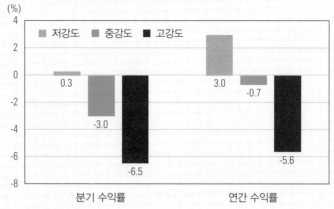

자료: Wisefn, 르네상스자산운용

라도 시장의 기대보다 낮은 수준이 나올 경우 주가는 하락할 수 있다.

　PER의 높고 낮음에 따라 시장의 기대치가 높고 낮다고 단정지을 수는 없지만, 일반적으로 PER이 높으면 현재의 이익 대비 높은 수준에 주가가 형성되어 있기 때문에 시장 참여자들의 기대가 높다고, 반대의 경우 성장에 대한 기대치가 낮다고 이야기할 수 있다.

　PER(시장의 기대치) 수준에 따라 어닝 서프라이즈와 어닝 쇼크로 인한 주가 변동 폭이 달라질까? 해답을 찾기 위해 PER 기준으로 분류한 후 어닝 서프라이즈와 어닝 쇼크가 발생했을 때의 주가 반응 수준을 살펴보았다.

　결론을 먼저 이야기하면 PER은 어닝 강도만큼 강력한 상관성을 보이지는 않았다. 다만 몇 가지 시사점을 발견할 수 있다. 우선 어닝 서프라이즈에서는 단기적으로 저PER 주식이 고PER 주식에 비해 주가 상승

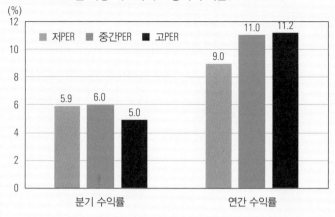

PER별 어닝 서프라이즈 종목 수익률(2010~2019)

자료: Wisefn, 르네상스자산운용

률이 큰 경향을 나타냈다. 어닝을 과소평가해 낮았던 PER이 조정된 것으로 보인다.

중장기적으로는 고PER 주식이 더 비싸지는(PER이 커지는) 모습이었다. 시장에서 성장성이 높은 기업들이 잘 보이지 않으니 수요가 몰리면서 주가를 끌어 올린 것으로 보인다. 더존비즈온, 네이버, 카카오, 셀트리온, 엔씨소프트 같은 성장주가 대표적이다.

어닝 쇼크는 고PER주에 좀 더 명확하게 영향을 미쳤다. PER이 높다는 것은 기업 이익에 대한 기대가 주가에 반영되었다는 의미인데, 어닝 쇼크가 발생하면 그 실망감으로 주가가 더 크게 하락하는 것으로 추정된다. 저PER주들은 어닝 기대가 높지 않았기 때문에 주가 하락률도 상대적으로 작았다.

앞의 결과와 종합해 판단하면, PER이 높고 낮음을 떠나 어닝 서프라

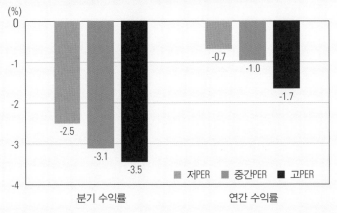

PER별 어닝 쇼크 종목 수익률(2010~2019)

자료: Wisefn, 르네상스자산운용

이즈의 강도가 강할수록 주가 상승 폭이 컸다. 어닝 쇼크에서는 고PER 주식의 주가 하락이 상대적으로 커서 투자에 유의할 필요가 있다.

지식우위 vs 정보우위

그렇다면 어닝 서프라이즈, 어닝 쇼크가 발생할 것을 예측할 방법이 있을까? 크게 두 가지 방법이 존재한다. 정보우위 혹은 지식우위를 가져가는 것이다.

우위를 점하는 유리한 정보에는 단기적 실적과 관련된 정보뿐 아니라 미래의 이익에 영향을 미칠 수 있는 이벤트도 포함된다. 정보우위는 IT와 바이오 업종에서 많이 나타난다. 예를 들어 A 기업이 삼성전자에 중요 부품을 납품하기로 잠정 합의했다든지, 부품에 문제가 생겨 납품에 차질이 생겼다든지 등의 정보는 향후 기업 이익에 미치는 영향이 워낙 크기 때문에 정보로서의 가치가 크다. 다만 사실 여부 확인이 어려운 경우가 많다.

바이오 업종도 마찬가지다. 글로벌 제약회사와의 계약이 임박했다든지, 라이선스 계약을 앞두고 있다든지 등의 소문이 떠도는 경우가 많다. 이 역시 근거가 있는지 확인하기 어려운 경우가 많고, 주가가 이미 많이 올랐다면 뒤늦게 알았을 확률이 높아 투자할 경우 손실이 발생할 수 있다는 점을 알아야 한다.

그다음은 지식우위를 가져가는 방법이 있다. 산업 혹은 기업에 대한 이해도를 높여 추정치의 신뢰도를 높이는 것이다. 예측이 매우 어려운 업종도 있지만, 업종 대부분은 계속 지켜보고 공부하다 보면 정확하지는 않아도 전혀 엉뚱한 결론을 내는 경우는 많지 않다. 사람들이 많이 보지 않는 업종이나 기업이 있다면 내가 정보우위를 가질 확률을 높여 갈 수 있다.

정보우위를 얻으려면 많은 사람을 만나야 하고, 시장의 정보를 이끄는 이너 서클에 들어가야 하고, 합법과 불법 사이의 선을 넘지 않도록 줄타기를 해야 한다. 정보에 접근하는 데는 운도 필요하다. 노력한다고 해서 꼭 얻어진다는 보장이 없다. 반면 지식우위는 노력에 따라 누구나 접근 가능하며 합법적이고 성취감이 있다. 선택의 영역이기는 하지만 정보우위를 가져가려고 노력하기보다는 지식우위를 가져가려고 노력하는 것이 주식시장에서 오래 살아남기 위한 합리적인 선택이 아닐까 싶다.

종목 발굴의 대안은 턴어라운드주 투자

2010년 이후 글로벌 경제 성장률의 하락과 함께 국내 기업들의 이익 성장 체력이 낮아지면서 성장하는 업종과 기업을 찾기가 점차 어려워지고 있다. 게다가 내수 시장 규모가 작아 신규 비즈니스를 기대하기도 만만치 않다.

이러한 시장 상황에 따라 성장을 찾아 해외 투자에 나선 투자자들도 많이 늘어났다. 하지만 지금 이 시간에도 국내 기업들은 새로운 성장동력을 찾아 동분서주하고 있으며, 먼저 찾아내기가 어려울 뿐 성장하는 기업은 시장에 항상 존재해왔고 앞으로도 존재할 것이다.

그럼에도 성장하는 기업을 찾기 어렵다면 한 가지 대안이 있다. 거창하지 않고 대단하지는 않지만 이익이 깨져 있는 기업을 꾸준히 모니터링해 이익 회복 구간으로 진입하는 시점을 찾는 것이다. 시장에서 버려지고 잊힌 기업일수록 이익이 돌아서는 변곡점에 시장의 관심이 급격하게 쏠리면서 짧은 기간에 큰 수익을 안겨주는 경우가 많다.

턴어라운드 주식은 남들보다 발 빠르게 성장을 발견하거나 정보에 목맬 필요도 없다. 어떤 시장 상황에서든 항상 존재하니, 꾸준히 업종과 기업을 모니터링하는 인내심만 있으면 된다.

투자 스타일별 투자 패턴

일반적으로 낮은 PER의 가치주들은 지수 하락 시 하방경직성을 보이지만 취약성이 드러나는 구간이 있다. 시장 폭락이 발생하는 시기다. 초기 하락 구간에서는 하락을 방어하는 듯한 모습을 보이지만, 어느 순간을 지나 투매 양상으로 바뀔 경우 수급 공백이 발생하면서 주가는 더

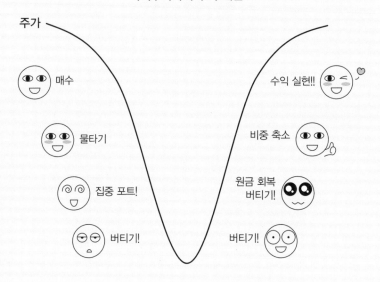

가치투자자의 투자 패턴

주가 — 매수 — 물타기 — 집중 포트! — 버티기! / 버티기! — 원금 회복 버티기! — 비중 축소 — 수익 실현!!

크게 주저앉는다. 가치투자자들이 가장 무기력해지는 구간이다.

게다가 저평가라고 생각해서 보유한 기업이기 때문에, 주가가 하락할 경우 꾸준히 물타기를 할 확률이 높은데, 주식 비중을 99% 채운 후에도 폭락이 멈추지 않아서 가치투자자 대부분이 하락을 온몸으로 맞게 된다. 최악의 경우는 이때 주식을 파는 것인데, 그렇게 하는 가치투자자는 많지 않다. 다행스럽게도 저점을 찍고 반등하는 구간에서 높은 주식 비중으로 반등 폭을 누릴 수 있다.

반면 모멘텀 투자자들은 시장이 하락 추세에 접어들었다고 판단할 경우 주식을 팔고 나온다. 이후 주가가 떨어지면 숏 포지션 등으로 일부 돈을 벌기도 하고, 하락장이 지속될 수 있다는 판단하에 주식을 최소한으로 가져간다. 문제는 시장이 바닥을 찍고 반등하기 시작해도 주가가

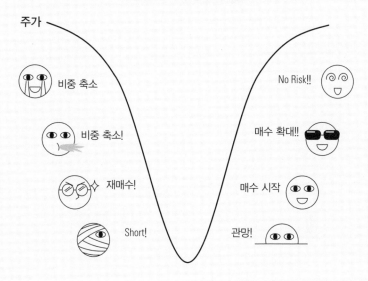

모멘텀 투자자의 투자 패턴

주가

비중 축소

비중 축소!

재매수!

Short!

관망!

매수 시작

매수 확대!!

No Risk!!

떨어지기만 기다리는 바람에 반등을 누릴 수 없다는 점이다. 모멘텀 투자자가 바닥에 주식을 충분히 가지고 있을 확률은 높지 않아 보인다.

어떤 투자 스타일이 절대적으로 좋고 나쁘다고 이야기하는 것은 아니다. 투자 스타일마다 장점과 단점이 존재하기 때문에 단점을 어떻게 보완할지 고민이 필요하다는 이야기다.

먼저 가치투자자 관점에서 이야기하면, 폭락장을 피할 수 없었더라도 반등 구간에서 손실 폭을 만회해야 한다. 하락은 다 맞고 반등을 제대로 누리지 못한다면 고통이 가중되기 때문이다. 반등 시기에 먼저 오를 만한 종목으로 포트폴리오를 조정해야 한다.

모멘텀 투자자는 최저점에 주식을 살 수 있다는 환상은 버리는 것이 좋다. 너무 싸다 싶으면 단기적으로는 어느 정도 손실이 발생할 수도 있다는 생각을 가지고 접근하는 것이 좋다. 하락 구간에서는 좋게 볼 만한 포인트가 잘 잡히지 않는다. 주식의 바닥은 비관론이 극에 달했을 때 형성된다는 점을 상기할 필요가 있다. 개별 주식이 너무 싼 수준까지 하락했다면 분할 매수로 접근해야 반등 구간을 누릴 수 있다.

변동성을 어떻게 감내할 것인가?

이번 주가 폭락으로 거액의 자산을 모두 잃는 사례가 종종 보인다. 이유는 단 하나다. 레버리지를 활용했기 때문에 반대 매매로 주식을 모두 잃은 것이다. 투자 감각이 있기 때문에 거액 자산을 모았지만, 그 자신감이 오히려 해가 되었다.

프로 투자자들도 이러한 실수를 하니 초보 투자자라면 레버리지를 피하는 것이 좋다. 레버리지를 쓴 상태에서 손실이 발생하면 순식간에 복구 불가능한 수준으로 확대되고, 내가 생각한 것이 맞더라도 중간에 상환 요청이 들어올 경우 강제로 포지션이 청산되면서 손을 쓸 방법이 없어지기 때문이다.

이번 하락장의 최고 승자는 누구일까? 단기적으로는 주식 투자를 하지 않다가 이번에 새로 진입한 투자자로 보일 수 있다. 하지만 주식에 대한 이해도가 높지 않은 투자자라면 험난한 주식시장에서 시행착오를 겪게 될 확률이 매우 높다. 이번 하락장의 진정한 승자는 자신이 정한 원칙에 따라 자산을 배분하고 폭락을 활용해 분할 매수하면서 주식 비중을 늘린 사람이다.

주식에 투자하겠다고 마음먹었다면 장기 레이스로 인식하고 접근해야 한다. 자신의 투자 성향과 위험 감내 수준을 감안해 자산을 배분하고 운용해야 한다. 그래야 이번과 같은 사태가 발생했을 때 기회로 활용할 수 있다. 주식 투자는 단기적으로 이익을 내는 것도 중요하지만 중장기적으로 자산을 잃지 않고 늘려나가는 것이 더욱 중요하다. ☯

글 이건규 르네상스자산운용 공동 대표이사. VIP자산운용 창립 멤버 출신으로 틀에 박히지 않은 '역발상 투자' 전략을 추구하고 있으며, 국내 자산운용 업계에서 차세대 가치투자 대표 주자로 주목받고 있다. 개인 투자자들에게 꼭 필요한 내용을 책 《투자의 가치》에 담아냈다.

Buffett~ology

VIA NEGATIVA · 부정의 길

익숙한 '투자철학'과의
결별과 그 대안

홍진채

'비아 네가티바(Via Negativa)'는 '부정의 길'을 뜻하는 사고법이다. 진리를 파악하는 대신 진리가 아닌 것을 제거하는 방법이다. 홍진채 라쿤자산운용 대표는 이 사고법을 통해 투자자들 사이에 받아들여진 몇몇 '투자철학'의 문제점을 짚어보고 대안을 제시한다. 홍 대표는 '가격-가치 갭 모델' 대신 '제한적 합리성 모델'을 제시한다. 또 '가치주 대 성장주'의 이분법을 해소한다. 나아가 구체적인 투자 대안의 하나로 ETF를 제시한다.

'나의 투자철학과 방법론'이라는 주제로 원고 청탁을 받고 적지 않은 고민을 했다. 20년 가까운 기간을 주식 투자자로, 그중 10년 이상을 기관투자가로 살아왔기 때문에 당연히 투자 원칙을 가지고 있다. 그 원칙을 공유함으로써 경험을 나누고, 다른 분들의 피드백을 통해 원칙을 가다듬을 기회로 삼을 수 있을 터다.

　금융시장은 복잡 적응계이고, 원칙이란 늘상 변화한다. 내가 오늘까지 가지고 있던 원칙이 당장 내일부터 유효하지 않을 수 있다. '투자를 어떻게 하는지 좀 알겠다'라고 느낄 때마다 그 원칙들이 와르르 무너져 내리는 경험을 여러 번 했다. 인쇄된 글의 형태로 원칙을 출간하면 그 순간 원칙이 고정되고, 새로이 일어날 세상의 변화에 대응하지 못한다. 늘상 변하는 그 무엇을 변하지 않는 형태의 매체에 실어 보낸다는 일이 그 자체로 꺼려졌고, 혹여 그 매체를 읽고 곧이곧대로 적용할 이들에게 의도치 않은 피해를 줄 수도 있으리라 생각한다.

　또한 '투자철학'이라는 표현 자체가 약간 불편하다. 투자란 그다지 고고한 행위가 아니다. 자본시장을 통한 산업 활성화라든가, 가격 책정 기능이라든가, 선진 서비스업이라든가, 어떤 미사여구로 포장하더라도, 결국은 내가 가진 자산을 비싼 값에 팔아서 이득을 취하고자 하는 행위다.

물론 세상사 다양한 영역에 '철학'이라는 생각이 개입할 여지가 있고, 투자 분야에서 '철학'이라고 부를 만한 사고가 없지는 않다. '투자철학'을 논하는 사람들은 때때로 특정 '스타일'을 선호하고 다른 형태의 투자 방법론을 소위 '사파'로 취급한다. 나의 원칙이나 습관, 스타일, 취향에 '철학'이라는 딱지를 붙이는 순간 소위 '선민의식'이 생길 수 있다. 투자 철학에 대한 논쟁은 때로 이념 논쟁 같은 양상으로 이어진다. 이념 논쟁은 수익률에 하등의 도움이 되지 않는다.

투자는 결국 돈을 벌고자 하는 행위다. 우리에게 중요한 것은 '높은 확률로 돈을 벌 수 있는 의사결정 프로세스'다. 건전한지 아닌지는 중요하지 않다. 지속 가능하게 돈을 벌 수 있는 원칙인지 아닌지만 중요하다.

이런 연유로 '투자철학'은 썩 내키는 주제가 아니지만, 흔히 따라야 할 원칙으로 알려진 몇몇 '방법론'에 대해서 주의를 환기하는 역할을 할 수 있다면, 책을 사서 읽는 수고를 한 독자들께 그에 상응하는 무언가를 드릴 수 있겠다는 생각이 들어 글을 시작해본다.

탁월한 트레이더이자 사상가인 나심 니콜라스 탈레브는 '비아 네가티바(Via Negativa, 부정의 길)'라는 사고법을 강조한다. 무엇이 진리인지 말하기 어려울 때, 무엇이 진리가 아닌지 말하는, 상대적으로 쉬운 방법이다. 좀 더 실용적으로 표현하면, 무언가 좋은 것을 더해서 상황을 개선하기는 어렵지만, 무언가 나쁜 것을 빼내서 상황을 덜 나쁘게 만들기는 쉽다. 보약을 먹는 것보다 담배를 끊는 게 더 높은 확률로 건강을 좋게 만드는 길인 것처럼 말이다.

비아 네가티바는 신학적 탐구에도 적용된다. 그리스 정교회는 '신이란 무엇인가'를 직접 언급하는 것을 피하고 '무엇이 신이 아닌가'를 언

> **"**
>
> 탁월한 트레이더이자 사상가인 나심 니콜라스 탈레브는
> '비아 네가티바(Via Negativa, 부정의 길)'라는 사고법을 강조한다.
> 이는 무엇이 진리인지 말하기 어려울 때,
> 무엇이 진리가 아닌지를 말하는 사고법이다.
>
> **"**

급함으로써 진리를 찾아가는 신학적 전통을 가지고 있다. 이를 그리스
어로 아포파시스(apophasis)라고 한다.[*]

이는 칼 포퍼의 '반증주의'와도 통하는 바가 있다. 어떤 명제가 과학
적이기 위해서는 '반증 가능한 형태'여야 한다. 어떤 조건이 충족되었을
때 '틀릴 수 있는 형태'의 명제가 아니면 유사과학이고 신뢰할 수 없는
명제다. 그러한 명제에서 쌓아 올린 원칙으로는 합리적인 의사결정을
할 수 없다.

가장 경계해야 할 첫 번째 원칙은 특정 철학 하나만 신봉하는 일이다.
철학은 정답을 내릴 수 없기 때문에 철학이다. 특정 철학만 옳고 다른
철학은 틀렸다고 하는 것은 그 자체로 철학적이지 않다.

이 글에서는 흔히 알고 있고 '철학'의 반열에 올려놓은 투자 원칙들의
문제점을 짚어보고, 대안이 될 수 있는 원칙을 제시하겠다.

---

[*] 나심 니콜라스 탈레브,《안티프래질》

> **"**
> '가격-가치 갭 모델'은 '주식의 내재가치를 잘 계산해서
> 그보다 싼 가격에 주식을 산 다음 기다리면
> 그만큼의 이익을 얻을 수 있다'고 한다.
> **"**

가격-가치 갭 모델 ⇒ 제한적 합리성 모델

우리는 주식의 '내재가치'라는 표현을 흔히 사용한다. 급변하는 시장에서 나름 '건전한' 투자 원칙 중 하나로, '주식의 내재가치를 잘 계산해서 그보다 싼 가격에 산 다음 기다리면 그만큼의 이익을 얻을 수 있다'고 한다.

이 주장은 몇 가지 세부 가설로 쪼갤 수 있다. 1) 주식은 기업의 자기자본에 대한 소유권이다. 2) 기업에는 고유의 가치가 있다. 3) 따라서 주식에도 기업의 가치를 반영한 고유의 가치, 즉 '내재가치'가 존재한다. 4) 주식의 가격은 '내재가치'와 일치하지 않을 수 있다. 5) 가격은 언젠가는 '내재가치'를 반영한다.

이 가설에 따른 행동 강령은 다음과 같다. 1) 기업의 가치를 분석한다. 2) 기업의 가치를 주식 수로 나누어 주식의 '적정 가격'을 구한다. 3) 가격이 가치(=적정 가격)보다 낮을 때를 노려서 주식을 산다. 4) 가격이 가치를 반영해 상승할 때까지 기다린다. 5) 상승하면 주식을 매도한다.

나는 이 방법론을 '가격-가치 갭 모델'이라고 부른다(보통 '가치투자'라고 부르는 방법론이지만, 그 용어는 다양하게 변주되어 오해를 낳기 때문에 사용하

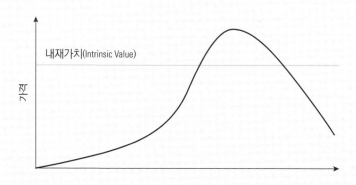

가격-가치 갭 모델

내재가치(Intrinsic Value)

가격

지 않겠다).

이 방법론을 지지하는 사람들은 이렇게 주장한다. "나는 기업의 가치에 집중하기 때문에 시장의 등락에 휩쓸리지 않는다. 보수적이고 편안한 투자, 잃지 않는 투자를 한다. 가치는 쉽게 변하지 않으니 가격 하락은 바겐세일 기회일 뿐이다." 좀 더 나아가서 이런 주장도 한다. "기업의 가치를 바라보지 않는 다른 투자는 불건전한 투자다. 허상을 좇는다. 결국 실패한다."

다른 방법론에 비해 이 방법론은 마음의 평화를 유지하는 데 도움이 되기는 한다. 그러나 조금 따져보면 상당히 많은 문제점을 안고 있다.

먼저 수익을 낼 수 있는 기간을 명시하지 않았다. 가치가 1만 원인 주식을 8,000원에 샀다고 하자. 기대수익률은 25%다. 1년 후에 가격이 1만 원으로 오르면 1년에 25% 수익을 냈다. 훌륭하다. 그러나 만약 10년 후에 1만 원이 되었다면 복리 연환산 수익률은 2.26%다. 은행 이자보다는 좋지만 기대 대비, 그리고 감수한 리스크 대비해서는 글쎄요다.

> **"**
>
> 가격–가치 갭 모델은 상당히 많은 문제점을 안고 있다.
> 수익을 낼 수 있는 기간을 명시하지 않는다.
> 또 시장이 비효율적이라고 가정한다.
> 더 큰 문제는 예컨대 '가치가 1만 원이다'는
> 반증이 불가능한 명제라는 점이다.
>
> **"**

그래도 뭐, 일단 돈을 벌었으니 나쁘지는 않다.

더 큰 문제는 시장에 대한 가정이다. 경제학자들은 금융시장을 볼 때 '효율적 시장'을 가정한다. 가격에는 세상에 존재하는 모든 정보가 반영되어 있기 때문에, 과거의 정보를 아무리 분석한들 초과수익을 낼 수 없다고 한다. 어떤 주식의 가격이 8,000원이라면 그만한 이유가 있다, 즉 가치가 8,000원이기 때문에 가격이 8,000원이라는 것이다.

'가격–가치 갭 모델'에서는 이 문제를 '시장은 비효율적이다'라고 쉽게 피해 간다. 근거는 다양하지만, 어쨌거나 시장은 세상에 나와 있는 정보를 그다지 잘 반영하지 않기 때문에 가격과 가치에 차이가 생긴다는 뜻이다.

좋다. 시장이 비효율적이어서 1만 원짜리를 내가 8,000원에 살 수 있었다고 하자. 그런데 왜 나중에 1만 원이 되어야 하는 것인가? 시장이 정말 친절하게도 내가 주식을 싸게 사라고 8,000원으로 '비효율적'으로 작동하고 있다가, 내가 주식을 '줍줍'한 후에는 제정신을 차리고 '효율적'으로 작동해 1만 원으로 올려준다는 말인가?

'시장이 비효율적이다'라는 말은 어제도 비효율적이었고 오늘도 내일도 비효율적일 것이라는 뜻이다. 그럼 도대체 왜 오늘 8,000원이었던 주식이 언젠가 1만 원이 되어야 하는가? 9,000원이 될 수도 있고 2만 원, 10만 원이 될 수도 있지 않은가. 시장이 효율적이라면 인위적으로 초과수익을 낼 수 없는데, 시장이 비효율적이어도 초과수익을 낼 수 없기는 마찬가지다. 어쨌거나 결과는 랜덤하게 결정된다는 결론이 나온다.

정말 큰 문제는 바로 '반증 가능성'이다. 가치가 1만 원인 주식을 8,000원에 샀다. 그런데 가격이 7,000원으로 하락했다. 어떻게 해야 하나? 더 산다. 왜냐하면 기대수익률이 높아졌기 때문이다. 가격이 8,000원일 때는 기대수익이 2,000원(10,000-8,000)이었는데, 이제는 3,000원(10,000-7,000)으로 커졌다. 즉, 할인 폭이 더 커졌다. 그리고 또 하락해 6,000원이 되었다. 어떡할까? 더 사야 한다. 할인 폭이 더 커졌으니까. 그렇게 하락하면 할수록 주식을 더 사고, 언젠가는 대주주가 될 수도 있겠다.

문제가 무엇일까? 가격이 하락한 현상은 크게 두 가지로 해석할 수 있다. '시장이 비이성적인 이유로 가격을 가치보다 떨어뜨렸다' 혹은 '시장이 이성적인 이유로 고평가된 주식을 적정 가치로 떨어뜨렸다'. 후자라면 내 가치 계산이 틀렸다는 뜻이다.

내 판단이 틀렸을 가능성이 높아진다면 리스크를 줄여야 하지 않을까? 그러나 이 모델에서는 가격이 하락할수록 비중을 늘리라고 종용한다. 즉, 내가 틀렸을 가능성이 높아질 때마다 리스크를 더욱 늘리게 되는 모델이라는 뜻이다!

'반증 가능성'의 중요성이 여기서 드러난다. '가치가 1만 원이다'라는 명제는 반증 불가능한 명제다. 8,000원이었던 주식이 1만 원이 되면 내가 옳았던 것으로 '검증되었다'고 할 수 있다(이 주장도 문제가 있지만 넘어가겠다). 그러나 8,000원에 머무르거나 7,000원, 혹은 6,000원이 되었다고 해서 '틀렸다'고 할 수는 없다. '시장이 비이성적이고 더욱 비이성적이 되었다'고 설명할 수 있으니까. 어떤 상황에서도 틀리지 않는 이러한 명제가 '반증 불가능한 명제'이고, 틀렸을 가능성을 고려하지 않는 투자 원칙은 틀렸을 가능성이 높아질수록 리스크를 더 늘리는, 어마어마하게 위험한 원칙이 된다.

이 문제에 대해서는 흔히 이렇게 답변한다. 1) 틀리지 않도록 철저히 분석해야 한다. 2) 틀릴 경우를 대비해서 가능한 한 싸게 사야 한다. 일면 무책임한 발언이다. 얼마나 분석해야 철저한 분석인가? 정보의 양이 많다고 해서 예측의 정확도가 올라가지는 않다. 정보의 양이 많으면 예측에 대한 확신이 더욱 올라가서 오히려 예측의 질이 낮아진다.[*] 그리고 '가능한 한 싸게'는 얼마나 싸야 한다는 것인가? 가격이 하락하면 하락할수록 '저평가되었을 가능성'과 '내가 틀렸을 가능성'은 동시에 올라간다. 문제를 아무것도 해결해주지 않는다.

그럼 이 모델을 어떻게 바꾸어야 할까? 행동경제학의 용어를 가져와서 나는 '제한적 합리성 모델'이라고 부른다.

---

[*] Tsai, C. I., Klayman, J., & Hastie, R. (2008) Effects of amount of information on judgment accuracy and confidence. Organizational Behavior and Human Decision Processes, 107(2), 97-105.

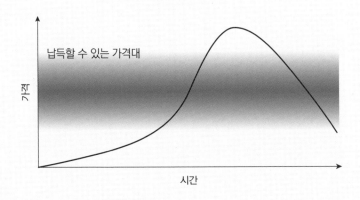

제한적 합리성 모델

납득할 수 있는 가격대

가격

시간

　사람은 각자 자신만의 이유로 주식을 사고판다. 그중에는 가치를 계산하고자 하는 사람도 있고 그렇지 않은 사람도 있다. 모든 사람이 시장에 나와 있는 모든 정보를 온전히 취득할 수는 없다. 각자의 원칙(혹은 느낌)으로 의사결정을 수행한다. 8,000원의 가격에서 누군가는 사고 누군가는 판다(그러니까 '가격'이 형성된다).

　투자자로서 던져야 할 질문은 '여기서 사는 게 옳은가, 파는 게 옳은가'가 아니라 '여기서 사는 사람은 왜 사며, 파는 사람은 왜 파는가'다. 물론 궁극적으로 전자의 질문에 대해서 스스로 대답해야겠지만, 그 전에 후자의 질문이 위치한다는 이야기다.

　우리는 여러 투자 기법을 공부하고, 기업을 분석하고, 산업 동향을 파악하고, 거시경제와 국제 정세도 살핀다. 그 모든 작업의 귀결점은 지금 가격이 싼지 비싼지, 혹은 내일 주가가 상승할지 하락할지가 아니다.

　우리는 어떤 자산에 대해서 '납득할 만한 가격대'를 추론할 수 있다. 예를 들어, 어떤 주식에 대해서 "3만 원이면 열에 아홉은 비싸다고 여길 것 같아" 혹은 "5,000원이면 너무 싸다고 달려들 사람이 많을 것 같아" 등의 추론을 할 수 있다. 이러한 추론을 하기 위해서 위의 여러 공부를 하는 것이다.

그다음에는 '그럼에도 불구하고'라는 질문을 던질 수 있다. "가격이 6,000원까지 하락했으면 '너무 싸다'고 할 수 있는 5,000원에 근접했는데, 여기서도 주식을 파는 사람들은 왜 파는 걸까?" 혹은 "3만 원이면 상승 여력을 거의 소진한 것 같은데, 여기서도 주식을 사는 사람들은 뭘 기대하고 사는 거지?"라는 질문들이다. 이 질문에 대답하기 위해서, 가치를 제외한 여러 투자 기법들, 피라미딩이니 기술적 분석이니 하는 기법들, 그리고 사람들의 심리, 두뇌의 작동 원리를 공부할 필요가 있다.

그런 후에는 나만의 '시나리오'를 쓸 수 있다.

"현재 A 기업의 주식 가격은 8,000원이다. A 기업은 B와 C 사업을 하고 있는데, B는 안정적이고 C는 불확실하지만 대박이 날 수 있다. C가 잘되면 이익이 두 배로 늘어나고, PER이 현재 수준인 10배로 유지된다면 16,000원까지 상승할 수 있다. C로 인한 호실적에 시장이 열광해 PER이 20배로 상승하면 가격은 32,000원까지도 상승할 수 있다. 기대수익률은 좋은 시나리오에서 100%, 아주 좋은 시나리오에서 300%다. 만약 C 사업이 실패하면 B 사업만으로 이익을 내야 하는데, B 사업에 동종 업계의 PER 8배를 적용하면 6,000원까지 하락할 수 있다. 그렇다면 잠재 손실 폭은 -25%다. C 사업의 성과는 6개월 후에 확인할 수 있고, 그로부터 6개월 이내에 재무제표로 실적이 공시될 것이다. 따라서 앞으로 1년 이내에 100%에서 최대 300%의 수익을 볼 수도 있고 -25%의 손실을 볼 수도 있다. 현재 미국과 중국 간 갈등이 진행 중이라

> ❝
> 시나리오 형태로 시기를 명시하고 세부 가설을 설정한
> 투자 아이디어를 작성하면 '가격-가치 갭 모델'의 한계를 보완할 수 있다.
> 시기를 명시했기 때문에 연환산 기대수익률을 추정할 수 있다.
> 시기를 명시하고 세부 가설을 설정했기 때문에
> 시나리오가 틀리면 수정할 수 있다.
> ❞

사람들이 C 사업의 성패를 지나치게 부정적으로 보기 때문에 이런 좋은 기회를 주는 것 같다. 미·중 갈등은 대선을 앞둔 정치적 액션이라고 생각하고, 선거 전후 봉합될 것으로 판단한다."

이런 형태로 투자 아이디어를 작성하면 위 '가격-가치 갭 모델'의 한계를 보완할 수 있다. 시기를 명시했기 때문에 연환산 기대수익률을 추정할 수 있다. 시장이 무작정 비효율적이라고 가정하지 않았고, 어떤 이유로 가격이 낮게 책정되었고 향후 어떤 이유로 그 왜곡이 해소될 것인지 추론한다. 시기를 명시하고 세부 가설을 설정했기 때문에, 특정 시점이 지난 이후 혹은 특정 이벤트가 발생하면(혹은 특정 시점까지 발생하지 않으면), 다양한 형태로 이 시나리오는 '틀릴 수 있게' 된다. 틀리면 어떤 요소에서 틀렸는지 추론하고, 향후 새로운 의사결정을 할 때 이번에 틀린 요소를 반영해 수정할 수 있다.

복잡계에서 '원칙'은 '단일 시행'의 결과를 정확히 맞히고자 사용하는 것이 아니다. '다수 시행'에서의 성공 가능성을 높이고자 사용하는 도구

다. 원칙을 설계할 때의 핵심은 피드백 루프다. 원칙을 적용해서 결과가 부정적으로 나왔을 때 무언가를 배워서 원칙을 개선할 수 있어야 좋은 원칙이다.

가치주 vs 성장주 ⇒ 성장 기대가 얼마나 반영되어 있는가

아직도 많은 사람이 착각하고 있다. 가치투자와 가치주 투자는 다른 개념이다. 우리가 사용하는 용어는 상황에 따라 개념이 확장되고 전용된다. 조너선 하이트와 그레그 루키아노프의 책《나쁜 교육》에서 저자들은 '트라우마', '자기 방어' 등의 개념이 확대·전용되면서 어떤 사회 현상을 낳았는지 생생하게 보여준다.

가치투자를 지향하는 사람들은 가치주 투자를 하는 경우가 많다. 좀더 나아가서 가치투자가 아닌 투자를 투기라고 한다. 그럼 가치주 투자가 아닌 투자는 투기라는 결론으로 이어진다. 참으로 난감하다. 거듭 말하지만 투자에 이념 논쟁은 의미 없다. 투자와 투기의 구분 또한 같은 맥락에서 무의미하다. '지속 가능하게 돈을 벌 수 있는 의사결정 과정'이 중요하다.

가치투자가 가치주 투자로 인식된 것은 벤저민 그레이엄의 포트폴리오 때문이다. 그레이엄은 '내재가치' 대비 가격이 싼 주식을 사는 것이 좋은 투자 방법이라고 주장했고, 그 원칙이 실용적이라는 사실을 높은 수익률로 몸소 입증했다.

문제는 학계다. 나심 탈레브가 늘 주장하듯이, 유용한 새로운 기법은 실무 현장에서 나오고, 대학은 그 기법이 자신들의 이론인 양 포장한다. 경제학적으로 시장은 효율적이어야 하고 특정 기법이 초과수익을 낼 수는 없는데, 그레이엄의 포트폴리오가 지속적으로 초과수익을 달성한다 하니 학계에서는 그 기법을 검증하고자 했다.

검증 방법은 그레이엄이 주장하는 투자 원칙대로 포트폴리오를 구성한 다음 성과를 시장 전체 혹은 다른 스타일의 주식 포트폴리오의 성과와 비교하는 형태가 될 텐데, 여기서 가치주와 성장주의 이분법이 나온다.

그레이엄의 포트폴리오를 들여다봤더니 순이익이나 순유동자산 대비 시가총액이 낮은 주식으로 구성되어 있었다. 그러니 이러한 주식군을 '가치투자 주식', 즉 '가치주'라고 부르기로 했다. 그레이엄은 미래의 불확실한 성장을 기대하는 것은 위험하다고 했으므로, '가치주'에 대비되는 주식군은 '미래의 성장에 대한 기대감이 높은 주식', 즉 '성장주'라고 남들이 부르기 시작했다.

가치주와 성장주 중 어느 쪽이 우월한지 연구한 결과는 저마다 다르다. 기초 데이터도 다르고 가치주와 성장주를 분류하는 기준도 다르다.* 금융시장 연구 대부분이 그렇듯, 연구자가 주장하려는 바에 따라 원하는 결과를 다양하게 뽑아낼 수 있다. 그러니 어느 쪽이 우월한가는 신경 쓰지 말자.

중요한 것은 특정 스타일의 종목군에 매몰되지 않아야 한다는 점이다. 그레이엄이 쓴 대중서《현명한 투자자》는 수많은 투자 대가들이 추천하는 책이다. 가치투자의 '기원'이라 부를 만한 이 책에서는 성장주를 사지 말라는 이야기를 찾을 수 없다. 이 책 7장에 '성장주 투자'라는 항

---

* 리처드 번스타인의《순환 장세의 주도주를 잡아라》, 켄 피셔의《주식시장은 어떻게 반복되는가》 등을 보면 자료를 확인할 수 있다.

목이 있다. 여기에서는 성장 전망이 높은 주식은 그만큼 가격이 높기 때문에, 성장 전망이 적중하더라도 수익률이 좋지 않을 수 있다, 그리고 성장 전망이 빗나갈 경우 하락 폭이 크다고 설명한다. 모두가 열광하는 성장 전망에 대해서 어떤 관점으로 접근해야 하는지, 그리고 어떤 상황들에서 싸게 살 수 있는지 이야기한다. 다른 모든 자산을 설명할 때와 마찬가지로 말이다.

굳이 찾아보면 4판 서문에 "주가가 유형자산가치보다 훨씬 높은 종목은 투자 대상에서 제외하기 바란다"라는 언급이 있다.[*] 이를 곧이곧대로 해석하면 주가순자산배수(PBR)가 높은 주식을 사지 말라는 조언으로 볼 수도 있다. 그러나 전후 맥락을 살펴보면, 성장 기대치가 과도하게 반영된 주식은 주가 등락이 심하기 때문에, 경험이 부족한 투자자가 보유하기에 적합하지 않다고 해석할 수 있다. 즉, 성장 가능성을 주식 가치에서 배제하라는 뜻이 아니라, 성장에 대한 기대감이 주가에 많이 반영된 경우 조심하라는 뜻이다.

가치주의 반대는 성장주가 아니다. 금융자산의 가치는 '미래 현금흐름의 현재가 할인'으로 정의할 수 있다. 미래 현금흐름의 성장 폭이 큰 주식이 성장주다. 성장은 가치의 한 요소이지, 가치와 대비되는 요소가 아니다. 그레이엄은 미래 현금흐름의 현재가 할인, 즉 가치보다 가격이 싼 주식을 선호했다. '저PER 싸구려 주식'과는 전혀 다른 차원의 이야기다.

그레이엄이 회사를 운영하던 시기는 대공황 이후였다. 청산가치 이하에 거래되는 주식이 널려 있었다. 향후 성장 가능성은 불확실한데, 청

---

[*]   벤저민 그레이엄, 《현명한 투자자》, 개정 4판, p19

> **"**
> 가치주의 반대는 성장주가 아니다.
> 금융자산의 가치는 '미래 현금흐름의 현재가 할인'으로 정의할 수 있다.
> 미래 현금흐름의 성장 폭이 큰 주식이 성장주다.
> 성장은 가치의 한 요소이지, 가치와 대비되는 요소가 아니다.
> **"**

산가치 이하에 거래되는 주식은 행여나 운 좋게 살아남기만 하더라도 몇 배의 수익을 거둘 수 있다. 거기에 '더해서' 성장 가능성까지 기대할 수 있는 것이다. 즉, 그레이엄의 포트폴리오는 '돈을 벌 가능성이 높은 주식'으로 구성되어 있었고, 그러한 주식들이 '그 시기'에는 순이익이나 순유동자산 대비 시가총액이 낮은 지표를 보이고 있었을 뿐이다.

상황이 바뀌어도 그레이엄이 그런 '싸구려' 주식을 선호했을 거라는 근거는 희박하다. 그레이엄이 전문가를 위해서 쓴 《증권분석》 1962년 버전에는 '성장주 가치 평가를 위한 최신 방법'이라는 챕터가 들어간다. 경력 후반부에 그레이엄은 가이코(GEICO)라는 회사에 투자해 약 2,000배의 수익을 올리기도 했다. 이전에 한 투자를 모두 합친 것보다 더 큰 수익을 성장주에서 거둔 것이다.

가치주, 즉 저평가된 주식의 반대말은 고평가된 주식이다. 성장주, 즉 성장 가능성이 높은 주식의 반대말은 저성장주다. 성장주를 성장 전망이 가격에 많이 반영된 주식이라고 정의하면, 성장주의 반대말은 성장 전망이 가격에 반영되지 않은 주식이다. 그럼 결국 성장주는 비싼 주식,

가치주는 싼 주식이라는 결론이 나오고, 정의에 따르면 싼 주식은 비싼 주식보다 당연히 수익률이 좋을 테니 동어 반복이 될 뿐이다.

우리가 던져야 할 질문은 '가치주인가, 성장주인가'가 아니다. '성장 가능성이 가격에 얼마나 반영되어 있는가'라고 물어야 한다. 이념 논쟁은 이제 그만두자. 오르는 주식이 좋은 주식이다.

성장주 투자 ⇒ 프랜차이즈 투자

버핏에게 두 명의 스승이 있었다는 건 유명한 이야기다. 첫 번째 스승은 벤저민 그레이엄이고, 두 번째 스승은 필립 피셔다. 피셔에게서 프랜차이즈 투자를 배우고 가치주보다 성장주에 집중하기 시작했다고 흔히들 이야기하지만, 곧이곧대로 받아들이기에는 약간 위험하다.

성장주 투자의 기본 원리는 이렇다. 현재 주당순이익이 1,000원이고 PER이 15배, 주당 가격 15,000원인 주식이 있다. 내년에 이익이 50% 성장해서 주당순이익이 1,500원이 되면 주당 가격은 22,500원이 되니 투자자는 50% 수익을 낸다.

여기서 함정은 '내년의 PER이 올해와 동일하게 유지된다'는 가정이다. 가치 평가의 기본은 미래 현금흐름의 현재가 할인이다. 모든 가치 평가 기법은 이 형태로 변환할 수 있다. 현재의 PER 15배는 향후 3년간의 순이익 전망치를 반영한 것이라 볼 수 있다(3년이라는 수치는 예측 가능 기간에 대한 예시일 뿐이다). 올해가 2020년이니 2022년까지의 순이익을 반영했다고 하자. 내년, 즉 2021년에도 PER 15배를 유지하기 위해서는 내년부터 새로운 3년, 즉 2023년까지의 순이익이 기존 3년과 동일하게 성장할 거라고 전망해야 한다. 2023년 전망은 2020년 시점에 알

> **"**
>
> 버핏은 코카콜라를 필두로 기존에 투자하던 회사들보다
> 다소 높은 프리미엄을 받는 기업에 투자했다.
> 그는 새로운 투자 방식을 '프랜차이즈 투자'라고 불렀다.
>
> **"**

수 없다. 2020년 현재의 예측력이 2022년까지인데, 2023년의 전망에 기대어 베팅하는 행위는 모순이다. 혹은 단순한 50:50 도박이거나.

그러나 버핏은 코카콜라를 필두로 기존에 투자하던 회사들보다 다소 높은 프리미엄을 받는 기업에 투자했다. 기존 투자 방식을 '담배꽁초 투자'라고 부르면서, "적당한 주식을 싸게 사는 것보다, 좋은 주식을 적당한 가격에 사는 것이 좋다"라고 했다. 그리고 새로운 투자 방식을 '프랜차이즈 투자'라고 불렀다.

프랜차이즈 투자와 성장주 투자는 결과적으로 겹칠 수 있지만, 의사결정 과정은 상당히 다르다. 힌트는 '경제적 해자'라는 개념에 있다.

'경제적 해자'는 기업이 경쟁사 혹은 시장 평균 대비 초과수익을 지속적으로 낼 수 있는 힘이다. 주식은 기업의 자기자본에 대한 소유권이다. 주식의 가격은 기업의 자기자본에 프리미엄을 얼마나 붙여서 사느냐, 즉 PBR로 환원할 수 있다. PBR과 자기자본이익률(ROE)은 궁합이 잘 맞는 한 쌍이다. ROE, 즉 투자된 자기자본 대비 이익률이 높은 기업의 자기자본에 대해서는 높은 PBR, 즉 자기자본 대비 높은 프리미엄을 주고 거래할 수 있다.

여기서 높은 PBR을 뒷받침하는 ROE가 단순히 현재 혹은 최근 몇 년 간의 ROE가 아니라 향후 장기간 유지할 수 있는 ROE여야 한다는 점에 주의하자. 이러한 장기간의 (기회비용 대비) 높은 ROE를 유지하는 힘이 바로 '경제적 해자'다.

경제적 해자를 만들어내는 요소는 다양한다. 기업의 생산성일 수도, 기술력일 수도, 고객사와의 끈끈한 관계일 수도, (버핏이 좋아하는) 독점적인 브랜드 가치일 수도 있다. 당연히 그 모든 경제적 해자는 기업의 경영진과 직원들이 만들어내는 것이다.

주식의 높은 PER과 기업의 높은 이익률 등 금융시장의 다양한 지표는 평균으로 회귀하는 경향이 있다. 기업의 높은 ROE도 마찬가지로 평균으로 수렴하기는 한다. 오른쪽 그래프를 보자.

이 그래프는 마이클 모부신이 2000년부터 2010년까지 1,000개 회사의 투하자본이익률(ROIC)과 가중평균자본비용(WACC)을 추적한 자료다. 수치가 높을수록 기회비용 대비 초과수익을 낸다는 뜻이다. 초기 시점에서 5단계로 분류한 기업들의 초과수익 수치는 시간이 지나면서 평균으로 수렴한다. 그런데 최상위 그룹은 10년이 지난 후에도 평균으로 떨어지지 않고 오히려 평균과의 갭을 벌리는 모습을 보인다. 로버트 위긴스와 티머시 뤼플리가 초과수익의 지속성을 연구한 다른 자료에서도 '특정 기간에 경쟁우위가 있었다면 그 이후에도 그렇다'고 밝혀졌다.*

워런 버핏은 경제적 해자를 중시하고, 경제적 해자는 기업이 만들어

---

*   마이클 모부신, 《통섭과 투자》, p202

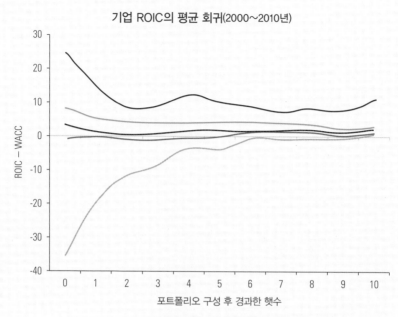

기업 ROIC의 평균 회귀(2000~2010년)

자료: 마이클 모부신, 《마이클 모부신 운과 실력의 성공 방정식》, p275

냄다. 여기서 일반적인 성장주 투자와의 근본적 차이가 드러난다. 기업의 성장에 대한 예상은 투자자, 즉 외부인들이 한다. 예측 가능 기간과 정확도에 한계가 있다. 기업의 경제적 해자는 기업이 만들어내는 것이다. 프랜차이즈 투자라는 관점에서 투자자는 '현재' 기업이 가진 경쟁우위의 요소와 근원, 지속 가능성을 살핀다. 경제적 해자를 가진 기업은 앞의 사례에서 '1년 후의 3년 후 전망', 즉 예측 불가능한 기간이 예측 가능한 영역으로 들어왔을 때의 전망치(2021년 시점에서의 2023년 전망)가 높은 확률로 아래쪽보다는 위쪽에 있을 수 있다.

여기서 또 중요한 한 가지 요소가 드러난다. 경제적 해자가 수익률로

> **"**
>
> 프랜차이즈 투자는 시간이 지나고 새로운 구간의
> 성장 전망치가 가시화될수록 주가 상승 압력이 높아진다.
> 시간이 갈수록 주가의 상승 가능성 혹은 기대수익률이
> 높아지기 때문에 '시간이 내 편'인 '장기 투자'다.
>
> **"**

실현되려면 예측 불가능 기간이 예측 가능 기간으로 들어올 때까지 기다려야 한다는 점이다. 그래서 프랜차이즈 투자가 장기 투자와 궁합이 잘 맞는다. 앞서 설명한 전통적인 '가격-가치 갭 모델'에서는 가치의 변화를 가정하지 않았기 때문에 기대수익률이 고정되고, 기대수익률을 실현하기까지의 기간이 길어질수록 기회 손실이 늘어난다. 즉, '시간이 내 편이 아닌 투자'다. 일반적으로 장기 투자, 인내심을 행동 강령으로 삼는 투자 방법론임에도 불구하고 실상은 시간에 쫓기는 투자법이다. 시간에 쫓기다 보면 시장의 향배에 고통받을 수밖에 없다.

프랜차이즈 투자는 시간이 지나고 새로운 구간의 성장 전망치가 가시화될수록 (경제적 해자에 대한 나의 판단이 맞았다면) 주가 상승 압력이 높아진다. 시간이 갈수록 주가 상승 가능성 혹은 기대수익률이 높아지기 때문에 '시간이 내 편인 투자'다. 따라서 진정한 장기 투자다.

프랜차이즈 투자의 결정적 장점이 하나 더 있다. 내가 많은 노동을 하지 않아도 된다는 점이다. 투자자의 예측으로 승부를 보는 수많은 투자 방법론에서는 매일매일 시장에서 눈을 떼기 어렵다. 나의 노동이 투입

되어야 한다는 뜻이다.

투자는 왜 하는가? 개인 투자자들에게 이렇게 물으면 대부분 '경제적 자유를 얻기 위해서', 혹은 '자본소득을 얻기 위해서' 등으로 대답한다. 좋다. 이 답변은 다시 말해 노동을 덜 하고도 지속적으로 수익을 창출하고 싶다는 뜻이다. 그런데 매일매일 시장을 들여다보고 분석하고 예측하는 '노동'을 해서 투자수익을 거두어들인다면 이는 '자본소득'일까, '노동소득'일까?

프랜차이즈 투자는 다른 투자법 대비 적은 노동으로 장기간 지속 가능한 수익을 낼 수 있는 방법이다. 투입 시간 대비 성과로 치면 어마어마하게 좋은 방법이다.

여기서 아주 많이 나오는 질문이 두 가지 있다. 첫 번째는 '한국에서 가능한 방법인가?'다. 두 번째는 '나는 그것을 파악할 능력이 안 되는 것 같은데 어떻게 해야 하는가?'다.

첫 번째 질문은 요즘 해외 투자가 활성화되어 있기 때문에 해결될 것 같지만, 정보 접근성이나 '능력범위(circle of competence)' 측면에서 한국 주식은 여전히 중요하니 설명할 필요가 있다.

이 질문에는 '한국은 내수가 한정되어 있어서 장기적인 성장을 일구어낼 가능성이 낮다'라는 전제가 깔려 있다. 부분적으로 맞다. 일단 할 수 있는 평범한 답변은 '해외로 뻗어나갈 수 있는 훌륭한 기업들이 있다'는 점이다. 반도체는 말할 것도 없고 (이제는 성장세가 꺾였지만) 자동차, 휴대전화, 조선 등이 글로벌 시장에서 큰 성과를 냈다. 최근에는 K-POP, 드라마, 영화 등의 콘텐츠 사업과 음식료 업종이 좋은 성과를 거두고 있다. 이번 코로나 사태 때는 미국의 야구 팬이 한국 프로야구

리그를 관전하는 광경도 목격했다. 평소 힘들게 사는 만큼, 해외에 나갔을 때 경쟁력을 낼 수 있는 분야가 은근 많이 있다.

좀 더 흥미로운 답변으로는 '성장에 대한 환상'을 제시할 수 있다. 인간은 기본적으로 미래에 대한 환상을 가지고 있다. 성장을 좋아하고, 약간의 근거라도 있으면 성장 가능성을 과대평가하는 측면이 있다. 또 중요한 속성으로 '스토리텔링에 대한 환상'이 있다. 심하면 '작화증'이라고 부르는데, 세상사를 인과관계로 끼워 맞추려고 하는 것이다. 뇌과학자인 마이클 가자니가는 이런 행태를 실험을 통해 밝혀내기도 했다. 인간의 좌뇌는 믿음 체계나 모형을 형성하고, 새로운 경험을 그 믿음 체계에 덧붙인다.*

기업이 성장하는 모습을 몇 번 보여주고 나면, 사람들은 그 기업이 '성장할 수밖에 없는 이유'를 찾아낸다. 산업의 특성, 경영진의 역량, 기술력, 심지어 조직 문화까지, 설명할 수 있는 모든 요소를 동원해 그 기업의 성공 이유를 분석해낸다. 그리고 열광한다.

'구조적 성장'이라는 단어를 보고 소름이 돋는다면 아주 훌륭한 직관 체계를 쌓은 것이다. '신경제', '패러다임의 변화' 등의 표현도 마찬가지다. '구조적 성장'이란 기업이 성장할 수밖에 없는 체계에 올라타 있기 때문에 앞으로 특별히 더 많은 노력을 기울이지 않아도 장기간 꾸준히 성장할 수 있다는 뜻이다.

가구회사가 하나 있다. 브랜드 인지도가 좋고 시장점유율도 높다. 건설 경기가 불황일 때(아파트 신규 분양이 적을 때)에도 꾸준히 성장하는 모

---

* V.S. 라마찬드란, 《라마찬드란 박사의 두뇌실험실》, 7장

습을 보였고, 아파트 신규 분양이 늘어날 때 이익이 폭발적으로 성장했다. 브랜드 인지도를 통한 점진적 성장과 아파트 분양 사이클에 따른 성장은 구분해야 한다. 그러나 투자자들은 주가가 급등하고 나니까 이를 뒤섞어 생각하기 시작했다. '구조적 성장'이 등장한 것이다. 2012년부터 2015년까지 3년간 순이익은 약 3배 늘었고 주가는 약 15배 상승했다.

재미있는 건 그 이후다. 아파트 분양이 정점을 찍고 이 기업의 실적도 2016년에 전년 대비 소폭 성장한 후 하락세로 돌아섰다. 여전히 낙관적인 투자자들은 이렇게 생각한다. '이 회사는 사이클을 극복할 힘이 있어.' 주택 거래량이 줄어들면 인테리어 수요가 늘어난다는 건 이미 그 전의 하락 사이클에서 입증했고, 회사는 인테리어시장에서 꾸준히 입지를 넓혀나가고 있었다. 그러나 구조적 성장과 사이클에 의한 성장이라는 두 날개 중 하나가 꺾인 상태에서 하나의 날개로 과거의 고성장을 누릴 수 있는가에 대해서는 전혀 다른 답변을 했어야 했다. 2016년부터 2019년까지 회사의 순이익은 3분의 1로 줄어들었고 주가는 70% 하락했다. 한 번에 하락한 것이 아니라 수많은 단기 반등, 즉 빠져나올 기회를 주면서.

앞서 언급한 K-POP도 한번 살펴보자. 한때 연예기획사는 정상적인 회사로 인정받지 못했다. 사람 비즈니스이기 때문에 언제 사고가 터질지 모른다, 공연을 뛸 수 있는 '캐파'에 한계가 있다, 기업의 투명성이 의심스럽다 등등의 사유가 있었다. 훌륭한 회사들이 경쟁력 있는 아이돌들을 세상에 소개하고, 2009년 동방신기가 일본에서 돈을 벌기 시작하면서 에스엠이 시장에서 주목받기 시작했다. 이후 한국 아이돌들의 해외 진출이 성황리에 이어지면서 주가가 급등했다. 2009년부터 2012년까지 이 회사의 순이익은 9배, 주가는 약 40배 상승했다. 이후에는 어떻게 되었을까? 역시나 '구조적 성장'이 등장한다. 한국 아이돌들의 연습량, 기획사의 트레이딩 시스템과 마케팅 역량, 심지어 한국 성형외과와의 경쟁력까지 거론하며 한국 아이돌은 글로벌에서 성공할 수밖에 없다는 스토리텔링이 나온다. 그리고 에스엠의 주가는 2020년 현재까지 2012년 고점을 뛰어넘지 못하고 있다.

트와이스의 인기에 힘입은 JYP 또한 마찬가지다. 트와이스가 데뷔한 2015년부터 2018년까지 순이익은 7배 늘었고 주가는 약 9배 올랐다. 여기에는 BTS가 대박을 내면서 기획사들이 전반적으로 주가 흐름이 좋았던 탓도 있다. 크게 주목받은 이후 2019년에 전년보다 약간 성장하긴 했지만 주가는 하락했다. 기획사에 대한 불신에 코로나 사태까지 겹쳤다. 이제 사람들은 연예기획사에 대해 '사람 비즈니스'의 한계와 투명성을 우려하고 있다(현시점에서 해당 주식을 전망하는 것이 절대 아니니 오해 없기 바란다).

> **"**
> 개별 기업을 분석할 시간이 없고,
> 분석하더라도 초과수익을 낼 자신이 없는 투자자는
> ETF를 자산의 일부로 편입하고 연 1회 정도 리밸런싱을 함으로써
> 자본주의의 과실을 함께 누릴 수 있다.
> **"**

이 외에도 반도체, 통신장비, 바이오 등등 수많은 업종에서 '구조적 성장'에 대한 '환상'을 발견할 수 있다. 우리 두뇌 구조가 바뀌지 않는 이상 '스토리텔링 추구 현상'은 사라지지 않을 것이다.

실제 세상은 크게 변하지 않는다. 우리 두뇌가 해석하는 세상은 늘 요동친다. 기업의 경제적 해자가 실제로 존재하는가 아닌가는 어쩌면 '가장 중요한 요소'가 아닐지도 모른다. '경제적 해자가 존재할 것이라는 다른 투자자들의 착각'을 잘 파악하면 훌륭한 성과를 거둘 수 있다.

비아 포지티바(VIA POSITIVA)
"초과수익을 낼 자신이 없다" ⇒ ETF 편입하고 리밸런싱

지금까지 비아 네가티바 접근에 따라 널리 알려진 몇 가지 투자 원칙의 문제점을 짚어보고 대안을 모색했다. 이제 반대편의 '비아 포지티바' 접근법으로 넘어간다. 이는 통념으로 받아들여진 투자 원칙을 반박하지 않고 곧바로 구체적인 투자 방법을 제시하는 접근법이다.

앞에서 프랜차이즈 투자를 언급하면서 흔히 나오는 두 가지 질문이 있다고 말했다. 이제 두 번째 질문인 '나는 그것을 파악할 능력이 안 되는 것 같은데 어떻게 해야 하는가?'에 대해 답하고자 한다.

합당한 의문이다. 다른 투자법도 마찬가지겠지만 이 방법 역시 아주 많은 경험과 고민이 필요하다. 익숙해지면 일상에서 투입하는 시간이 줄어든다는 장점이 있긴 하지만, 그 단계에 도달하기까지 많은 노력과 아픔이 필요하다. 쉽게 권할 수 없다.

버핏도 아마 같은 고민을 했던 것 같다. 그가 타인에게 권하는 방법은 '인덱스 투자'다. 나도 마찬가지다.

장기간 시장을 이기는 기관투자가는 극소수다. 개인 투자자 중에서 그 비율을 뽑으면 아마도 훨씬 적을 것이다. 우리는 스스로를 객관화할 필요가 있다. 내가 그 극소수에 들어야 할 타당한 이유가 있는가? 다른 사람보다 분석력이 뛰어나다거나, 정보 취합을 잘한다거나, 투입할 시간이 많다거나, 혹은 멘털 관리에 능하다거나.

버핏에 대해서 공부하면서 수많은 사람들이 오해하는 지점이 있다. 버핏은 자신의 투자법을 추종하라고 설명하는 것이 아니다. 버크셔 해서웨이라는 상장회사의 경영을 책임지고 있는 사람으로서, 주주들에게 자신이 무슨 일을 하고 있고 어떤 생각을 갖고 있는지 '보고'하는 것이다. 일론 머스크가 테슬라의 주주총회에서 실적 보고를 하는 것과 다르지 않다. 테슬라의 주주들이 일론 머스크의 이야기를 듣고 '나도 저 사람처럼 혁신적인 사업을 해야겠어'라고 생각할 필요는 없지 않겠나.

투자는 선택이지만 자산배분은 필수다. 주식은 자본주의의 양극화, 승자독식으로부터 스스로를 지킬 수 있는 무기다. 자산배분에 주식은 반드시 들어가야 한다.* 옛날이라면 주식 투자를 하려는 모두가 투자 원칙을 공부해야 했지만, 지금은 'ETF'라는 상품이 있기 때문에 그럴 필요가 없다. ETF는 기술이 금융시장에 준 축복이다.

개별 기업을 분석하기에는 시간이 없고, 분석하더라도 초과수익을 낼 자신도 없는 투자자(현명한 투자자다)는 그냥 ETF를 자산의 일부로 편입하고 연 1회 정도 리밸런싱을 함으로써 자본주의의 과실을 함께 누릴 수 있다.

---

* 윌리엄 번스타인, 《현명한 자산배분 투자자》

'MSCI ACWI'는 MSCI에서 만든, 전 세계 주요 주식을 편입하는 인덱스(All Country Worldwide Index)다. 이 인덱스를 추종하는 상품으로 미국에는 블랙록이 운용하는 'iShares MSCI ACWI'가 있고, 한국에도 상장된 ETF가 있다. 이와 유사하게 뱅가드에서 만든 'VTI(Vanguard Total Stock Market)'라는 ETF도 있다. 전 세계 주식시장을 추적할 수 있고 웬만해서는 이 지수를 이기기 어렵다면 굳이 이 고생을 할 필요가 있을까?

투자는 지적 유희다. 가끔은 남보다 뛰어난 예측을 할 때도 있다. 내가 적극적으로 투자 기회를 찾아서 발견하는 경우보다, 투자 아이디어가 알아서 다가오는 경우 성공 확률이 훨씬 높다. 그때를 대비해서, 일종의 지적 만족감을 위해서 우리는 이런 '알파를 창출하는' 공부를 하는 것일 수도 있다. 글로벌 ETF를 주요 축으로 삼고 개별 주식 투자 공부를 부가적으로 한다면 훨씬 더 여유 있게 균형 잡힌 포트폴리오를 만들어낼 수 있을 것이다.

글 홍진채 | 라쿤자산운용 대표. 서울대 학생 시절 투자연구회 SMIC 회장을 지냈다. 2016년까지 10년간 한국투자밸류자산운용에서 펀드매니저로 일하며 3,000억 원 이상 규모의 펀드를 책임 운용했다. 모닝스타 펀드대상(2014)과 다수의 연기금으로부터 최고의 S등급 평가를 받았다. 2018년부터 트레바리의 독서 모임을 이끄는 등 독서광이기도 하다. '신과함께', '다독다독' 등의 미디어에 출연해 투자자들로부터 호평을 받았다.

Buffettology

워런 버핏을 위한 변명

버핏의 원칙은
노쇠해지지 않는다

서준식

워런 버핏은 12년 전인 글로벌 금융위기 때 나이가 많아 판단력이 흐려졌다고 치부되었다. 그러나 당시 투자은행에 대한 그의 판단은 정확했다. 서준식 숭실대 교수는 투자은행 주식을 매입하려던 의사결정을 버핏 덕분에 접었다고 들려준다. 그동안 버핏을 비판한 '타자'들 가운데는 '아웃'된 사람이 더 많았다. 최근 비판도 더 시간을 두고 지켜봐야 한다고 서 교수는 말한다.

#1. "내 아버지를 포함해 위대한 투자자들도 일정한 수준의 나이가 되면 감을 잃는 것이 현실입니다."

유명 자산운용사 회장 켄 피셔가 최근 CNBC-TV18 인터뷰에서 올해 워런 버핏의 투자 행태를 두고 밝힌 의견이다. 아무리 낙천적인 성격의 버핏도 최고의 스승으로 꼽는 필립 피셔의 아들에게 이런 일침을 맞았으니 뼈가 아플 것 같다.

코로나19 사태로 주가가 급락해 버핏의 버크셔 해서웨이는 올해 1분기 약 60조 원의 손실을 기록했다. 현금 비중을 계속 높여 자산의 30%가 넘게 보유한 것까지는 좋았는데 이번 급락장 기회에서도 주식 비중을 높이지 못한 것처럼 보인다. 오히려 보유한 항공주 전량을 저가 수준에서 손절 매도했다.

이후 주가가 급반등하자 혼란한 상황에서 버핏의 움직임을 주시하던 사람들은 이제 그의 시대는 저물었다는 의견을 내고 있다. '버핏 추종자', '리틀 버핏'으로 불리던 헤지펀드 매니저 빌 애크먼마저 자신이 버핏보다 더 날렵하게 투자할 수 있다며, 보유한 버크셔 해서웨이 주식을 전량 처분했다. 미국 트럼프 대통령도 최근 버핏의 투자 행태는 실수라며 정치적 발언에 이용했다. 버핏이 워낙 '인싸'이기에 과장스럽게 표현되는 부분도 있겠지만 시장에서 많은 비난과 조롱을 받고 있는 것이 사실인 듯하다.

문득 독배를 든 소크라테스가 떠올랐다. 위대한 철학가 소크라테스는 책을 한 권도 집필하지 않았다. 유명한 철학서《소크라테스의 변명》역시 소크라테스가 아니라 그의 수제자 플라톤이 저술했다. 평소 '버핏 빠'를 자처하는 나는 함구하고 있는 버핏을 대신해 여러 변명을 펼치고 싶어졌다.

#2. "이제 버핏 할아버지가 나이가 많아서 판단력이 흐려지신 것 같아요."

2007년 원/달러 환율은 900원대 초반이었다. 달러가 저렴했다. 미국의 스타벅스 커피 가격이 한국의 가격보다 25% 이상 쌀 때는 달러를 매수하는 것이 나의 투자 원칙이다. 이 원칙에 비추어 당시 달러는 좋은 투자처였고, 나는 달러예금을 많이 보유하게 되었다.

시간이 지나 2008년 초가 되었다. 달러예금에 재가입하려고 보니 예금 금리가 5%대에서 2%대로 급락해 있었다. 미국 정책 금리의 급격한 인하로 시중 금리가 크게 떨어진 상황이었다. 복리의 마법을 중요시하는 나는 큰 고민이 되었다.

결국 보유한 달러로 미국 시장에서 거래되는 저평가 주식을 매입하기 위해 대상을 물색했다. 부지불식간에 모멘텀 투자의 유혹이 찾아오고 있었다. 당시 해외 시장에서 각광받던 주식들은 서브프라임 모기지 이슈로 주가가 반 토막 난 투자은행(IB)들이었다. 중국 투자공사, 싱가포르 테마섹, 아부다비 투자청 등 각 나라의 최고 전문가들이 운영하는

> ## 스타벅스 커피 가격 비교를 통한 외환 투자법 예시
>
> 2006~2007년 원/엔 환율 = 100엔당 800원 수준
> → 일본의 스타벅스 커피 가격이 한국의 가격보다 25% 이상 저렴
> → 엔화가 저평가되어 발생한 일시적 현상으로 분석, 엔화 매수
>
> 2009~2013년 원/엔 환율 = 100엔당 1,500원 수준
> → 한국의 스타벅스 커피 가격이 일본의 가격보다 25% 이상 저렴
> → 원화가 저평가되어 발생한 일시적 현상으로 분석, 엔화 매도

국부 펀드들도 당시 상황을 기회로 보며 메릴린치 등 IB들에 50~75억 달러의 대규모 투자를 단행했다. 많은 언론은 지금이 해외의 IB를 싸게 살 기회라고 부추겼다. 이후 한국투자청과 국내 시중은행 한 곳이 메릴린치 지분을 대량 매입했다.

나도 이런 분위기에 휩싸여 IB 주식 매입을 검토하기에 이르렀다. 마침 베어스턴스라는 IB를 탐방한 지인에게서 이곳의 부실 문제는 이제 마무리 국면이며 최악의 상황은 이미 지났다는 의견을 전해 들었다. 결국 베어스턴스 주식을 매입하기로 결정했고, 시차 때문에 주문 가능한 저녁 시간을 기다리고 있었다.

"당연히 저는 지금이 IB를 매입할 좋은 기회라고 생각해요. 다만 버핏 할아버지가 아직은 IB의 가치를 계산하기가 어려워서 좋은 투자처가 아니라고 인터뷰에서 말했대요. 이제 버핏 할아버지가 나이가 많아

> "
>
> 나는 베어스턴스 주식 매수를 포기했고
> 대신 당시 버핏이 보유하던 배당률 높은 제약주를 매입했다.
> 그리고 아마 한 달도 지나지 않아
> 충격적인 베어스턴스 파산 뉴스가 나왔고
> 전 세계 모든 IB 주식의 가격 폭락이 오랫동안 진행되었다.
>
> "

서 판단력이 흐려지신 것 같아요."

그날 어느 운용사 해외투자 운용팀장을 우연히 만나 들은 이야기에 나는 정신이 번쩍 들었다. 아무리 판단력이 흐려진 노인 평가를 받고 있지만 버핏은 나의 우상 아닌가. 게다가 나는 이런저런 분위기에 휩싸여 정작 투자 대상의 가치를 꼼꼼히 산정할 생각도 하지 않았다는 사실에 경악했다. 어차피 당시 IB는 가치 산정을 제대로 할 수 있는 상황이 아니었지만 가격이 많이 떨어져 있었기에 가치 대비 저평가되었을 거라고 막연히 생각했던 것이다.

나는 베어스턴스 주식 매수를 포기했고 대신 당시 버핏이 보유하던 배당률 높은 제약주를 매입했다. 그리고 아마 한 달도 지나지 않아 충격적인 베어스턴스 파산 뉴스가 나왔고 전 세계 모든 IB 주식의 가격 폭락이 오랫동안 진행되었다. 아찔했다. 12년 전에도 이미 나이가 많아 판단력이 흐려진 것으로 치부되었던 버핏 할아버지에게 큰 은혜를 받은 셈이다.

#3. "버핏의 주장은 구형 자동차 포드와 같고 나의 방식은 신형 차인 렉서스에 해당된다."

버핏은 뛰어남 덕분(?)에 이미 젊은 시절부터 많은 구설수에 올랐다. 특히 1980년대에는 효율적 시장 가설을 추종하는 많은 주류 경제학자들에게 '내부 정보 취득 등 도덕적으로 문제가 있을 것이다'라는 공격을 받았다. 사실이 아님이 확인되자 이번엔 '주사위를 던져 계속 6이 나온 원숭이처럼 운이 좋은 것이다'라는 억울한 평가를 받았다. 그러자 버핏이 '그런데 왜 그 운 좋은 원숭이들이 하필이면 한 동물원에서만 나오는 걸까?'라는 내용의 해학적인 칼럼으로 그들의 공격을 일축한 이야기는 유명하다.

엄청난 성과를 낼 때도 그런 공격을 받아왔으니 간혹 있었던 실패 또는 실수, 그리고 단기간의 성과 부진으로 온갖 비난성 구설수에 오르는 일은 어찌 보면 당연했다. 2000년을 전후한 IT 버블 시대에 전통 주식만 고집하는 한물간 노인으로 심하게 비난받다가 버블이 붕괴되자 다시 '현인'으로 추앙받은 얘기도 널리 알려졌다. 2008년 금융위기가 터지기 직전, 고점에서 중국의 페트로차이나 주식을 전액 매도한 버핏을 두고 당시 중국에 올인하던 미래에셋 박현주 회장이 "그는 포드 구형 차, 나는 렉서스 신형 차"라고 오판했던 인터뷰도 두고두고 회자된다. 인터뷰 후 얼마 지나지 않아 세계 금융위기가 발발했고 박 회장이 주도해 운용하던 엄청난 규모의 중국 투자 펀드는 몰락의 길을 걸었다.

기사를 검색해보면 최근 몇 년도 기회가 있을 때마다 수많은 비판성 기사가 실린 것을 쉽게 알 수 있다. 애플 주식이 버크셔 해서웨이의 최대 보유 종목이 된 후에는 애플 주가가 하락할 때마다 투자 실패로 공격받았다. 2016년 이후 버핏에게 50조 원을 훌쩍 뛰어넘는 가장 큰 이익을 안겨준 효자 종목임에도 불구하고 말이다. 아쉬운 점은 그를 비판하는 기사들의 제목에 '버핏은 한심해', '버핏도 휘청', '나무에서 떨어진 원숭이', '조롱당하는 버핏' 등 자극적인 표현이 많다는 것이다. 지금까지 그렇게 수많은 공격을 받으면서도 항상 유머와 낙천적인 모습을 보이는 버핏이 이제 '오마하의 현인'을 넘어 '성인'의 경지에 오른 듯한 것은 나만의 느낌일까.

"뭐? 그 종목들을 팔았다고? 바보 아냐? 완전 배신이네!"

코로나 공포로 주가가 폭락을 거듭하던 지난 3월, 나는 보유하던 주식 종목 2종(장외 주식 J와 상장 주식 H)을 최저 가격 수준에서 꽤 많이 매도했다. 모 유튜브 채널에 출연해 "떨어지는 칼날을 잡으며 물타기 해야 하는 때다"라고 주장하고, 지금 가격에 H 주식을 매수하면 좋겠느냐는 친구의 질문에 긍정적으로 대답한 때였다.

오랫동안 이 두 종목을 따로 투자해온 아내는 나중에 사실을 알고 깜짝 놀랐다. 특히 H 종목은 연초에 신고가를 형성하자 아내가 일부 이익 실현을 권유했지만(아내는 보유분을 일부 매도했다) 나는 꿈쩍하지 않고 오히려 조정할 때마다 추가 매수하지 않았던가. 그런 종목을 가치투자자를 자처하는 내가 최저점, 그것도 반등 직전에 매도했다고 하니 믿을 수 없었고 내가 바보이자 배신자처럼 느껴졌다고 말했다. 매매의 단편만 본다면 그런 오해가 있을 만하다.

아내에게 설명했다. 이번 주가 폭락 과정에서 나는 원칙(2018년 저서 《다시 쓰는 주식 투자 교과서》에서 밝힌 원칙이다)대로 감당할 만한 수준의 차입을 일으켜 '물 반 고기 반' 주식들을 매입했다. 하지만 주식시장이 추가로 하락하자 추가 매수를 위해 애지중지하던 장외 주식 J 종목을 매도했다. J는 많은 주식이 반 토막 나는 상황에서도 평소 가격의 약 10%밖에 하락하지 않았기에 상대적으로 꽤 비싼 종목이 되어 있었다. J 종목을 팔고 그 돈으로 다른 종목들을 매수하면 내가 중요시하는 기대배당수익이 두 배로 늘어날 수 있는 상황이었다.

나는 소위 '기대배당 상대 가치투자'를 즐겨 한다. 보유한 종목의 가격이 크게 상승하면 시가배당수익률이 하락하므로 이 종목을 매도하고 대신 시가배당수익률이 더 높은 다른 종목을 매입해 전체 포트폴리오의 배당수익을 계속 높여가는 전략이다. 중요한 것은 배당수익을 적용할 때 최근의 일시적인 배당수익률이 아니라 투자자가 나름 분석해 측정한 미래의 기대배당수익률을 사용해야 한다는 것이다.

반면 H 종목을 매도한 이유는 따로 있었다. J 종목은 장외 주식이기에 매도로 발생한 차익에는 20%의 양도소득세가 부과된다. 하지만 H 종목을 매도해서 손실을 실현하면 J 종목의 이익과 상계 처리되어 세금 부담을 줄일 수 있었다. H 종목은 상장 주식이지만 최근 까다로운 요건의 변화로 내가 졸지에 세법상 대주주가 되어버리는 바람에 장외 주식과 함께 양도세 과세 대상이 되었다. 때문에 애지중지하던 H 종목을 매도하고 더 많이 하락해 기대배당수익률이 높아진 주식들을 매수하게 된 것이다. 이런 투자 행태의 단편만을 본다면 설명을 듣기 전 아내처럼 크게 오해할 수 있다. 몇몇 종목의 매매 행위를 보고 전체 포트폴리오 그림을 이해하기는 어렵다는 얘기다.

```
기대배당 상대 가치투자 예시

국면 1
종목 A: 가격 10,000원, 기대배당 500원
종목 B: 가격 20,000원, 기대배당 1,000원
→ 종목 A 10주, 종목 B 10주 보유 시 기대배당 15,000원

국면 2
종목 A: 가격 16,000원으로 상승, 기대배당 500원 유지
종목 B: 가격 20,000원, 기대배당 1,000원
→ 종목 A 10주 매도(160,000원) 후 종목 B 8주 매수(160,000원)
→ 종목 B를 총 18주 보유해서 기대배당 18,000원으로 상승
```

그는 나이를 먹지만 그의 원칙은 나이 먹지 않는다!

나는 '가치투자는 곧 원칙 투자'임을 항상 강조해왔다. 하지만 원칙을 지키다가 투자에서 기회손실을 가지는 경험도 적지 않다. 원칙으로 계산한 가격으로 매수했는데 가격이 더 하락하거나, 계산한 가격으로 매도했는데 가격이 더 상승하는 경우가 다반사다. 가격이란 놈은 항상 관성과 랜덤워크의 특성을 지니고 있기 때문이다. 항상 분할 매수 분할 매도를 투자 원칙에 포함하는 이유다.

버크셔 해서웨이를 이끄는 버핏과 그의 투자 파트너 찰리 멍거는 철저한 가치투자자이자 원칙 투자자임을 알아야 한다. 애플을 사든 항공

> ❝
> 그들의 나이는 많아져도 그들의 원칙은 노쇠해지지 않는다.
> 버핏의 실패를 제대로 지적하고 싶다면 '그들의 원칙은
> 지금 세상에선 통하지 않는다'라고 하는 것이 맞지 않을까?
> ❞

주를 팔든 그것은 그들의 통찰력이나 인사이트에 앞서 그들의 원칙과 프로세스로 걸러진 것임을 이해하자. 이것을 이해한다면 이제 버핏이 나이가 많아서 판단력이 흐려졌다는 켄 피셔의 주장은 성립하기 어렵다. 그들의 나이는 많아져도 그들의 원칙은 노쇠해지지 않기 때문이다. 버핏의 실패를 제대로 지적하고 싶다면 '그들의 원칙은 지금 세상에선 통하지 않는다'라고 하는 것이 차라리 맞지 않을까?

나도 가끔 버핏의 원칙이 바뀐 것은 아닐까 의심한 적이 있다. 기술주라고 생각하던 IBM과 애플을 대량 매입해 사람들을 놀라게 할 때 그랬다. 하지만 조금만 연구해보면 그의 원칙이 결코 바뀌지 않았음을 확인할 수 있었다. IBM은 컴퓨터를 대량 생산하는 IT 기업을 벗어나 컨설팅과 서비스를 업으로 하는 회사에 가까워져 있었고, 애플은 엄청난 비용을 투입한 신제품의 실패로 회사 전체가 휘청거리던 과거의 모습이 아니었다. 버핏이 처음 애플에 투자한 2016년, 애플이 투입하는 매출액 대비 연구개발비 비중은 LG전자의 절반에도 미치지 못할 정도였다.

올해 코로나 사태 와중에 버핏의 항공주 저가 매도는 많은 사람들을 놀라게 했지만 나는 놀라지 않았다. 버핏은 단지 '가치가 하락하는 경우에는 손절매도 강행한다'라는, 가치투자자들에게는 매우 중요하지만

막상 실천하기는 아주 어려운 대원칙을 실천한 것이다. 그는 지난 5월 주주총회에서 이번 코로나 사태로 인해 항공주의 가치가 많이 하락했음을 설명했고, 주식을 매입한 건 자신의 실수였음을 인정했다. 따라서 항공주의 매도는 당연한 결과였다. 오히려 놀라운 것은 지금의 나이에도 불구하고 과감하고 단호하게 원칙을 지켰다는 점이다. 가치투자를 제대로 이해한다면 원칙을 지키며 손실을 본 투자자를 절대 비난할 수 없다.

또한 최근 주가 상승기에 버크셔 해서웨이의 주식 비중이 줄어들고 현금 비중이 높아진 사실도 싸면 사고 비싸면 판다는 원칙을 철저히 지키고 있는 것이라고 보아야 한다. 다우존스 지수가 20,000선을 위협하던 올 3월 최저가 수준에서도 '1/시장 PER'로 계산하는 미국 여러 거래소 시장의 기대수익률은 5~7%에 불과해, 과거 버핏이 적극적으로 주식을 매입하던 때보다 훨씬 비싼 수준이었다. 게다가 그나마 낮아진 주가 수준은 며칠 새 크게 반등해버렸다. 버핏과 멍거가 지금보다 훨씬 젊었다 하더라도 지금같이 빠른 주가 움직임에 제대로 대응할 수 있었을까? 아무리 코끼리 사냥의 명수라도 그 코끼리가 쥐처럼 빠르게 움직인다면 제대로 사냥하기 어려울 것이다.

정말 크게 비난받을 만큼 버크셔 해서웨이의 성과가 나빴는지도 꼼꼼히 살펴볼 만하다. 2019년 말 순자산가치가 약 520조 원이니 2020년 1분기 60조 원 손실의 손실률은 약 12%다. 같은 기간 다우지수는 23%, S&P500지수는 20%, 나스닥지수는 14% 하락했으니 크게 나쁜 결과로 보기는 어렵다. 참고로 레이 달리오가 운영하는 세계 최대의 헤지펀드들은 약 20%의 손실을 본 것으로 알려졌다. 4월부터 버크셔 해

> **"**
> 삼진아웃이 있는 야구와 달리 여러 번의 기회를 흘려보내도
> 아웃이 없는 투자에서는 단 한 번의 확실한 공만
> 잘 노려 치면 된다는 버핏의 격언이 이번에도 맞아떨어질지
> 좀 더 느긋하게 시간을 두고 지켜보자.
> **"**

서웨이 포트폴리오의 주가 회복 속도도 나쁘지 않다. 보유 주식 비중의 3분의 1이 넘는 애플의 주가 그래프를 보면 금방 알 수 있을 것이다.

삼진아웃이 있는 야구와 달리 여러 번의 기회를 흘려보내도 아웃이 없는 투자에서는 단 한 번의 확실한 공만 잘 노려 치면 된다는 버핏의 격언이 이번에도 맞아떨어질지 좀 더 느긋하게 시간을 두고 지켜보자.

글 **서준식**　올해 초까지 신한BNP파리바자산운용의 국내운용부문 총괄부사장으로 일하며 40조 원에 이르는 운용 자산을 책임졌다. 국내 최고의 채권·금리 전문가이자 워런 버핏식 '채권형 주식 투자'를 전파하는 가치투자자다. 《채권쟁이 서준식의 다시 쓰는 주식 투자 교과서》, 《투자자의 인문학 서재》 등을 썼다. 현재 숭실대학교 경제학과에서 '경제의 철학과 역사', '수학 없이 자본시장에서 승리하는 법'을 강의한다.

내가 처음 (여러 상장회사의) 이사로 활동하던 30여 년 동안은 지배주주 가족을 제외하면 여성 이사가 거의 없었습니다. 올해는 미국 여성의 참정권을 보장하는 미국 수정 헌법 제19조가 개정된 100주년입니다. 여성이 이사회에서도 비슷한 지위를 확보하는 작업은 여전히 진행 중입니다.

- 2019년도 워런 버핏의 주주서한

During the first 30 or so years of my services, it was rare to find a woman in the room unless she represented a family controlling the enterprise. This year, it should be noted, marks the 100th anniversary of the 19th Amendment, which guaranteed American women the right to have their voices heard in a voting booth. Their attaining similar status in a board room remains a work in progress.

여성의 투자는 운명이다

정승혜

밀레니얼 세대의 관점에서 19세기 말 모파상의 《여자의 일생》은 여성의 일생과 자산 관리에 대한 소설로 재해석할 수 있다. 여성은 남성보다 더 오래 살고 더 많은 부담을 지지만 남성에 비해 경제적으로 불평등한 대우를 받는다. 여성이 경제와 노후에 더 신경 쓰고 더 대비해야 할 이유다.

정승혜 모닝스타코리아 이사는 여성성에 가격에 대한 직관력(가치 평가), 조심스러움(리스크 통제) 등 성공적인 투자자가 될 요소가 잠재되어 있다고 말한다. 농담 같은 말이지만 수긍되는 지점이 있다. 아울러 글로벌 자산운용업계에서 일하는 여성 매니저가 소수이지만, 여성 매니저와 남성 매니저의 운용 성과에 차이가 없다는 연구 결과를 소개한다. 정 이사는 여성들에게 "그러므로 내면의 두려움을 극복하고 투자라는 낯선 세상으로 발을 내디뎌보라"며 용기를 북돋는다.

　1883년, 프랑스 작가 모파상은 장편소설《여자의 일생》을 발표한다. 그의 장편 중 걸작으로 평가받는 이 책은 노르망디 귀족의 딸 잔느의 고된 일생을 담았다. 잔느의 바람둥이 남편 줄리앙은 외도를 일삼다가 부적절한 관계이던 이웃집 백작부인에게 살해당한다. 잔느의 아들 폴도 아버지 줄리앙과 다를 바 없고, 설상가상으로 폴이 진 빚으로 저택마저 남의 손에 넘어간다. 재산 한 푼 없는 잔느에게 남은 것은 폴이 데려온, 엄마가 누구인지도 모르는 어린 손녀 하나다.

　1929년, 영국 작가 버지니아 울프는《자기만의 방》을 발표한다. 이 책에서 메리라는 여성에게 자신을 투영해, 여성이 소설을 쓰려면 자기만의 돈과 방이 있어야 한다고 주장한다. 그는 케임브리지대학의 여성

교육 기관인 거턴대학과 뉴넘대학에서 '여성과 소설'이라는 주제로 강연해달라는 요청을 받았다. 이 강연의 원고를 수정, 보완해 에세이로 펴낸 것이 바로 《자기만의 방》이다. 당시 영국에서 여성은 선거에 참여할 수 없었고, 여성이 소유한 재산에 대한 권리도 남편이 행사했다. 2016년 개봉한 영화 〈서프러제트〉는 여성의 참정권 쟁취 투쟁을 잘 그렸다.

2017년 3월, 글로벌 운용사 SSGA(State Street Global Advisors)는 도발적인 마케팅을 벌였다. SSGA 젠더다양성지수 ETF SE 출시 1주년을 맞아 미국 맨해튼 월가의 상징인 황소 동상 맞은편에 두려움 없는 소녀(Fearless Girl) 동상을 세운 것이다. 달려들 것 같은 황소 앞에 작은 소녀는 '덤빌 테면 덤벼봐!' 하는 모습으로 두려움 없이 서 있다. 이 소녀상은 여성의 경제활동 참여를 독려하는 메시지를 전한다.

한국 여성의 경제적 참여와 기회는 153개국 중 127위

세계경제포럼은 지난 2006년부터 〈글로벌 젠더 갭 보고서(Global Gender Gap Report)〉를 통해 글로벌 젠더 갭 지수(Global Gender Gap Index)를 발표해왔다. 이 지수는 경제적 참여와 기회, 교육 성취도, 건강과 생존, 정치 권력 강화라는 4가지 하위 부문으로 구성되며, 2020년에는 153개국을 대상으로 조사했다.

2020년 '글로벌 젠더 종합지수'는 69%로 나타났다. 4가지 측면에서 여성의 삶의 수준이 남성의 69% 정도밖에 안 된다는 뜻이다. 1위인 아이슬란드는 88%다. 우리나라는 67%로 153개국 중 108위다. 미국은 72%(53위), 중국 68%(106위), 일본 65%(121위)다. 153개국 전체에서 여성의 건강과 생존, 교육 성취도 수준은 각각 남성의 97%와 96%

로 차이가 크지 않지만, 정치 권력 강화는 25%, 경제적 참여와 기회는 58%에 불과하다.

이 보고서는 '경제적 참여와 기회'에 대해 다음과 같이 평가한다. "여성이 리더십 위상 측면에서 느리지만 긍정적인 진전을 이룬 것과 대조적으로, 노동시장 참여율은 정체되고 재정 불균형은(평균적으로) 약간 더 커져서 올해 경제적 참여와 기회 부문은 후퇴한 것으로 나타났다. 평균적으로 성인 여성의 55%만이 노동시장에 참여해서 남성 참여율 78%와 비교된다. 회사에서 비슷한 지위에 있더라도 여성이 받는 임금은 남성과 40% 이상 차이가 난다. 또한 많은 국가에서 여성은 신용, 토지 또는 금융 상품에 접근하는 데 큰 어려움을 겪는다. 여성은 사업을 시작하거나 자산 관리를 통해 생계를 유지할 수 있는 경로가 제한되는 것이다."

우리나라 상황을 조금 더 들여다보자. 건강과 생존 부문 중 세부 항목인 기대수명은 106%로 남성보다 더 오래 산다.[*] 경제적 참여와 기회 부문에서는 56%로 127위인데, 이 부문의 세부 항목인 '남성과 비슷한 일을 할 때 받는 임금'은 55%에 불과하다. 남성보다 더 오래 사니까 돈이 더 필요한데도 임금은 낮은 것이다.

모닝스타의 크리스틴 벤즈는 〈여성과 투자〉라는 스페셜 리포트에서 미국 여성에 대한 흥미로운 통계를 보여준다. 그는 '여성의 은퇴에 대해 꼭 알아야 하는 75가지 통계'를 통해, 미국 여성의 평생 소득이 남성보다 낮으면서 기대수명이 길어 은퇴 준비가 골치 아픈 상태라고 했다. 핵

---

[*]   〈글로벌 젠더 갭 보고서〉를 보면 대체로 여자의 기대수명이 남자보다 길지만 그렇지 않은 국가도 있다.

심만 추려 소개하면 다음과 같다.

1. 대학을 졸업한 여성의 추정 평생 소득은 남성 소득의 60%에 불과하다.
2. 65세 여성의 평균 연간 사회보장 혜택은 65세 남성의 혜택보다 20% 적다.
3. 여성의 평균수명은 남성보다 약 5년 길다.
4. 성인 딸은 성인 아들보다 부모의 비공식적인 장기 간병인이 될 가능성이 2배에 이른다.

3번과 4번 통계는 모파상 소설 《여자의 일생》에 나오는 잔느의 삶을 연상케 한다. 가족들의 뒷바라지는 '그녀의 몫'이 될 확률이 높다.

우리나라의 현실도 만만치 않다. 결혼하지 않는 사람이 많고, 결혼하더라도 남편의 정년이 보장되지 않고, 이혼율도 높다. 출산율도 낮아서 사회보장제도인 국민연금을 지탱해줄 젊은이가 줄어든다. 국민연금연구원 조사에 의하면 50대 이상 중·고령자가 노후에 필요한 월 평균 최소 생활비는 부부 기준 176만 원, 개인 기준 108만 원가량이다. 하지만 2019년 기준 국민연금의 월 평균 수급액은 52만 원에 불과하다.* 평균수명은 남녀 모두 꾸준히 증가해서 통계청이 발표한 2017년 평균수명은 여성 88세, 남성 83세. 그래서 여성이 한 살이라도 젊을 때 자산 관리와 투자 공부가 더 필요한 것이다.

아마존에서 여성 + 투자 + 부(Women, Investing, Wealth)로 검색하면 어마어마한 책이 쏟아져 나온다. 여성들의 먹고사는 걱정은 서구 사회에서는 이미 오래된 이야기라는 뜻이다.

———

*   100세시대연구소, 《대한민국 직장인 은퇴백서》

이것은 여성들만의 담론이 아니다. 딸이 어떻게 먹고살까 하는 걱정은 엄마보다 아빠가 더 많이 한다. 가부장적이고 남성 위주의 사고를 하는 것 같지만 사실 딸의 경제력을 엄청 걱정하는 것이다. 나는 그들을 '샤이 아빠'라고 부른다. 1968년생 나의 남편은 툭하면 밀레니얼 2008년생 딸에게 "너 커서 뭐 하고 살 거야? 엄마 아빠는 너 대학까지만 지원할 거야"라고 진심 어린 협박을 한다. 선거 때마다 후보 번호까지 점지해주시던 1942년생 나의 아빠도, 서른이 훌쩍 넘어서도 결혼하지 않는 1972년생 딸에게 "실버타운이 2억 원 정도 든다고 하더라"라고 귀띔해주셨다. 지금은 2억 원으로는 갈 수 있는 실버타운이 없을 거다. 아빠들은 현실적이어서 딸의 민주적 참정권보다는 경제력 걱정을 더 많이 하는 것 같다.

우리나라의 법정 정년은 60세지만 직장인은 평균 49세(2018년 경제활동인구조사)에 주된 직장에서 퇴직한다. 정년보다 11년 일찍 퇴직하는 것이다.** 옛날 아빠들은 딸이 결혼을 안 할까 봐 걱정했지만, 지금 아빠들은 딸이 결혼해도 사위의 정년이 보장되지 않으니, 결혼하라는 말 대신 먹고살 계획(!)을 세우라고 닦달한다. 영화 속의 송강호 아빠는 아들의 계획에 감탄하지만, 현실 속의 아빠는 딸이 계획이 없을까 봐 노심초사한다.

그러므로 여성의 투자 본능을 깨워라

100년이 넘는 기간 동안 여성들은 남성과 동등한 권리를 갖기 위해 투쟁해왔고 상당한 성공을 이뤘다. 교육받을 권리, 정치에 참여할 권리,

----

** 　같은 책.

—

여성은 부를 더 쌓아야만 하는 운명이지만
좋은 투자자가 될 수 있는 특성이 여성성 안에 들어 있다.
매사 조심스럽고(리스크 통제),
항상 가격을 따지며(가격과 가치의 차이를 구분),
같은 재화라면 어디가 더 싼지 찾아다니고(차익 거래),
언제 세일을 하는지(좋은 마켓 타이밍)를
꼼꼼하게 비교하고 토론도 한다(리서치 능력).

—

사회적 권리, 임금 평등은 투쟁의 대상이다. 그러나 경제적 기회를 찾고 부를 이루는 것은 투쟁으로만 해결될 문제가 아니다.

경제적 자유를 누리는 것은 성별을 따질 문제가 아니다. 〈글로벌 젠더 갭 보고서〉에서 지적했듯이, 세계적으로 여성의 경제 참여율은 남성의 절반밖에 안 된다. 같은 수준이라고 해도 더 오래 사니 문제가 될 판인데, 절반 수준이니 더 큰일이 난 거다. 그럼 어떻게 해야 하는가? 손가락만 빨고 있을 것인가?

신은 감당할 만큼의 시련만 준다고 했다. 여성은 부를 더 쌓아야만 하는 운명이지만 좋은 투자자가 될 수 있는 특성을 여성성 안에 부여받았다. 매사 조심스럽고(리스크 통제), 항상 가격을 따지며(가격과 가치의 차이를 구분), 같은 재화라면 어디가 더 싼지 찾아다니고(차익 거래), 언제 세일을 하는지(좋은 마켓 타이밍)를 꼼꼼하게 비교하고 토론도 한다(리서치 능력).

중요한 것은 좋은 마켓 타이밍에서 과감한 액션으로 연결한다는 점이다. 평소 리서치를 잘 해두면 예상치 못한 가격 변동(깜짝 세일, 익스클루시브 세일) 상황에서 직관력이 작동해 매력적인 가격임을 바로 알아차리고 행동에 옮긴다. 더 내려가지 않을까 머뭇거리다가 매수 타이밍(세일 기간)을 놓치지 않는다. 적기 매수는 평소 리서치로 직관을 다지고 현금을 준비한 자만이 할 수 있다.

어떤 맥락에서는 궁상맞아 보일 수 있는 이 특성이 투자에는 필수 요소다. 특히 철저한 리서치를 바탕으로 하는 가치투자에 더 유리한 자질이다. 우리나라에서 여성 펀드매니저가 절대적으로 적음에도 불구하고, 가치투자 하우스인 신영자산운용에 여성 매니저가 많은 것은 신기한 일이 아니다.

우리나라뿐 아니라 전 세계에서도 여성 매니저는 절대적으로 소수다. 2020년, 모닝스타는 〈여성과 투자〉 스페셜 보고서에서 '펀드 산업은 여전히 남성의 세계'라면서 '젠더 다양성 면에서는 20년 전과 별반 차이가 없어 보인다'고 진단했다. 여성 펀드매니저의 비율이 낮은 수준에서 변하지 않았기 때문이다. 이 비율은 2000년 말에 14%로 조사되었는데, 2019년 말에 업데이트했을 때도 여전히 14%에 머물렀다.

모닝스타 영국 팀도 재미있는 리서치를 했다. 〈데이브들(Daves)이 운용하는 펀드가 여성이 운용하는 펀드 전부를 합친 것보다 더 많다〉라는 보고서로 여성 매니저가 절대적으로 부족한 불균형 현상을 '깔끔하게' 설명했다. 영국 펀드 중 데이비드(David)나 데이브(Dave)라는 이름의 매니저가 운용하는 펀드는 108개인데, 여성 이름으로 운용되는 펀드는

다 합쳐도 105개뿐이라는 것이다. 영국식 유머 코드가 반영된 리서치인 것 같은데, 웃을 수도 없고 그렇다고 울 수도 없는 일이다.

여성 펀드매니저가 적은 건 역량 부족 때문 아니다

여성 매니저가 부족한 이유가 무엇일까? 펀드 운용을 잘하지 못해서 자연스럽게 밀려난 것일까? 답을 찾으려고 모닝스타는 매니저의 성과가 젠더에 좌우되는지를 연구했다. 결과는 '여성 매니저의 운용 능력은 남성 매니저와 차이가 없고, 따라서 투자 성과는 펀드산업의 여성 참여율 저조를 설명하지 못했다'라고 요약된다. 여성만으로 구성된 팀이 성과가 더 좋다는 연구 내용도 있다.

여성 매니저가 적은 것은 고용 구조 때문일 수도 있다.

젠더 차이가 투자 성과에 영향을 미치지 않는다는 것은 중요한 포인트다. 여성이라서 투자가 주저된다고 변명할 여지가 없다는 뜻이기도 하다.

젠더 차이가 성과에 미치는 영향 등은 연구원이 아닌 다음에야 나와 무관한 일이니 굳이 관심을 가져야 할 이유는 없다. 그러나 나의 미래는 나와 무관하다고 무심하게 넘길 일이 아니다. 앞서 말했던 현실을 복기해보자.

1. 비슷한 일을 할 경우 대체적으로 여성이 남성보다 적게 번다.

2. 결혼, 출산 등의 이유로 여성이 경력 단절될 가능성이 더 높다.

3. 우리나라 65세 이상 여성 빈곤율은 47%로 OECD 30개국 중 1위다.[*]

---

[*]　여성가족부, 〈노년 여성들의 빈곤 리스크〉(2014)

4. 여성이 남성보다 더 오래 사는 건 확실하다.

지금은 할머니가 된 나의 엄마 세대는 노후 대비 방법 중 하나가 남편 앞으로 생명보험을 들어놓는 것이었다. 엄마들이 나서지 않아도 아빠들은 가족을 위해서 생명보험 하나쯤은 가입했다. 아주 현명한 전략이다. 그런데 보험 가입은 남성 위주의 가부장 구조에서나 통하는 전략이다. 이런 사회 시스템이 해체되고 있는데 아빠 앞으로 들어놓는 보험이 무슨 소용이란 말인가. 앞의 네 가지 현실에 다음 한 가지를 더해야 한다.

5. 결혼율이 낮아지고 이혼율이 높아지고 있다.

이 말은 보험금을 들어놓을 남편이 없어진다는 뜻이다.

출산율이 낮아지고, 인구가 감소하고, 한부모 자녀가 늘고, 자녀 양육에 부담이 증가하는 것 등의 사회적 이슈를 여성에게 부담 지우려는 것이 아니다. 밀레니얼 여성은 적극적으로 자산을 관리하고 스스로 투자해서 자산을 불려나가야 하는 운명에 처한 것이다. 앞으로 20~30년 남은 일이라고 외면만 할 것인가, 아니면 내 안의 두려워하는 그녀에게 용기를 북돋울 것인가.

투자는 단타 치는 게 아닌 다음에는 장기 레이스로 접근해야 한다. 특히 여성이 처한 현실을 고려하면 투자의 목적은 '은퇴(소득이 끊기거나 확 줄어드는 때) 준비'여야 한다. 그러나 국민연금, 퇴직연금, 연금저축 얘기는 젊은 여성들에게는 아직 와 닿지 않는다. 이성적으로 대하려고 해도 은퇴라는 어감이 피 끓는 젊은 감정선을 기분 나쁘게 자극하는 것은 어쩔 수 없다.

'겨우, 갓 입사했는데 퇴직이라니!'

'이팔청춘인데 은퇴라니!'

이런 생각이 든다면 "라떼 이즈 호스(나 때는 말이야)" 하는 아줌마 아저씨들과 다를 바 없다. 이 신조어는 변한 세상과 현실을 직시하지 않고 자기만의 좁은 세상에 갇혀서 과거의 제한된 경험에만 의존해 판단하는 행태에 대한 촌철살인이다.

사람이 비켜 갈 수 없는 운명이 두 가지가 있으니, 하나는 죽음이고 또 하나는 은퇴다. 누구나 생을 마감하고, 그 전에 은퇴가 먼저 찾아온다. 은퇴 준비의 실체적 진실은 미래를 위한 대비다.

은퇴는 은퇴자의 것이지만, 은퇴 준비는 젊은이의 것

미래를 위한 장기 투자 계획은 간단하지 않다. 시간 개념이 들어가기 때문이다. 나이를 먹으면서 주식과 같이 변동성이 큰 자산은 줄여나가야 하고, 자산군 안에서 분산 투자를 해야 하고, 그러면서 수익을 내야 하고, 이 모든 것을 그때그때 판단하고 투자 대상을 구체적으로 정해야 한다. 투자를 전업으로 하기 전에는 이 모든 일을 혼자 다 하기란 어렵다.

다행스럽게도 인류는 도구의 인간인 호모 파베르의 기질을 DNA에 기억하고 있었다. 시간이 지나면서 자산배분과 분산 정도를 바꾸어야 하는데, 타깃데이트펀드(Target Date Fund, TDF)라는 도구를 발명함으로써 이 문제를 한 방에 해결한 것이다.

직장을 다닌다면, 신입일 때는 소득이 적지만 점점 경험이 쌓이면서 연봉이 오른다. 어느 정도 올라가면 정체되다가 은퇴하면 소득이 확 줄거나 없어진다. 그래서 나이와 소득 흐름에 따라 자산의 포트폴리오가 달라져야 한다. 예컨대 30세에는 자산의 70%를 주식에 투자했다면 50세에는 20%로 줄인다. 소득이 끊겼는데 자산이 변동성 높은 곳에 많이 투자되어 있으면 현금흐름에 문제가 생길 수 있기 때문이다. 주식 비중은 직업과도 관련이 있다. 소득이 일정한 선생님과 공무원은 같은 나이라도 주식 비중을 좀 더 늘려도 되지만, 프리랜서같이 소득이 일정하지 않은 직업이라면 주식 비중은 줄이고 안정적인 자산을 더 많이 보유하는 편이 좋다. 주식을 포기할 수 없으면 주식 중에서도 배당성향이 높은 종목이 좋다. 이런 과정을 인적 자본을 고려한 자산배분이라고 한다.

이렇게 시간 개념과 인적 자본 개념을 포트폴리오에 녹여낸 것이 TDF다. 타깃데이트는 말 그대로 목표 날짜다. 목표 날짜(은퇴 날짜)를

투자자의 은퇴 시점에 맞춘 주식과 채권 비중을 나타낸 글라이드 패스(예시)

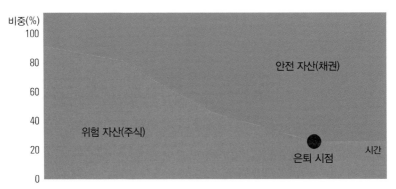

자료: 미래에셋자산운용

TDF를 선택할 때 고려할 사항이 셋 있다.
은퇴 시점, 주식 비중이 시일이 지나면서 줄어드는 양상,
그리고 비용이다.

정해놓고 자산배분과 분산 투자를 변화해나가는 전략이다. TDF의 주식 비중이 시일이 지나면서 낮아지는 양상을 글라이드 패스라고 부른다. 글라이드 패스는 비행기가 점차 고도를 낮추는 활강 경로를 뜻한다. 주식 비중을 낮추는 것을 비행기가 고도를 낮추는 것에 빗대 표현했다.

투자를 이어나가려면 끈기가 필요하다. 이것은 내 안의 그녀와 상의해야 한다. 나와 내 안의 그녀의 관계는 〈어벤져스〉의 브루스 배너 박사와 또 다른 자아인 헐크의 관계와 같다. 배너 박사가 공부하고 비교해서 박사답게 결정했다고 해도, 단기간에 투자 성과가 별로 안 나거나 어느 날 신상 명품 백이라도 보고 온 날은 내 안의 헐크가 나와서 투자고 뭐고 다 집어 던지는 수가 있다. 코로나19 사태에 언택트 주식이 날아가고, 치료제가 개발되리라는 기대감으로 헬스케어 펀드가 막 상승하고, 결국 구글과 아마존은 살아남는다며 수십 배씩 오른다. 그러나 나의 TDF는 기본적으로 자산배분과 분산 투자가 된 포트폴리오라서 결코 익사이팅하지 않은 수익률이 나올 테니, 그 상대적 박탈감을 견뎌내는 일은 쉽지 않다. 단기적으로 마이너스 수익률이라도 보이는 날엔 '그 돈으로 신상 명품 백을 샀으면 샤테크라도 했을 텐데' 하고 후회하다가 화가 나기 시작하면서 나도 모르게 헐크가 뛰쳐나올 수 있다.

그래서 투자 주머니는 두 개를 마련하는 것이 좋다. 1번 주머니는 내가 잘 알고 공부한 한두 개 종목을 발굴해서 직접 투자하거나, 해당하는 테마의 상장지수펀드(ETF)에 투자하는 주머니다. 2번 주머니는 연금 주머니로 퇴직연금과 연금저축이 포함된다. 주머니 안에서는 투자 상품을 바꿀 수 있지만 주머니 밖으로 돈을 빼는 것은 구조적으로 어렵기 때문에 연금 주머니는 장기 투자에 가장 좋은 강제 시스템이다. 종목 투자는 "공부해서 아는 데 투자하라"라고 한 줄로 끝낼 주제가 아니라서 이 글에서는 다루지 않는다.

TDF 선택할 때 고려할 사항 셋

연금 주머니에 담기 좋은 투자 상품 중 하나가 앞서 언급한 TDF다. 이는 자산배분에 전문가의 힘을 빌리고 싶은 투자자들을 위한 상품이다. 선택한 후에도 내가 잘 선택했다는 자신감을 갖기 위해서 몇 가지 반영하고 검토할 사항이 있다.

첫째, 은퇴할 계획인 연도에 가장 근접한 연도의 펀드를 선택한다. 예를 들어 2041년에 60세로 은퇴할 계획이라면 'TDF-2040년'이 포함된 TDF를 선택한다. TDF는 포트폴리오를 다양화하고 은퇴 저축을 위해 하나만 보유해도 되도록 설계되어 있으므로 투자자들은 여러 개 선택할 필요가 없다.

둘째, 주식의 전략적 글라이드 패스가 어떻게 생겼는지 살펴본다. 업계 평균과 비교하면 펀드 운용이 공격적인지 보수적인지 파악할 수 있다.

글라이드 패스는 펀드가 주식·채권 배분의 균형을 어떻게 맞춰나갈

지 보여준다. 주식 노출이 얼마나 되고, 목표로 한 은퇴 날짜가 지난 후 글라이드 패스가 어떻게 착륙 지점에 다다르는지를 가늠해야 한다. 예를 들어 목표일이 2045년으로 동일한 펀드 A와 B가 있다. 초기에는 주식 비중이 80%로 높지만, 내 은퇴 시점인 2045년에 펀드 A는 주식 비중이 20%이고 펀드 B는 50%일 수 있다. 은퇴 이후 주식 비중이 높은 것이 좋을지, 낮은 것이 좋을지는 내 선택이다.

셋째, 비용을 비교한다. 비슷한 투자 상품이라면 비용이 낮은 쪽을 선택해야 한다. 비용이 조금 높아도 다른 장점이 있다면 선택할 수 있지만, 비용을 더 지불할 만한 장점이 무엇이 있는지 비교하기가 쉽지 않다. 비용 비교는 중요하면서 현실적으로 할 수 있는 일이다. 우리나라 TDF의 비용을 비교하면, 2040년 총비용 비율(투자 자금에서 지불하는 비용)이 0.36%에서 1.42%까지 넓게 퍼져 있다. 최대 1%포인트나 차이 난다. 예컨대 펀드의 수익률이 5%라면 비용을 제하고 남은 내 몫이 4.64%가 될지 3.58%가 될지를 가르는 중요한 문제다.

비용은 운용사마다 다르고, 같은 운용사의 같은 상품이라 해도 이용한 판매 통로에 따라 다르고, 같은 펀드에서도 가입한 클래스에 따라 다르다. 클래스는 오프라인인지 온라인인지, 일반 리테일 상품인지 연금 상품인지 등을 가리킨다. 펀드에 펀드를 담는 재간접펀드(펀드오브펀드)는 비용이 더 높다. 이중으로 비용을 내야 하기 때문이다. 경우의 수가 많아서 무엇이 제일 싸다고 딱 잘라 말하긴 어렵지만, 온라인 판매처를 이용하고 일반 리테일 계좌보다는 연금 계좌(퇴직연금이나 연금저축)를 통해 투자하는 편이 비용 측면에서 유리하다.

막상 은퇴를 앞둔 사람은 은퇴를 준비할 여력도, 시간도 부족하다. 조급하면 총기가 있던 사람도 시야가 좁아지고 두뇌도 잘 작동하지 않는다. 늘 경험하는 거다. 은퇴가 닥치면 금융 지식은 부족한데 귀는 점점 얇아지고, 누가 어디에 투자하면 수익률을 더 준다네 하면 혹해서 쫓아가다가 사고 나기 십상이다. 근래 들어 잘못된 곳에 투자해 은퇴 자금을 통째로 날렸다는 기사가 눈에 많이 띄었다.

조급하지 않아서 생각할 여유와 공부할 시간이 있을 때, 젊어서 머리가 잘 돌아가고 비판적일 때, 나의 미래를 위한 자산 관리와 투자를 시작하자. 은퇴는 은퇴자의 것이지만, 은퇴 준비는 젊은이의 것이다.

두려움 벗어나는 '첫 발걸음' 떼길

세계경제포럼의 〈글로벌 젠더 갭 보고서〉 결과에 계속 마음이 쓰인다. 비슷한 일을 해도 남성보다 훨씬 낮은 임금을 받는다는 것은 재무적으로 시작부터 불리하다는 뜻이다. 여성이 자산 관리를 더 잘해야 한다는 도전이 되는 지점이기도 한다. 임금 격차는 분명히 없어져야 하지만, 없어진다고 해서 미래의 재무 상황이 다 해결되는 것은 아니다. 우리나라 노인 빈곤율은 여성이 더 높지만 남자도 만만치 않게 높다.

물론 투자는 쉬운 일이 아니다. 상당한 훈련이 필요하다. 번역서《아빠와 딸의 주식 투자 레슨》에서 저자인 딸 대니얼 타운은 처음에는 '주식 투자는 위험하다'며 어떻게든 회피하려고 했다. 그러나 아빠에게 호된 투자 수련을 받아 투자 전사로 거듭나고 꿈꾸던 경제적 자유를 쟁취해낸다. 대니얼의 투쟁 대상은 자기 안의 두려움이었다. 두려움의 대부분은 낯섦에서 온다. 100년이 넘는 선배들의 투쟁으로 혜택을 받은 21세기 여성들은 이제 자산 관리에 관심을 가지고 투자라는 낯선 세상으로 발을 내디뎌야 한다.

두려움 극복의 첫발을 쉽게 뗄 수 있는 방법 중 하나로 TDF를 소개했다. 자기 스타일이 아니라면 다른 안을 찾아도 된다. 다만 TDF라는 도구에 담긴 투자의 기본 원칙은 기억해주기 바란다. 미래를 위한 장기 투자, 나이가 들면서 달라지는 자산배분, 꼭 따져봐야 하는 비용 수준, 연금 주머니 활용 말이다.

아울러 내 안의 헐크를 잘 관리해야 한다. 영화 속 헐크는 화가 나면 튀어나오지만, 현실 속의 헐크는 두려우면 튀어나올 수 있다. 어느 누가 아니라 바로 나 자신의 미래를 위한 일이다. 두렵지만 (그렇게 해야만 하니까) 앞으로 나아가는 것이 용기다. 대한민국 그녀들의 건투를 빈다.

월가의 황소상 맞은편에 세워진
'두려움 없는 소녀'상

'남자'의 '남자'의 '남자'의 세상 속의 여성 펀드매니저

1966년, 미국의 R&B, 소울 싱어송라이터 제임스 브라운은 'It's a Man's Man's Man's World'를 발표했다. 노래는 "남자가 차도 만들었고, 기차도 만들었고, 전깃불도 만들었고, 보트도 만들었어"라고 울부짖는 것으로 시작해 "이곳은 남자의 세상, 하지만 여자 없이는 아무것도 아닐 거야"로 끝을 낸다. 젠더 다양성의 1966년 버전은 남자가 노래를 울부짖으며 감성에 호소하는 것으로 전개되었다.

모닝스타는 여성이 펀드산업에서 대표성이 떨어지는 것을 인식하고, 2015년부터 젠더를 주제로 공식적으로 리서치를 진행하고 있다. 펀드산업의 어떤 지점에서 여성이 발전했는지 또는 후퇴했는지를 이해하기 위해서다. 젠더 다양성의 21세기 버전은 여성의 능력을 확인하려는 통계 테스트로 전개되었다. 그중 2018년부터 2020년까지 수행한 리서치를 소개한다.

리서치 1 - 여성 매니저는 자산운용업계에서 절대 소수
2019년 모닝스타는 56개 국가에 등록된 펀드를 대상으로 여성이 펀드 산업에서 차지하는 위상을 조사했다. 운용사 정보에서 매니저의 성별을 알 수 있으면 이용했고, 알 수 없는 경우에는 모닝스타 고유의 알고리즘으로 펀드매니저의 이름에 확률을 부여해 25,000명 이상의 성별을 판별했다. 2000년 말 조사에서는 여성 펀드매니저 비율이 14%로 낮았는데, 2019년 말 조사에서도 여전히 14%에 머물렀다. 상대적으로 작은 시장인 홍콩, 싱가포르, 스페인에서는 여성 펀드매니저가 20% 이상으로 집계되었다. 그러나 세계 금융산업의 두 중심지인 영국(13%)과 미국(11%)에서는 조사 대상 국가 평균보다 낮았다.

2000년 실시한 조사에서는 미국에 설정된 패시브 펀드의 매니저 중 19%가 여성으로 집계되었다. 액티브 펀드의 매니저 중 13%가 여성인 것에 비해서는 높은 비중이다. 2000년 초반만 해도 ETF산업은 초기 단계였기 때문에 여성이 진입할 기회가 충분히 있었다. 그러나 여성 펀드매니저의 수는 패시브 투자의 빠른 성장을 따라잡지 못했다. 2019년에 다시 조사했을 때 미국 패시브 펀드의 여성 매니저는 2000년 19%에서 6%포인트 낮아진 13%에 불과했다. 액티브 펀드의 여성 매니저 비율도 13%에서 11%로 낮아졌다.

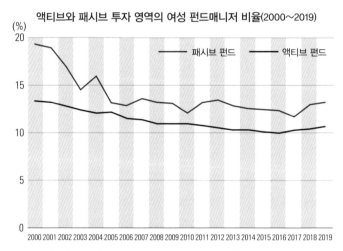

액티브와 패시브 투자 영역의 여성 펀드매니저 비율(2000~2019)

자료: 모닝스타, 2019년 12월 31일, 액티브와 패시브 개방형 뮤추얼펀드와 ETF 포함.

채권 운용 영역은 한때 상대적으로 여성의 진출이 괜찮았다. 2000년에는 여성 매니저가 채권 매니저의 16%를 차지해서, 주식 펀드매니저의 13%에 비해 높은 수치였다. 그러나 2019년에는 채권과 주식 영역 모두 11%대로 떨어졌다.

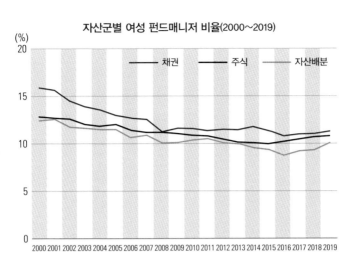

자산군별 여성 펀드매니저 비율(2000~2019)

자료: 모닝스타, 2019년 12월 31일, 액티브와 패시브 개방형 뮤추얼펀드와 ETF 포함.

리서치 2 – 여성 펀드매니저의 운용 능력은 남성과 차이가 없다

2018년에는 펀드매니저의 성별이 투자 성과에 영향을 미치는지 연구했다. 테스트 방법으로 '이벤트 스터디'를 적용한 결과, 펀드매니저의 성별만으로 펀드를 선택할 때 주식과 채권 자산군에서 모두 여성으로 구성된 팀을 선택하면 가장 높은 수익률을 올릴 수 있었다고 분석되었다.

또한 남성 매니저가 여성 매니저를 능가한다는 가설을 세우고 검증한 결과, 주식과 채권 운용 어느 쪽에서도 성별이 통계적으로 유의미한 차이가 없었다.

펀드매니저 성과 회귀분석 결과(2003/01~2017/09)

	주식	채권
평균 %	-0.01	0.00
T-통계	-1.20	-0.04

자료: 모닝스타, 2017년 9월.

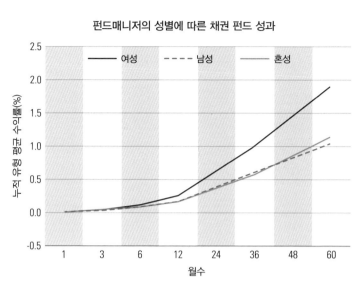

펀드매니저의 성별에 따른 채권 펀드 성과

자료: 모닝스타, 2017년 9월.

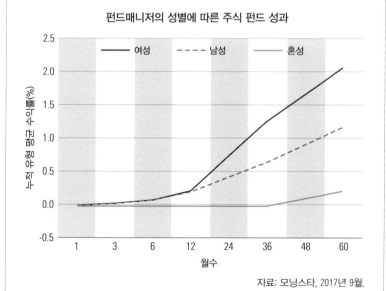

펀드매니저의 성별에 따른 주식 펀드 성과

자료: 모닝스타, 2017년 9월.

모닝스타 리서치팀은 이러한 리서치를 하는 이유를 이렇게 밝힌다. "펀드매니저의 성과를 젠더와 엮는 작업이 자칫 양극화를 부추기는 주제가 될 수 있다는 것을 잘 안다. 젠더에 따른 매니저의 성과 잠재력을 추정하려는 것이 아니다. 여성 매니저의 참여율이 하락한 것이 성과 때문인지 확인하고자 했다."

여러 리서치를 종합하면, 여성 매니저가 절대적으로 소수인 현실은 펀드 산업에 깊이 파인 틈이고 구조적 장벽과 암묵적 남성 편향이 복잡하게 조합된 결과일 수 있다. 🔯

글 **정승혜**   CFA(공인재무분석사). 모닝스타코리아 리서치팀 이사이며 CFA한국협회 부회장으로 활동하고 있다. 주식 애널리스트로 시작해 피델리티, 타워스 왓슨, 우리은행 등을 두루 거쳐 다양한 영역에서 금융권 경력을 쌓았다. CFA한국협회에서는 학생과 젊은이를 대상으로 금융 리터러시 캠페인을 주관하고 있다. 금융 지식을 쉽게 전달하는 금융 커뮤니케이터를 추구한다.

No more boys' club

금융계 '걸크러시'를 기대한다

영주 닐슨

영주 닐슨 성균관대학교 글로벌경영전문대학원 교수는 세계 금융의 수도 월스트리트에서 15년 이상 시스템 트레이더와 포트폴리오 매니저로 활동했다. 닐슨 교수는 자신의 혹독했던 직장 생활과 그에 앞서 인내로 버틴 학업 경험을 들려주면서, 여성들에게 '그럼에도 불구하고' 금융 분야에서의 커리어를 추천한다. 그 이유로 자신이 월가에서 얻은 두 가지를 든다. 하나는 꾸준히 잘하면 공정한 평가를 받을 수 있다는 믿음이다. 둘째는 평가에 따른 보상, 보상이 쌓여 이루어진 재정적인 안정, 그리고 엄청난 자유다. 그는 금융 분야 커리어와 결혼의 상충 관계를 둘러싼 고민과 선택도 공유한다.

"나한테 결혼하자는 말만 안 하면 우리는 잘 지낼 수 있을 거야."

드라마 속 대사가 아니다. 내가 남편과 처음 사귀기 시작했을 때 한 말이다. 남편은 아직도 그때 이야기를 하면서 당시에 내가 정말 이상한 여자라고 생각했다고 한다. 아마 지금 이 글을 읽는 많은 이들, 특히 여성들은 내가 왜 이런 이야기를 할 수밖에 없었는지 대충 짐작하리라 생각한다.

좀 더 내 이야기를 해보자. 나는 사람들이 얻기 어려운 것을 '로망' 한다는 사실을 안다. 그리고 일단 말이라도 이렇게 해두는 게 이 관계에서 '우위'를 차지하는 가장 쉬운 방법이라는 점을 알 만큼 이미 성숙했다. 그런데 솔직히 단호하게 내뱉은 이 문장은 소위 '밀당'을 하기 위함이 아니었다. 그저 내게 '결혼'이라는 단어는 이런 것이었다. '내가 일에서 간혹 보는 여자들 대부분은 하지 않는 것.' 그리고 결국은 이렇게 무서운 것이었다. '나 자신을 버려야 하는 것.'

비혼이 많아지는 추세고 한국의 많은 여성이 결혼을 부담스러워하는 이유를 알지만 뭐 이렇게까지 표현하느냐는 생각이 들지 모르겠다. 이제부터 내가 왜 이렇게 할 수밖에 없었는지 이야기해보겠다. 독자들은 이야기를 끝마칠 때까지 결혼에 대한 나의 정의가 심한지 아닌지 판단하는 것을 유보해주길 바란다. 다만 그 전에 알려줄 사실이 있다. 살짝 배신감이 드는 결론이기는 하지만 앞서 밝혔듯이 현재 나에게는 남편이 있다.

1990년대 월스트리트의 퀀트에 입문

지금은 상당히 당연하게 여겨지고 있지만, 2000년 이전에도 월가는 숫자를 잘 다루는 사람을 좋아했다. 단순히 더하기, 빼기를 잘하는 것이 아니라 수학과 통계학을 잘하고 더 나아가 엑셀과 데이터베이스는 물론 프로그래밍이 능숙한 사람을 좋아했다. 내가 공부를 마치던 무렵인 1990년대에 이미 월가에서는 D.E.쇼(Shaw) 등의 큰 회사가 퀀트라는 이름으로 자리를 잡고 있었고, 퀀트라는 용어도 통상적으로 사용하고 있었다. 물론 지금처럼 업계 내 퀀트의 비중이 크지는 않았다. 그럼에도 불구하고 데이터를 구입하고 이를 이용해 분석하는 작업은 투자자 대부분이 굉장히 보편적으로 하는 일이었다. 투자은행의 주니어 애널리스트들은 대부분의 시간을 엑셀을 뜯어고쳐서 여러 번 계산한다거나, C나 자바(Java), 때로는 R을 사용해 이것저것 계산하는 일로 보냈다.

나는 월가에 가기 전에 통계학습론 분야를 연구했고
통계학 박사학위를 받았다.
박사학위 논문의 주제가 인공지능이었다.
미국 주식 데이터를 바탕으로 다음번 수익을 예측하는 데
인공지능을 이용하는 내용이었다.

게다가 지금처럼 실리콘밸리에 엄청난 테크회사가 있어서 이런 스킬 세트를 가진 인력을 마구마구 비싼 연봉으로 흡수하는 시기가 아니었다. 금융을 좀 알고 이런 기술을 가지고 있다면 연봉으로 효용을 최대화할 수 있는 곳은 단연 '월가'였다. 솔직히 이야기하면 나는 첫 직장에서, 다른 분야에서 일했다면 족히 5~10년, 때로는 평생을 일해야 도달할 수 있는 연봉으로 커리어를 시작했다.

이렇다 보니 경쟁이 만만치 않았다. 애초에 이런 스킬 세트를 갖는다는 것 자체가 상당히 많은 인내심과 즐거운 유혹과의 전쟁을 의미한다. 나는 월가에 가기 전에 통계학습론(statistical learning)이라는 분야를 연구했고 통계학 박사학위를 받았다. 박사학위 논문의 주제가 인공지능이었는데, 인공지능의 알고리즘을 수정해 기능을 향상시키고, 부트스트랩 애그리게이션(bootstrap aggregation) 또는 배깅(bagging)이라고 불리는 방법을 적용해서, 미국 주식 데이터를 바탕으로 다음번 수익을 예측하는 내용이었다.

인공지능 공부를 원시적인 방법으로 해내다

지금 들으면 이미 1990년대에 안목이 있어서 이런 공부를 했구나 싶을 수도 있겠지만, 솔직히 이야기하면 그 당시에는 뭘 해서 박사학위를 받아야 할지 몰라서 그냥 닥치는 대로 했다. 게다가 인공지능 등의 방법은 많은 경우 데이터와 코딩을 통해 시뮬레이션 등을 하는 분야지, 수학 이론으로 정확히 멋지게 증명하고 법칙을 만들어낼 수 있는 분야가 아니다. 따라서 박사학위를 받기도 전에 무슨 법칙을 증명하고 월가에 온 천재들 앞에서는 정말 학위 논문을 뭘 썼는지 숨기게 되는 분야였다. 그리고 실제로 박사학위를 위해서 뭘 했는지 이야기할 기회는 2015년 이전에 거의 없었던 것 같다. 2015년 즈음을 중심으로 세상이 엄청나게 바뀌었다. 최소한 인공지능이라는 이름으로는 말이다.

문제는 이렇게 천재들 앞에서는 이야기도 못 꺼낼 주제를 공부하기까지도 나는 너무나 힘든 시간을 보냈다는 것이다. 통계학 박사는 멋지게 데이터를 분석해서 결론을 내는 것이 아니라, 그런 일을 하기 전에 수도 없이 많은 수학 법칙을 증명하는 숙제를 해야 한다. 많은 경우, 한 문제를 풀기 위해 짧게는 하루에서 길게는 거의 일주일을 끙끙댄 적도 있었다. 남들처럼 새로운 법칙을 만들고 증명하는 것이 아니라, 남이 다 증명해놓은 문제를 한 번 풀어보는 데 말이다. 혼자 풀려고 애쓰다 정 안 되면 포기하고, 도서관 사다리에 걸터앉아 비슷한 문제를 풀어놓은 논문이 있는지 하나하나 뒤져보는 일을 수없이 반복했다. 찾아서 힌트를 얻고 이를 바탕으로 다시 한번 해보았다. 지금처럼 논문을 인터넷에서 PDF로 찾아볼 수 있는 시절도 아니었기에 정말 엄청난 노동이었다. 새벽부터 자정까지 한동안 매일매일 이 짓을 했다. 박사과정 학생이 화이

—

그래도 다행히 같은 작업을 생각하지 않고
반복하는 일을 남들보다 잘했다.
이 인내는 후에 두고두고 쓸모 있는 자산을 쌓는 데
큰 도움이 되었다.

—

트보드에 쭉쭉 수식과 숫자를 써서 멋지게 증명해나가는 모습은 영화에서나 봤다. 현실에서 직접 내 눈으로 본 건 바클레이즈(Barclays Global Investors)라는 한때 최대의 퀀트 투자회사에 다닐 때가 처음이었다. 물론 문제를 풀어낸 주인공은 내가 아니었다. 지금 돌이켜 보면 이렇게 문제를 풀었던 기억이 매우 좋게 남아 있는데, 그저 돈 안 들이고 다른 생각 없이 시간을 보내기에는 최고의 일이었기 때문이 아닐까 싶다.

다행히 프로그래밍은 남들보다 쉽게 했다. 그나마 내가 지도교수한테 쓸모 있었던 단 한 가지 이유였을 것이다. 하지만 이 역시 당시에는 내 삶을 그다지 쉽게 만들지 않았다. 지금 같으면 집에 있는 컴퓨터로 하루 이틀이면 할 일을, 그 당시에는 컴퓨터 30대가 있는 랩을 빌리고 이를 연결해 한 달 내내 시뮬레이션을 해야 했다. 물론 한 번에 끝나지 않았다. 몇 번을 했는지도 기억에 없다. 논문을 쓰는 일 역시 엄청난 참을성을 요구했다.

그래도 다행히 같은 작업을 생각하지 않고 반복하는 일을 남들보다 잘했다. 이 인내는 후에 두고두고 쓸모 있는 자산을 쌓는 데 큰 도움이 되었다.

눈앞이 깜깜해졌던 입사 과제 테스트

나의 20대 중반은 이렇게 흘러갔고, 이런 과정을 반복한 몇 년의 시간 후에 드디어 월가에 도전해볼 기회를 얻었다. 인터뷰를 여러 번 갔는데, 하나같이 아침 일찍부터 저녁까지 한 3일을 힘들어 죽겠다는 생각이 들 정도로 이 사람 저 사람 만나게 했다. 대부분 온종일 회의실에 남겨두고 여러 사람이 들어와서 이것저것을 물어본다. 때로는 주성분분석(Principle Component Analysis)을 어떻게 쓸 것인가 같은 테크니컬한 질문도 있었고, 때로는 정말 말도 안 되는 내용을 물어보기도 했다. 예를 들면 이런 질문이다. 어떤 마을에서 매년 마을 사람들 중 한 명을 뽑아 제물로 바친다. 모든 사람은 머리띠를 하고 있는데, 제물로 바쳐지는 사람의 머리띠에는 엑스 자가 표시되어 있다. 사람들은 자기 머리띠에 무엇이 쓰여 있는지 모르고, 본 것을 말해서도 안 된다. 그럼 내가 제물인지 아닌지 어떻게 알 수 있을까. 뭐 이런 식의 문제다.

이런 인터뷰를 거치고 나서 마지막 인터뷰에서 나는 빈방에 남겨졌다. 그곳에는 컴퓨터 한 대가 덩그러니 놓여 있었다. 펀드를 비교 분석하고 포트폴리오를 짜는 알고리즘을 만들고 결과물을 제출한 후에 가라는 것이었다. 지금 생각하면 무지 간단한 것인데, 그 당시에는 눈앞이 깜깜했다. 주어진 시간 내에 완벽히 끝내지 못하고 나왔다. 정말 눈물이 떨어질 것만 같았고, 빨리 아무도 없는 데 가서 펑펑 울고 싶은 기분이었다. 인터뷰를 했던 사람이, 어차피 잘하지도 못한 것 같으니, 자기네 술 마시러 가는데 술이나 마시고 가라고 했다. 영화에서 월가의 뱅커 하면 많이 보이는 오만함이 술술 묻어나는 태도에 정말 주눅이 들었다. 가기 싫었지만 싫다는 말도 못 할 정도로 나는 볼품없는 상태였다.

다음 날 오전에 전화가 왔다. 오퍼를 받았다. 전날 어차피 잘 못했으니 술이나 마시고 가라고 했던, 전혀 호감형이 아니었던 바로 그 사람이었다. 그는 오퍼를 주는 전화에서도 못되게 말했다. 다 끝내지는 못했지만, 옆 방에서 코딩했던 스탠퍼드에서 온 경쟁자보다는 잘했다고.

그전에도 일을 좀 하기는 했지만 월가의 어소시에이트(associate)로서의 삶은 이렇게 시작했다. 첫 오퍼는 아니었다. 이 오퍼 전에도 두 개의 오퍼를 받았다. 하지만 내게는 진정한 의미가 있는 첫 번째 오퍼였다. 세속적으로 들리겠지만, 진정한 의미가 있다고 한 이유는 오로지 '돈'이다. 당시 월가 주요 회사 어소시에이트의 보편적인 본봉이었던 12만 달러에 첫해 6만 달러 개런티된 보너스와 사이닝 보너스 2만 달러를 받았다. 당시 환율로 계산하면, 평생을 일한 아버지 연봉의 몇 배였다.

다른 업종에 비해 월가의 주니어 연봉은 그다지 많이 오르지는 않은 것 같다. 2019년에 잘 알려진 헤지펀드 시타델의 임원인 전 동료에게

———

7시 전에 오피스에 가고, 대부분의 날들은
11시간을 훌쩍 넘기고서야 집에 돌아왔다.
당연히 주말도 오피스에 갔다.

———

서, 인공지능 전공으로 박사학위를 가진 어소시에이트를 45만 달러에 고용했다고 들었다. 최근 들어 테크회사들과의 경쟁 때문에 연봉이 많이 올랐지만, 한동안 월가 주니어 스태프의 연봉 상승 곡선은 이렇게 가파르지는 않았다. 하여튼 내가 월가에 가야겠다고 생각하게 만든 사람이 받았다는 연봉만큼을 받고 시작하게 되었다. 첫 며칠은 세상을 다 가진 것 같았다. 다만 첫 며칠뿐이었다.

한 계단 오르면 다른 종류의 난제가 부여된다

그 후 전형적인 어소시에이트의 삶이 시작되었다. 7시 전에 오피스에 가고, 대부분의 날들은 11시간을 훌쩍 넘기고서야 집에 돌아왔다. 당연히 주말도 오피스에 갔다. 미국에서는 상사 눈치 안 보고 자기가 알아서 일한다고? 누가 그런 소리를 했는지 정말 궁금했다. 일이 안 끝나서 다들 있는데, 어떻게 집에 갈 수 있을까. 지금은 투자에 직접 관여하는 프런트 오피스 직종은 1년에 한 번은 2주 이상을 붙여서 휴가를 가도록 법으로 정해져 있다. 포트폴리오를 조작하거나 숨기는 것을 방지하기 위함이다. 예전에 이런 제도가 없었을 때는 휴가가 있다고 생각하지도 않고 일했다.

그렇다면 언어 폭력은 없었을까. 때로는 30층의 창문 밖으로 뛰어내리라는 이야기도 들었다. 물건을 던지는 등의 물리적인 폭력도 있었다. 실수했을 때 보스가 던진 샤프펜슬을 얼굴에 맞아본 적도 있다. 내가 주니어 시절 남들만큼 하지 않은 일이 딱 하나 있었는데 바로 점심 배달이었다. 믿기지 않겠지만 월가의 트레이딩 데스크의 어소시에이트들은 점심, 커피 등을 챙기는 일도 한다. 다행히 나 대신 이 일을 할 사람이 있었다.

이런 시간이 지나고 시니어 어소시에이트를 떼고 중간 간부(vice president)가 되었을 때, 브로커의 골프 접대를 받을 기회가 생기기 시작했다. 간혹, 아주 짧게 클라이언트 미팅에서 프레젠테이션을 할 때도 있었다. 이러면 좋을 줄 알았는데, 이제는 다른 종류의 압박이 있었다. 일에서 실적을 내야 할 뿐만 아니라, 골프도 좀 잘 쳐야 하고 프레젠테이션에서 클라이언트의 공감을 얻어낼 수도 있어야 했다. 아이러니하게 골프를 잘 쳐야 하는 스트레스도 엄청났다.

이렇게 어떻게 어떻게 해서 상무(director)가 되고 나니, 디너 미팅에 가서 술을 잘 즐겁게 마시고 재미있는 이야기까지 잘해야 했다. 주요 7개국(G7) 국가의 트레이딩을 시작하면서 새벽 3시 출근이 시작됐고 시계는 22시간을 돌아갔다. 게다가 이제 빅 보스는 불러서 올해 얼마만큼 목표를 채우면 다음번 전무(managing director) 심사에 밀겠다고 대놓고 요구한다. 내 팀에서 얼마를 벌라고 정확히 숫자를 준다. 숫자를 채우기 위해서 런던과 샌프란시스코를 2주에 한 번씩 2년을 왔다 갔다 했다. 2년 동안 때로는 나 자신도 내가 어디 있는지 헷갈릴 정도였다.

딱 여기까지 오는 데 한 일들을 살펴보면, 내가 알고 있던 '결혼'을 했더라면 절대 불가능했을 거라는 생각이 마음속에 늘 존재했다. 물론 비슷한 시간을 보낸 사람들은 결혼을 했다. 그들은 결혼의 결과로 집에 부인과 아이가 있었다. 남편과 아이가 아니라.

그런데 나한테 결혼을 하자고? 인생에서는 수많은 어려운 선택의 순간이 오고, 결혼은 내게 그런 선택 중 하나였다. 그리고 남편과 결혼하고 가정을 가진 건 내가 한 선택 중 가장 잘한 선택이라 생각한다. 단지

—

연봉은 '회사가 내게 얼마나 감사하고 있는가'의 척도였다.
바꾸어 말하면 '내가 얼마나 이들에게 가치 있는 인간인가'라는
질문에 대한 답이기도 했다.

—

이렇게 생각할 수 있는 것은, 결혼 후에도 내가 원하는 방향으로 100%는 아니지만 선택할 수 있었기 때문일 것이다.

어떤 사람에게는 내가 너무 불쌍해 보일지도 모르겠다. 지금 이야기한 내 삶의 많은 부분이 그저 너무 노력해야 하고 힘든 일이 많은 것처럼 보였을지 모른다. 힘든 일이 많이 있었다. 다른 일을 했더라면 덜 힘들었을까? 그렇지 않았을 것으로 생각한다. 최소한 투자하는 일을 업으로 삼으면서, 내가 좋은 결과를 만들어낼 때 내치거나 따돌린 사람은 단한 명도 없었다. 여기서 좋은 결과란 결국 '돈'이니 아무도 결과를 왜곡할 수 없었다. 이 결과는 매일, 매달, 매해 정확히 알려졌다. 물론 제대로 하지 못할 경우에 세상은 차가웠다. 하지만 이 역시 최소한 공평했다고 이야기할 수 있다.

결과를 '돈'으로 만들어내면 그 돈은 내게도 돌아온다. 처음 내가 월가에서 취업한 이야기를 하면서 주저 없이 연봉 이야기를 했다. 내게 연봉은 '회사가 내게 얼마나 감사하고 있는가'의 척도였다. 바꾸어 말하면 '내가 얼마나 이들에게 가치 있는 인간인가'라는 질문에 대한 답이기도 했다. '돈'이라는 정확한 가치를 창출해내는 사람에게 적은 연봉을 줄

용기 있는 회사는 많지 않다. 왜냐하면 누군가가 아주 빠르게 더 큰 돈을 주고 황금 알을 낳는 거위를 사 갈 것이기 때문이다.

2012년쯤 트레이딩 관련 매거진과 인터뷰를 할 때, 다시 태어나면 어떤 일을 해보고 싶으냐는 질문을 마지막으로 받았다. 이 질문에 대해 생각해본 적이 한 번도 없었다. 하지만 답을 하는 데 단 1초도 망설이지 않았다. 내 답은 이랬다. 록스타가 아니라면 그냥 똑같은 일을 좀 더 빨리 더 잘 해보고 싶다고 말이다. 이렇게 생각하는 이유는 다음과 같다.

금융계 약 20년 근무에서 얻은 두 가지

꽤 많은 시간이 지났다. 돌이켜 보면 이 시간을 통해 정말 값진 두 가지를 얻었다. 첫째는 꾸준히 잘하면 공정한 평가를 받을 수 있다는 믿음이었고, 둘째는 여기에 따르는 보상이었다. 이 보상에는 업계의 명성도 있지만 나 자신을 잘 돌볼 수 있는 재정적인 안정도 있었다. 그리고 엄청난 자유를 일찌감치 주었다. 게다가 내가 했던 일은 아무리 해도 끝이 없었다. 해도 해도 익숙해지는 법도 없다. 항상 새롭게 배울 것이 있는 일이었다.

——

이 시간을 통해 정말 값진 두 가지를 얻었다.
첫째는 꾸준히 잘하면 공정한 평가를 받을 수 있다는 믿음이었고,
둘째는 여기에 따르는 보상과 재정적인 안정이었다.

——

그래서 나는 앞으로 무엇을 하고 살까 고민하는 여성들, 또는 나보다 좀 늦게 이 분야에 들어온 여성들에게 금융에서의 커리어를 추천하고 격려한다. 20년이 넘는 시간을 한 가지만 하면서 보낸 후 지금 내가 말한 두 가지를 얻을 수 있다면 나쁘지 않다고 생각한다. 게다가 아직 해도 해도 끝이 없다고 생각하는 나보다 훨씬 더 잘할 잠재력을 가진 여성이 많기 때문이다.

다만 어려움이 따르기는 한다. 무식할 만큼의 꾸준함을 요구한다. 이 책을 읽는 이들은 나보다는 조금 쉽게 할지도 모르겠다. 그럼에도 불구하고 어느 정도 시간 동안 지속적인 노력은 필요하다.

업계가 요구하는 노력과 원만한 결혼 생활은 종종 상충한다. 배우자가 말로는 당신의 커리어와 꿈을 존중한다고 하면서, 선택의 순간이 오면 항상 당신이 포기하기를 기대하고 요구할 수 있다. 그러다가 종종 싸움이 벌어지고, 집중해도 모자랄 판에 신경이 분산된다. 때가 되면 아이를 낳아야 한다는 압박까지 올지 모른다.

이 모든 귀찮음을 간단히 피하는 방법은 비혼이다. 물론 금융에서 커리어를 유지하는 일이 예전보다는 훨씬 나아진 듯하다. 솔직히 '워라밸'은 없지만 예전보다는 훨씬 상황이 좋아졌다. 하지만 당신은 결혼을 거부하는 편리함을 선택할지도 모른다. 또는 당신의 연봉이 너무 높아서 남자들이 부담스러워할 가능성도 충분히 있다. 결혼을 안 하겠다는 생각은 없지만 시간이 없어서, 이런저런 이유로 안 하게 될 수도 있다. 한국의 출산율을 더 낮추기는 하겠지만, 당신에게는 당장 별로 큰 문제는 아니지 않을까.

한국의 출산율을 낮출 거시적인 리스크를 만들지 모르겠지만, 나는 더 많은 여성을 금융계에서 보기를 기대한다. 특히 자산운용과 트레이딩의 분야에서 말이다. 더 이상 보이스 클럽(Boys' Club)에 끼어 있는 걸(Girl)을 보고 싶지 않다. 대신 걸스 클럽(Girls' Club)을 보길 기대한다.😊

글 **영주 닐슨** | 성균관대학교 글로벌경영전문대학원 교수. 한국은행 외자운용원 자문 및 전 삼성헤지자산운용 자문. 뉴욕 월스트리트에서 15년 이상 시스템 트레이딩 분야의 트레이더와 포트폴리오 매니저로 활동했다. 베어스턴스, JP모간, 씨티그룹 본사, 바클레이즈 글로벌 인베스터스, 알리안츠 드레스너 자산운용 등을 거쳐 퀀타비움 캐피털 매니지먼트의 최고투자책임자(CIO)를 역임했다.

바텀업 투자의 양적·질적 분석 방법

3가지 방법으로 양적 분석, 9개 리스트로 질적 분석

박동흠

'주식 투자에 정통한 공인회계사'라는 수식어를 달고 다니는 박동흠 회계사가 자신의 바텀업 투자 방법론과 노하우를 체계적으로 정리해 최초로 공개한다. 먼저 PBR 1 미만, PCR 0 이상 등 5가지 기준으로 종목을 선별한다. 이어서 실적이 성장했지만 주가가 떨어진 기업, 9년 치 재무 정보를 활용해 실적이 검증된 기업들을 추가로 골라낸다. 질적 분석에서는 최대주주 지분 50% 이하부터 무분별한 메자닌 발행 여부까지 9가지 체크리스트를 활용한다.

나는 바텀업 투자자다. 톱다운 방식의 투자가 나쁘다고 판단해서가 아니라 바텀업 방식이 잘 맞아서 바텀업으로 투자한다.

글로벌 경제를 전망하고 투자 대상 국가의 거시경제 및 사회·정치적 이슈를 분석하고 성장할 것으로 예상되는 업종에서 기업을 고르는 톱다운 방식은 분명히 매력적이다. 시장에서 이슈가 될 때 빨리 매수하면 큰 수익을 낼 수 있다. 그렇지만 이 방식은 나에게 잘 맞지 않는다. 나는 예측과 전망 능력이 전혀 없는 데다 둔하기 때문이다.

미국의 대형 헤지펀드 바우포스트그룹 회장인 세스 클라만은 저서 《Margin of Safety(안전마진)》에서 자신이 바텀업 투자자임을 고백했다. 그는 책에서 이렇게 설명했다. "톱다운은 미래, 거시경제, 산업 등 경제의 다양한 섹터에 대한 영향을 올바르게 해석해야 하는데 거의 불가능하고 정확한 예측을 했다면 재빠르게 투자를 집행해야 한다. 그러나 바텀업은 예측에서 자유롭다. 싸게 사서 기다리면 된다. 바겐세일이 매수 구간에 들어올 때까지 경제 전체에 대한 관점이나 시장의 현황에 좌우되지 않고 기다려서 매수할 수 있는 인내심을 길러야 한다." 미국 보스턴 사무실에 앉아서 전 세계의 경제를 꿰뚫어 볼 거라고 생각되지만 그역시 톱다운 방식이 쉽지 않은 듯하다. 그러니 대한민국 서울의 개인 투

—

바텀업은 예측에서 자유롭다. 싸게 사서 기다리면 된다.
바겐세일이 매수 구간에 들어올 때까지
경제 전체에 대한 관점이나 시장의 현황에 좌우되지 않고
기다려서 매수할 수 있는 인내심을 길러야 한다.

—

자자인 내가 톱다운 방식으로 성공하기는 더 어려우리라는 결론을 내렸다. 무엇보다도 바텀업이 적성에 잘 맞는 면도 있고 18년간의 투자 성과에 나름 만족하기 때문이다.

에프앤가이드와 한국거래소 자료로 지표 작업

바텀업 방식은 상장되어 있는 2,000개가 넘는 기업 중에서 투자 대상을 고르는 것이다. 그러려면 투자 대상 기업들의 모집단부터 확보해야 하는데 다행스럽게도 금융 정보를 제공하는 기업 에프앤가이드가 이 자료를 무료로 배포한다. 에프앤가이드는 매년 기업들의 정기보고서(1분기, 반기, 3분기, 사업) 제출일 다음 날만 되면 모든 상장기업의 재무 정보를 엑셀로 정리해서 자사 홈페이지(fnguide.com)의 Notice 코너에 올려놓는다.

11년째 이 자료를 이용하는 내게 한 가지 아쉬운 점이 있다면 재무 정보가 소계정까지 다 나오지 않는다는 점이다. 즉, 대계정과목 기준으로 작성되어 있다. 아무래도 소계정까지 일목요연하게 정리되면 분석

에프앤가이드 Notice 화면

1720	2020년 03월 잠정실적	2020.04.07
1719	2019년 12월 확정실적 속보	2020.03.31
1718	코로나19에 따른 2019 사업보고서 제출지연대상법인 안내	2020.03.27

하고 투자할 만한 기업을 고르기가 더 수월하다. 그러나 밤새 수작업으로 2,000개가 넘는 기업의 재무 정보를 입력했을 텐데 이를 무료로 달라고 하는 것은 무리한 요구일 것이다.

이 엑셀 자료에 시가 자료만 붙이면 실적과 주가를 한눈에 볼 수 있다. 시가 자료는 한국거래소(krx.co.kr) 시장정보에서 상장기업 모두를 무료로 다운로드할 수 있다.

주요 재무 정보와 시가 자료를 하나의 엑셀 시트에 합치면 기본적인 지표, 즉 주가수익배수(PER), 주가순자산배수(PBR), 자기자본이익률(ROE), 주가매출액배수(PSR), 주가현금흐름비율(PCR) 등을 계산할 수 있다. 시가는 매일 변동하므로 주가가 많이 떨어진 날 엑셀 시트에서 시가 자료만 업데이트하면 살 만한 종목들이 눈에 잘 들어온다.

모든 상장기업의 재무 정보 산출 화면

종목코드	회사명	시가총액	PER	PBR	ROE	PSR	PCR
000070	삼양홀딩스	496,727,718	16	0.3	2%	0	2
000080	하이트진로	2,819,371,162	-67	2.7	-4%	1	100
000100	유한양행	3,677,124,550	92	2.2	2%	2	56
000120	CJ대한통운	3,672,787,384	92	1.2	1%	0	4
000140	하이트진로홀딩스	449,050,903	-21	1.0	-5%	0	33
000150	두산	703,915,371	2	0.5	24%	0	1
000180	성창기업지주	103,232,368	-9	0.2	-2%	1	12
000210	대림산업	2,978,880,000	4	0.5	12%	0	3
000220	유유제약	86,931,213	18	1.0	5%	1	7

———

이런 재무 비율이 기업의 모든 것을 말해주는 것은 절대 아니다.
예를 들어 PER 10 미만, PBR 1 미만이라고
반드시 저평가로 단정할 수 없다. 실적과 재무 구조가 좋은데
시장에서 찬밥 신세가 되어 정말 저평가인지,
성장성이 없기 때문에 기업 가치 상승의 동력을 잃어버린 것인지
이 정보만으로는 알 수 없다.

———

단, 이런 재무 비율이 기업의 모든 것을 말해주는 것은 절대 아니다. 예를 들어 PER 10 미만, PBR 1 미만이라고 반드시 저평가로 단정할 수 없다. 실적과 재무 구조가 좋은데 시장에서 찬밥 신세가 되어 정말 저평가인지, 성장성이 없기 때문에 기업 가치 상승의 동력을 잃어버린 것인지 이 정보만으로는 알 수 없다. 재무 비율은 2,000개가 넘는 기업들의 대계정과목 정보만으로 추려내는 단순한 기준일 뿐이다. 선별 후에는 반드시 추가적인 양적 분석과 질적 분석을 거쳐야 한다.

양적 분석 첫 번째: PBR 1 미만 등 5가지 기준으로 체크

나는 PBR 1 미만, PCR 0 이상, 순유동자산(유동자산 - 유동부채) 양수, 발표 영업이익률 8% 초과, 2년 연속 영업이익 달성, 이 5가지를 모두 충족한 기업부터 선별한다. 대계정과목 수치만 제공받으니 종목 추출을 위해 어쩔 수 없이 선별 기준도 이처럼 러프하게 잡는다. 일단 PBR이 작다는 것은 저평가 종목임을 암시한다. PCR이 0보다 크다는 것은

영업활동을 통해 현금흐름을 창출한다는 뜻이다. 순유동자산이 양수라는 것은 1년 내에 현금화될 수 있는 자산이 1년 내에 갚아야 하는 부채보다 많음을 의미한다. 발표 영업이익률 8% 초과 항목은 영업흑자를 낸 상장기업들의 영업이익률 평균값이 7.5%이므로 평균을 초과한 기업만 투자 대상으로 삼겠다는 취지다. 마지막으로 2년 연속 영업이익 달성 항목으로는 최소 2년 동안 이익을 낸 기업만 투자 대상으로 삼는다. 2년 조건은 에프앤가이드에서 전기와 당기 수치 2년 치를 제공한다는 제약에서 나왔다.

사실 이 5가지 기준으로 기업을 완벽하게 뽑아내기란 불가능하다. 성장이 확실한 기업은 주가가 미리 움직이는 경향이 있어서 PBR이 1 넘는 곳이 많다. 또한 제조 시설이 필요 없는 서비스업은 제조업보다 자산 규모가 작기 때문에 역시 PBR 1 미만을 찾기가 쉽지 않다. 유동자산이 유동부채보다 크다고 해도 유동자산에 잘 안 팔리는 재고자산이나 회수가 잘 안 되는 매출채권, 대여금 등 부실자산이 많이 쌓였다면 유동자산 큰 것이 좋다고 볼 수 없다. 그렇기 때문에 나는 이 5가지 지표 선별법에 다른 방법들을 추가해 종목을 뽑아낸다.

양적 분석 두 번째: 실적 성장하고도 주가 하락한 종목 선별

바텀업 방식으로 성장주를 고른다는 접근은 사실 이론상으로 맞지 않는다. 성장주는 톱다운 방식으로 골라야 한다. 앞으로 반도체, 바이오가 경제를 이끌 것이라는 전망이 지배적이라면 그 업종을 대표하는 종목을 골라야 한다. 바텀업 방식은 그런 내용을 커버하지 못한다.

그럼에도 불구하고 나는 성장주 투자라고 이름을 붙였다. 앞으로 성장할 종목을 예측하는 게 아니라 실적이 성장했음에도 불구하고 주가가 떨어진 종목을 고르겠다는 취지다.

접근법은 변함없다. 역시 에프앤가이드에서 제공한 실적 수치를 이용한다. 1차적으로 전년도 대비 매출액과 영업이익이 모두 성장하고 영업이익률이 8%를 넘은 기업을 선별한다. 기본적으로 당기와 전기 수치가 제공되므로 이렇게 뽑을 수 있다. 다음 단계에는 당기와 전기 특정 일자의 주가 자료를 한국거래소에서 다운로드해 주가 등락률을 계산한다. 예를 들어 2020년 3월 31일에 2019년 실적 집계가 완료되니 그날의 주가와 1년 전 주가를 비교하는 것이다. 참고로 2019년의 매출액과 영업이익이 2018년 대비 모두 증가하고 영업이익률이 8%를 유지했는데도 주가가 하락한 종목은 144개나 된다. 이들 기업의 명단을 추리면 저마다 사연이 있어 보인다. 올해 역시 작년보다 좋은 실적이 나올 것으로 기대되는데 시장이 폭락함에 따라 불가피하게 떨어진 종목이 많다. 그리고 업황 특성상 올해 힘들어 보이는 종목들도 여럿이고 작년에 주가가 과하게 올라서 낙폭이 유난히 큰 기업들도 있다. 그렇기 때문에 종목 선별 후에 반드시 양적 분석과 질적 분석을 해서 최종 투자 의사결정을 해야 한다.

영업이익률은 매우 중요한 의미를 갖는다. 기업의 펀더멘털을 평가하는 하나의 방법일 뿐 아니라 힘든 저성장 시대에 영업이익률이라도 높아야 기업도 성장이 가능하다. 켄 피셔는 자신의 저서 《역발상 주식투자》에서 영업이익률의 중요성을 다음과 같이 강조했다.

"강세장 후반에 이르면 사람들은 종목 선택에 더 신중해져서 침체기가 오더라도 성장 자금을 쉽게 조달해 이익이 안정적으로 증가할 만한 회사를 찾는다. 바로 이때 영업이익률이 높은 종목은 빛을 발휘한다.

영업이익률이 높을수록 장래에 더 많은 자원을 확보할 수 있기 때문이다. 연구개발에 더 많이 투자해서 첨단기술을 확보할 수 있다. 시장을 더 확대할 수 있다. 자본적 지출을 늘려 생산설비를 확충하고 개선하는 등 생산 능력을 키울 수 있다.

강세장이 식어가고 높은 지수가 부담스러워지는 시점에 사람들은 영업이익률이 높은 회사를 선호한다. 지금까지 주식시장을 두려워하다가 강세장의 온기에 발을 들여놓기 시작하는 신규 투자자들도 영업이익률이 높은 종목을 선호한다."

양적 분석 세 번째: 9년간 실적이 검증된 기업에 투자

나는 실적이 검증된 기업만 투자한다. 내가 가장 좋아하는 종목 선정 방법이다. 에프앤가이드에서 2019년, 2017년, 2015년, 2013년, 2011년 5건의 실적 파일을 다운로드해서 하나로 정리했다. 한 해 실적 파일에 2년 치 자료가 있기 때문에 격년으로 다운로드하면 9년을 채울 수 있다. 9년 치 실적만 본다는 대목에서 독자들이 이상하게 생각할 수 있

2011~2019년 모든 상장기업의 주요 재무 정보

종목코드	회사명	매출액(2011)	매출액(2012)	매출액(2013)	매출액(2014)	매출액(2015)	매출액(2016)	매출액(2017)	매출액(2018)	매출액(2019)
000020	동화약품	234,561,984	223,371,997	220,240,575	213,472,145	223,201,285	237,470,835	258,881,617	306,602,589	307,150,026
000040	KR모터스	127,720,215	97,926,654	99,553,272	80,849,189	83,164,566	87,564,419	41,661,895	36,563,363	132,579,261
000050	경방	348,136,369	333,620,804	347,189,559	329,036,023	357,628,146	377,445,013	360,788,750	351,438,926	343,892,085
000070	삼양홀딩스	1,180,816,171	1,864,066,371	2,329,145,368	2,213,366,509	2,169,649,949	2,311,465,054	2,396,290,235	2,563,475,917	2,488,563,009
000080	하이트진로	1,373,664,296	2,034,625,757	1,897,468,864	1,872,333,383	1,907,480,760	1,890,232,768	1,889,910,216	1,885,626,109	2,035,063,967
000100	유한양행	679,230,982	776,457,613	943,609,131	1,017,491,786	1,128,731,292	1,320,797,335	1,462,248,030	1,518,822,858	1,480,353,607

다. 워런 버핏도 기업의 10년 치 재무제표를 봐야 한다고 강조하는데 왜 1년 뺀 9년 치일까?

우리나라 상장기업들이 의무적으로 적용하는 한국채택국제회계기준(K-IFRS)이 2011년에 정식 채택되었기 때문이다. 삼성그룹, LG그룹, 풀무원 등 조기 도입한 기업도 일부 있고, 2011년 재무제표를 만들면서 2010년 재무제표까지 한국채택국제회계기준으로 작성한 기업도 여럿 있지만 그렇지 않은 기업이 많기 때문에 2011년부터 보는 게 좋다. 단, 이렇게 하면 한계점이 있다. 예를 들어 2011년 이후 상장한 기업들은 9년 치 수치를 다 볼 수 없다. 에프앤가이드는 원칙적으로 상장한 기업들의 재무 정보만 작성해서 배포하기 때문이다. 그리고 2011년 이후 합병, 분할 등으로 기업이 합쳐지거나 쪼개진 경우에도 9년 치 자료를 완벽하게 분석하기 어렵다. 그러나 2011년 이전에 상장해서 9년째 상장 유지하는 기업이 훨씬 많기 때문에 이 자료를 만들면 매우 유용하게 활용할 수 있다.

나는 수많은 재무 정보 중 매출액, 영업이익, 순이익, 자본만 뽑아서 정리했다. 주의할 점은 연결재무제표 작성 기업은 당기순이익 대신 지배기업 소유주에게 귀속되는 당기순이익, 자본 대신 지배기업 소유주 지분 숫자를 받아야 한다는 점이다. 연결재무제표는 종속기업(자회사)을 포함해서 만드는 재무제표이고 기업의 기본 재무제표이기 때문에 원칙상 이 숫자들이 주주 몫이 된다.

이 자료만 받으면 9년 치 영업이익률과 ROE를 계산해서 9년간 매출액 증가, 영업이익 증가, 매년 영업이익 달성, 매년 영업이익률 증가, 매년 ROE 증가 여부를 확인할 수 있다. 또 매년 영업이익률 8%를 초과한 기업만 추릴 수도 있다. 순이익을 달성한 기업들의 평균 ROE가 11%를 약간 밑돌기 때문에 9년 동안 매년 ROE 11%를 초과한 기업을 추리는 작업도 가능하다. 참고로 2011년부터 2019년까지 9년 연속으로 영업이익을 달성한 기업은 609개이고, 매년 매출이 증가한 기업은 CJ대한통운을 비롯해 92개나 된다. 매년 영업이익이 증가한 기업은 LG생활건강을 포함해서 7개이고, 매년 매출액과 영업이익 모두 증가한 기업은 NICE평가정보를 포함해서 6개뿐이다. 매년 영업이익률 8%를 초과한 기업은 삼성전자, 네이버 포함 100개이고, 매년 ROE가 11% 초과하는 기업은 한온시스템, 고영 포함 27개나 된다.

투자하다 보면 운 좋게 단번에 많이 올라서 빨리 매도하는 경우도 있지만 예상보다 훨씬 오래 보유해야 하는 경우도 생긴다. 아주 오랜 기간 보유해야 할지도 모르기 때문에 망하지 않고 존속할 수 있는 기업에 투자해야 한다. 그리고 더 나아가 기업이 예년 실적을 뛰어넘는 성장을 보여야 기업 가치인 주가도 상승하므로 실적이 검증된 기업에 투자해야 승률도 올릴 수 있다.

현금및현금성자산 등 재무 정보 추가

에프앤가이드에서 실적 자료를, 한국거래소에서 시가 자료를 다운로드해 하나의 파일로 합치고 여러 지표와 증감 등을 활용해 종목을 선정했다. 또한 이 자료를 9년 치 모아서 실적이 검증된 기업들을 뽑기도 했다. 단, 이 방법으로 선정된 종목들은 재무제표 대계정과목과 지표 몇 개 기준을 통과한 단계이기 때문에 아직 완벽하지 않다. 이들 종목에 대해 바로 투자 의사결정을 하면 안 된다. 대계정과목이 모든 숫자를 보여주지 않고 기업 가치를 판단할 수도 없으며 가장 중요한 질적 분석도 이루어지지 않았다.

일단 종목만 뽑아놓고 그다음에 이 기업의 주요 재무 정보를 입력하는 단계를 거친다. 내가 입력하는 재무 정보는 현금및현금성자산, 장·단기금융상품, 금융자산(주식, 채권), 투자부동산 등 비영업자산이다. 영업과 무관한 자산을 입력하면 매출채권, 재고자산, 유형자산, 무형자산 등 영업자산만 남는다.

우리가 기업의 저평가 여부를 판단할 때 흔히 쓰는 방법 중 하나가 시가총액과 기업의 보유 현금을 비교하는 것이다. 예를 들어 디스플레이 장비를 제조하는 코스닥 상장기업 동아엘텍은 2020년 5월 말 기준 현금및현금성자산이 817억 원인데 시가총액은 750억 원대에 불과하다. 만약 내가 750억 원이 있어서 이 기업 주식을 몽땅 사들이면 817억 원을 기업의 금고와 예금통장에서 꺼내 가질 수 있으니 매우 싼 주식임에 분명하다. 물론 이렇게 하면 횡령이므로 그렇게 해도 된다는 의미는 절대 아니다. 피터 린치는 이렇게 현금이 많은 기업을 가리켜 "보너스가 환불금처럼 숨어 있다"라는 표현을 썼다.

현금및현금성자산 계정과목은 주로 현금과 수시입출금이 가능한 보통예금으로 구성되어 있다. 금리 1%도 안 되는 세상에서 기업들이 여유 현금을 현금및현금성자산으로만 보관하고 있을 리가 만무하다. 위험 선호도에 따라 여기저기 분산 투자한다. 그렇기 때문에 그런 계정과목들을 다 찾아야만 기업이 갖고 있는 비영업자산의 규모를 파악할 수 있다. 비영업자산은 말 그대로 사업에 투입하지 않고 보유한 여유 자산을 가리킨다.

위험 부담을 싫어하는 기업들은 자금을 현금및현금성자산과 장·단기금융상품에 주로 예치한다. 만기까지 1년 이하인 예금과 적금은 단기금융상품, 1년을 초과하면 장기금융상품으로 분류한다. 위험을 어느 정도 부담하는 기업들은 자금을 채권과 주식으로 운용할 것이다. 채권과 주식은 상각후원가측정금융자산, 공정가치측정금융자산 등으로 분류한다. 부동산 투자를 선호하는 기업들은 땅과 건물을 취득한 후 투자부동산 계정과목으로 회계 처리한다.

이렇게 기업이 갖고 있는 비영업자산이 기업이 그동안 번 돈으로 마련했는지, 아니면 은행 빚으로 마련했는지 확인해야 한다. 내가 10억 원짜리 아파트를 대출 7억 원과 모은 돈 3억 원으로 마련했다면 결국 나의 순자산은 3억 원이지, 10억 원이 아닌 것과 같은 이치다. 주주 입장에서 총자산에서 총부채를 뺀 자본, 즉 순자산이 중요하다. 그러려면 비영업자산에서 차입금, 사채 등 금융부채를 찾아서 차감해야 한다. 비영업자산이 금융부채보다 많다면 정말 자산가치가 큰 기업이고, 비영업자산이 금융부채보다 적다면 빚이 많은 기업으로 정의할 수 있다. 재무상태표의 부채에서 금융부채를 제외하면 나머지는 영업부채다. 이렇게 재무상태표 계정과목을 재정의할 수 있는데 이를 도식화하면 다음 페이지의 그림과 같다.

유동자산, 비유동자산, 유동부채, 비유동부채로 분류된 재무상태표를 투자자 목적에 맞게 재분류했다. 투자자 입장에서 재무상태표를 볼 때 기업이 왜 이렇게 많은 자산과 부채를 갖고 있는지 생각해보면 재분류가 쉽게 된다.

유형자산, 무형자산, 재고자산 같은 영업자산에서 매입채무, 미지급

재무제표 계정과목 재분류

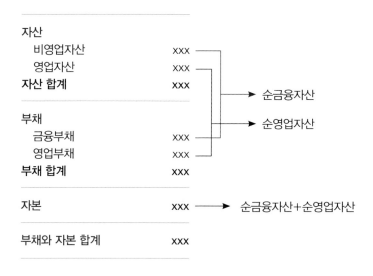

자산		
비영업자산	xxx	
영업자산	xxx	
자산 합계	xxx	→ 순금융자산
		→ 순영업자산
부채		
금융부채	xxx	
영업부채	xxx	
부채 합계	xxx	
자본	xxx	→ 순금융자산+순영업자산
부채와 자본 합계	xxx	

금, 미지급비용 등 영업부채를 차감한 순영업자산은 결국 기업의 사업을 위해 갖고 있는 것이다. 손익계산서 측면에서 얘기하면 매출액부터 영업이익을 발생시키는 데 기여하고, 현금흐름표 측면에서 얘기하면 영업활동현금흐름을 늘리는 데 기여한다. 즉, 기업은 수익가치 창출을 위해 많은 영업자산과 영업부채를 갖고 있다.

현금및현금성자산, 장·단기금융상품, 상각후원가측정금융자산, 공정가치측정금융자산, 투자부동산 등 비영업자산에서 차입금, 사채 등 금융부채를 차감한 순금융자산은 기업의 자산가치에 기여한다. 많이 가질수록 기업의 자산가치가 크다고 할 수 있다. 엄밀히 말하면 순자산가치인데 제도권에서 자산가치라는 용어를 쓴다.

우리가 얘기하는 좋은 기업의 보편 타당한 정의는 돈 많고 돈 많이 버는 기업이다. 이는 우리가 얘기하는 부자의 기준과 일치한다. 많이 벌거나 많이 갖고 있으면 부자이고 둘 다 갖췄다면 더할 나위 없이 좋다. 우리가 주식 투자를 하는 것은 이렇게 많이 갖고 많이 버는 기업의 주주로 참여해 기업이 사업을 통해 창출하는 과실을 공유하기 위해서다. 그러려면 이렇게 기업의 재무 상태를 제대로 알아야만 한다.

내재가치 = 순금융자산 + 영업이익 × 8

재무 정보를 입력함으로써 투자 대상 기업이 얼마를 갖고 있고 얼마를 벌고 있는지 확인했다. 이제 이 기업의 주식을 사도 되는지 판단해야 한다. 그러려면 기업의 적정 가치를 매겨야 한다. 시장에서 형성된 가격(주가)이 내가 매긴 가치보다 싸면 매수, 비싸면 매도해야 한다. 만약 A 기업의 가치를 1조 원으로 매겼는데 시가총액이 5,000억 원에 불과하다면 저평가 상태이니 매수한다. 그런 다음 시장에서 이 기업의 가치를 알아줄 때까지 보유한다. 주가가 올라서 시가총액이 1조 원에 육박한다면 매도한다. 이것이 나의 투자 원칙이다.

그러면 기업의 내재가치는 어떻게 측정해야 할까? 제도권에서도 기업의 가치를 수익가치와 자산가치의 합으로 산정한다. 단, 산정 방식은 일반 개인 투자자들이 쓸 수 없을 정도로 복잡하고 많은 자료가 동원되기 때문에 현실적으로 사용 불가능하다. 그래서 내가 쓰는 단순한 방식을 제시한다.

자산가치는 재무 정보를 입력할 때 쓴 것처럼 순금융자산가치로 측정하면 된다. 수익가치는 앞으로 기업이 벌어들일 이익의 현재가치로 정의할 수 있는데, 꾸준히 이익을 내는 기업이라면 최근 영업이익에 8

기업의 가치는 수익가치와 자산가치의 합으로 산정한다.
자산가치는 순금융자산가치로 측정하고,
수익가치는 최근 영업이익에 8을 곱해서 구한다.

을 곱해서 구한다. 8배는 앞으로도 지금 수준 이상의 영업이익을 창출한다는 가정하에 주주의 요구수익률을 추정해서 현재가치화한 것이다. 요구수익률 추정 과정은 복잡하니 생략하겠다.

B 기업이 현재 순금융자산으로 1,000억 원을 갖고 있고, 과거 수치를 보니 매년 평균 영업이익으로 500억 원 이상 달성하고 있다면 내재가치는 '1,000억 원 + 500억 원 × 8' 해서 5,000억 원으로 계산한다. 주식시장에서 이 기업의 시가총액이 2,500억 원 이하라면 매수하고, 초과하면 매수하지 않는다. 매수 후 시가총액이 5,000억 원에 도달하면 매도한다. 이 전략은 앞서 언급한 세스 클라만의 저서 《안전마진》에서 착안했다. 관련 대목을 다음과 같이 인용한다.

"가치투자는 현재의 기업 내재가치보다 현저하게 할인하여 주식을 매수하고 그 가치가 실현될 때까지 보유하는 투자 원칙이다. 할인이라는 요소가 투자 과정의 핵심이다. 가치투자자의 언어로 다시 말하자면 1달러를 50센트에 사는 투자를 말한다. 가치투자는 기업의 가치에 대한 철저한 분석과 가치에 비해 충분한 할인이 있을 때까지 기다리는 인내심의 결합체다."

투자가 무엇이냐는 질문에 나는 항상 세스 클라만의 말을 인용한다. 그는 "투자는 비싼 가격에 사서 더 비싼 가격이 될 때까지 기다리는 것이 아니라 사고 싶은 주식의 가격이 떨어질 때까지 기다리는 것이다"라고 말했다. 정말 재미없고 지루한 시간과의 싸움이 펼쳐지곤 한다. 그러나 이번 코로나19로 인해 주식시장이 폭락하는 것을 보면서 결국은 나의 투자 원칙, 세스 클라만 회장의 가르침이 맞다는 것을 다시 깨닫게 되었다.

이렇게 가치를 매겨봐야 저평가인지 아닌지 판단할 수 있다. 단, 이 계산법이 분명 정답은 아니다. 개인 투자자 입장에서 내가 만들어낸 논리적이고 쉬운 계산법이다. 확실히 큰 폭으로 성장하리라고 예상되는 기업은 8 이상을 곱해서 가치를 매겨야 한다. 실적이 줄어드는 기업이나 흑자와 적자를 반복하는 기업에는 쓸 수 없다. 곧 자산가치도 까먹을 것이기 때문이다. 따라서 실적이 검증된 기업 중에서 골라야 한다.

질적 분석: 최대주주 지분 50% 이하 등 리스크 체크

내재가치 평가까지 양적 분석이 모두 끝났다. 그러나 역시 이것만으로 투자 의사결정을 할 수 없다. 왜냐하면 기업의 질적 요소들을 하나도 분석하지 않았기 때문이다. 질적 분석까지 마쳐야 투자에 대한 확신도를 한층 더 끌어올릴 수 있다.

나는 기업의 사업보고서를 보며 9가지 관점에서 분석한다. 나의 체크리스트는 다음 페이지에 실었다.

업종에 따라 변형하기도 하지만 원칙상 9가지를 체크한다. 서비스 기업은 제품을 생산하지 않으므로 원재료나 주요 제품의 판매 가격이 나

	점검 사항	사업보고서 목차
1	주주 구성	주주에 관한 사항
2	수익성 분석	사업의 내용
3	손익 분석	재무제표
4	원재료 가격 및 주요 제품 판매 가격 추이 분석	사업의 내용
5	성장성 평가	사업의 내용
6	현금흐름 분석	재무제표
7	특수관계자와의 거래 투명성 분석	재무제표 주석 사항
8	배당 및 자기주식 취득 등 주주가치 제고 여부	주식의 총수, 배당에 관한 사항
9	메자닌(CB, BW) 발행 여부	자본금 변동 사항, 재무제표 주석 사항

오지 않는다. 이들 기업은 사업보고서에서 매출과 영업비용 관련한 다른 자료를 가지고 중요한 요소를 찾아 분석한다.

사업보고서 체크리스트를 간단하게 살펴보면 다음과 같다.

① **주주 구성:** 최대주주 지분율이 50%를 초과하는지 살핀다. 반드시 그렇지는 않지만 아무래도 50%를 초과하면 대주주에 대한 견제가 약해질 가능성이 크다. 국민연금이나 기관투자가가 5% 이상 취득해도 목소리를 내기 어렵다. 따라서 나는 최대주주 지분율이 50% 이하이면서 기관투자가도 5% 이상 주주로 참여한 기업을 선호한다.

② **수익성 분석:** 잘 아는 기업은 무엇을 만들어서 파는지 이미 아는 경우가 많지만 처음 접하는 기업이라면 사업의 내용 편에서 주요 제품부터 살펴봐야 한다. 어떤 제품들을 만들고 무슨 제품의 매출 비중이 가

최대주주 지분율이 50%를 초과하는지 살핀다.
반드시 그렇지는 않지만 아무래도 50%를 초과하면
대주주에 대한 견제가 약해질 가능성이 크다.

장 큰지 본다. 그다음에는 시장점유율 정보를 살펴봐야 한다. 소비자 입장에서는 경쟁 구조에서 좋은 제품을 값싸게 공급하는 기업을 좋아하지만, 투자자 입장에서는 판매 가격 결정 권한이 있는 독과점 구조의 기업을 선호할 수밖에 없다. 그렇기 때문에 시장점유율도 이 관점에서 살핀다. 시장점유율이 높을수록 워런 버핏이 강조한 경제적 해자가 있는 기업일 가능성이 크다.

③ **손익 분석:** 사업보고서에 최근 3년간의 재무제표가 나오므로 손익계산서로 일단 3년간의 손익을 살핀다. 매출액부터 영업이익까지 증감 여부와 영업이익률 8% 초과 여부를 확인하고, 괜찮은 실적을 냈다면 과거 9년 치까지 참고해서 본다. 이것으로 끝나지 않는다. 중요한 것은 미래이므로 앞으로도 계속 매출과 이익 증가가 가능할 것인지 살펴야 한다. 그러려면 ④번 단계를 반드시 거쳐야 한다.

④ **원재료 가격 및 주요 제품 판매 가격 추이 분석:** 사업의 내용 편에서 최근 3년간의 주요 원재료와 제품 판매 가격 정보를 제공한다. 가장 좋은 유형은 원재료 가격이 떨어지고 제품 판매 가격이 올라가는 것이다. 독과점 구조일수록 그럴 가능성이 크다. 원재료 가격이 오르더라도

제품 판매 가격에 전이해서 마진을 유지하면 괜찮다. 경쟁이 치열한 상황에서는 이조차 쉽지 않다. 투자하기에 가장 안 좋은 유형은 원재료 가격이 오르는데 제품 판매 가격이 떨어져서 마진이 줄어드는 것이다. 나는 원재료 가격과 제품 판매 가격 차이가 줄어들지 않고 일정 정도 이상 벌어지는 기업을 선호한다.

⑤ **성장성 평가:** 성장성에 대해 투자자가 가늠할 지표나 사실은 내수/수출 비중과 신규 사업 진행 및 증설 여부다. 내수 비중이 크다면 주가 상승에 한계가 있다. 작은 국내 시장에서 실적과 주가가 급상승하리라고 기대하는 것은 지나친 욕심이다. 그러나 수출 비중이 큰 기업은 다르다. 글로벌 시장이 크기 때문에 성장을 기대할 수 있다.

기업이 신규 사업을 진행하는 중이라면 역시 성장을 기대할 수 있다. 연구개발 비중이 큰 기업은 연구개발 활동의 내용을 검토해야 한다. 우리는 기업이 보유한 파이프라인과 진행 과정을 알 수 있다. 내수/수출, 신규 사업, 연구개발 활동과 관련된 내용 역시 사업의 내용 편에 자세히 수록되어 있다.

기업이 증설하게 되면 전자공시시스템(dart.fss.or.kr)을 통해 신규시설투자보고서를 공시한다. 이 보고서에서 증설 완료 시점과 증가되는 생산 능력(CAPA) 정보를 확인할 수 있다. 증설은 앞으로 기업의 매출이 늘어날 것이라고 알려주는 좋은 신호다.

⑥ **현금흐름 분석:** 현금흐름표는 3가지 포인트로 접근한다.

영업활동현금흐름 〉 당기순이익

영업활동현금흐름 〉 |유·무형자산 취득액|

재무활동현금흐름 − 여부

영업활동현금흐름이 당기순이익보다 커야 정상적인 현금흐름으로 판단할 수 있다. 그리고 영업활동현금흐름이 유·무형자산 취득액 절댓값보다 크다는 것은 잉여현금 창출 능력이 있음을 의미한다. 재무활동현금흐름이 마이너스라는 것은 차입금 증가보다는 차입금 상환과 배당금 지급이 가능한 현금흐름을 의미한다. 위 3가지를 충족하는 기업은 수익가치를 창출해내고 순금융자산도 계속 불려간다.

⑦ **특수관계자와의 거래 투명성 분석:** 재무제표 주석 사항에 특수관계자와의 거래 내역이 나온다. 최대주주 일가가 기업을 만들고 그 기업과 많은 금액의 매출, 매입 거래를 한다면 일감 몰아주기 가능성이 크다. 일감 몰아주기는 기업의 정상이익 실현을 어렵게 만들어 주주가치를 훼손한다. 또한 특수관계자와의 잦은 대여금 거래도 좋지 않은 신호다. 특수관계자에게 대여금으로 빌려주고 추후에 회수되지 않아 대손충당금이 쌓이는 것이 최악이다. 최대주주 일가가 설립한 특수관계자와 불필요한 거래를 하는 기업은 투자 대상에서 배제하는 게 좋다.

⑧ **배당 및 자기주식 취득 등 주주가치 제고 여부:** 주주가치 제고 측면에서 반드시 살펴봐야 한다. 배당에 관한 사항, 주식의 총수 편에서 각각 3년간 배당금 지급 내역과 자기주식 취득 여부를 확인할 수 있다. 참고로 나는 배당금을 많이 지급하는 보통주와 우선주 270개 이상을 추려서 2008년부터 2019년까지 엑셀로 정리했다. 코로나19처럼 상황이 안 좋았던 2008년 금융위기, 2009년 신종 플루 때도 배당금을 잘 지급했는지 확인하기 위해서다. 주가가 떨어져도 배당금을 잘 주는 기업을 골라야 주주 입장에서 힘든 시기를 이겨낼 수 있다.

⑨ **메자닌(CB, BW) 발행 여부:** 빈번하게 사채를 발행해 자본을 조달하

는 기업은 조심할 필요가 있다. 사업보고서에서 기업의 연혁을 살폈더니 기업 이름과 최대주주가 자주 바뀌고 대표이사가 빈번하게 교체된다면 특히 더 조심해야 한다. 기업 사냥꾼이 최대주주로 등극하고 무분별한 자본 조달 후 본인이 만든 특수관계자에게 대여금으로 빌려주며 횡령·배임을 일삼을 수 있다. 최근까지 이런 일들이 많았다. 반드시 자본금 변동 사항, 특수관계자 거래 주석 사항을 살피기 바란다.

현금을 20~50% 남겨두고 투자

질적 분석이 끝났다. 이 정도만 훑어도 잘 모르는 기업을 충분히 이해할 수 있다. 그다음은 투자 의사결정 단계다. 양적 분석과 질적 분석에서 특이 사항이 없고 안전마진이 확보된 것을 확인하면 매수 버튼을 누르면 된다. 주가가 떨어져도 충분히 싼 가격에 매수했으니 버틸 수 있다. 오래 지속된다면 배당금으로 위안을 삼을 수 있다. 주가가 오르기 시작하면 계산한 내재가치에 이를 때까지 기다렸다가 매도한다.

가치투자자에게 시간은 우군이다. 단, 주식을 보유하는 기간이 길어질 수도 있고 짧아질 수도 있다. 투자하다 보면 어이없게 테마주로 편입되어 단 몇 달 만에 급등하기도 하고 강태공보다 더 긴 세월을 낚아야 하는 경우도 있다. 타이밍을 맞히기는 아예 불가능하다고 생각한다. 나에게는 그런 능력이 없다. 그렇기 때문에 투자는 여유 자금으로 해야 한다. 빚으로 하면 조급해질 수밖에 없고 주식에 모든 돈을 태우면 더 좋은 기회가 왔을 때 놓칠 수 있다. 항상 현금을 최소 20%에서 최대 50%까지 남겨놓고 투자하는 원칙을 유지한다.

보유 종목은 5개를 넘지 않는다. 머릿속에서 사업보고서를 달달 외울 정도는 5개까지이고 그 이상은 힘들다. 5개 이내 종목에 집중투자한다.

큰 욕심이나 환상보다 안정적인 것이 좋아

투자자들에게 강의할 때 많이 다뤘던 내용들을 이렇게 쭉 정리해보았다. 나의 투자 원칙과 방법론을 체계적으로 담은 최초의 글이다.

분에 넘치는 큰 수익도 냈고, 금융위기 때 다 날린 경험도 있다. 오랜 시간 동안 투자는 항상 내 삶의 일부였다. 이제는 큰 욕심이나 환상보다는 안정적인 것이 좋다. 위기가 와도 평온하고 큰 수익이 오면 감사할 수 있는 자세가 가장 중요하다는 점을 체득했기 때문이다. 뇌와 손이 정상적으로 작동하는 한 평생 이렇게 투자할 것이다.

세상에 많은 투자 방법론이 있기 때문에 투자자는 그중에서 자신에게 가장 잘 맞는 방법을 선택하는 것이 중요하다. 그리고 일관성 있게 투자 원칙을 유지해야 한다. 그래야 급등락하는 투자의 세계에서 평정심을 유지할 수 있다. 투자는 한두 번 만에 큰돈 벌고 떠나는 게 아니라 평생 해야 하는 나만의 사업이다. 독자 모두 소중한 건강과 재산을 잘 지키는 현명한 투자자로 롱런하기를 기원하며 글을 마친다.🔒

글 **박동흠** | 18년 경력의 회계사이자 투자자로 주식 투자에 정통한 공인회계사라는 수식어를 달고 다닌다. 《박 회계사의 완벽한 재무제표 활용법》 등 5권의 베스트셀러를 썼고, 〈경향신문〉과 〈이투데이〉에 매월 회계 및 투자 관련 칼럼을 연재하고 있다. 주요 증권사, 은행, 기업 등에서 투자와 회계 관련 교육을 하고 있고 개인 투자자들을 위해 러닝스푼즈에서 엑셀을 활용한 종목 선정 및 내재가치 분석 강의를 하고 있다.

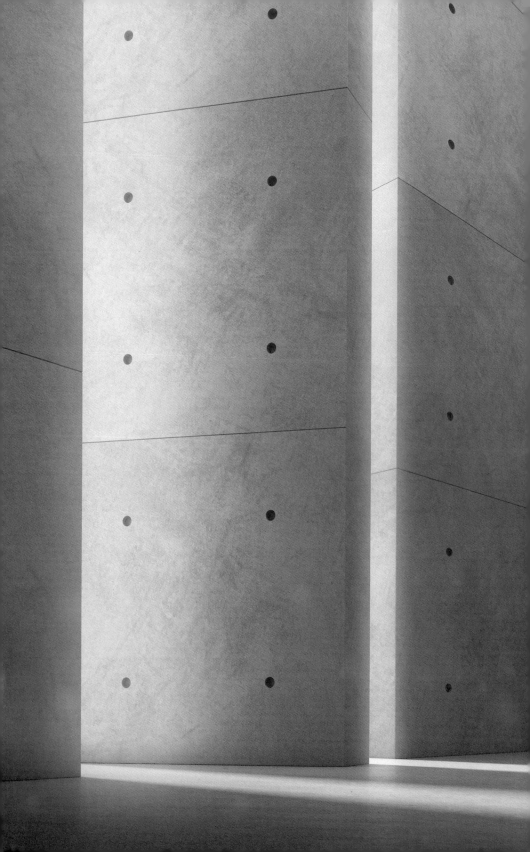

인간의 심리에는 난자와 비슷한 속성이 있습니다. 난자는 정자 하나가 들어온 뒤에는, 다른 정자가 들어오지 못하도록 문을 닫아버립니다. 인간의 심리에도 이런 성향이 뚜렷이 나타납니다. 이는 보통 사람들은 물론, 학계의 대가들에게도 나타나는 성향입니다.

— 1995년 하버드대 강연(오판의 심리학)

Well, what I'm saying here is that the human mind is a lot like the human egg, and the human egg has a shut-off device. When one sperm gets in, it shuts down so the next one can't get in. The human mind has a big tendency of the same sort. And here again, it doesn't just catch ordinary mortals, it catches the deans of physics.

가치주 vs 성장주

가치가 있는 것은 성장하고
성장하는 것은 가치가 있다

신진오

경제가 위기에 빠지면 반사적으로 성장주 투자로 난관을 타개하려는 움직임이 나타난다. 이런 가운데 근래 버핏의 행보도 표면적으로는 성장주에 힘을 실어주고 있다. 이제 버핏을 가치주 투자자가 아니라 성장주 투자자라고 불러야 하는 걸까? 신진오 밸류리더스 회장은 답을 찾기 위해 버핏의 스승이자 가치투자의 주창자인 벤저민 그레이엄으로 돌아간다. 신 회장은 그레이엄이 원칙적으로 선호한 종목은 성장주라고 할 수 있다고 말한다. 다만 대공황과 같은 심각한 위기 상황이나 비우량주의 경우에는 저PBR로 이해되는 가치주에 투자하는 것도 괜찮다고 설명한다.

고평가된 종목의 주가는 더 오르고 저평가 종목은 부진한 현상이 이어진다. 불확실성이 클수록 저평가주에 투자해야 한다는 '가치투자'의 상식이 통하지 않는 상황인 것이다. 통상 밸류에이션이 높으면 주가 조정이 이뤄지고, 밸류에이션이 낮은 종목에는 자금이 몰리면서 주가가 오르는 것과는 반대 양상이 벌어지고 있는 것이다. 카카오의 예상 PER은 58배에 달하지만 이달 주가는 34%나 급등했다. 반면 삼성전자의 PER은 11.15배에 불과하지만 이달 주가는 2.5% 하락했다. 이는 국내뿐 아니라 해외에서도 마찬가지다. S&P 500 Pure Value는 이달 2.2% 하락한 반면 S&P 500 Pure Growth는 5.1% 올랐다. (머니투데이 2020년 5월 25일 자)

2020년 3월 11일 WHO는 드디어 코로나19에 대해 팬데믹을 선언했다. 팬데믹이란 세계적으로 전염병이 대유행하는 상태로 WHO가 정한 최고 경고 등급인 6단계에 해당한다. 이에 따라 매도 클라이맥스(Panic Selling)가 발생하면서 MSCI 월드 지수는 2월 19일 2,434.95에서 3월 23일 1,602.11로 34%나 급락했다. 한국도 예외는 아니어서 코스피는 2월 14일 2,243.59에서 3월 19일 1,457.64로 35%나 급락했다.

코로나19 사태와 주식시장 동향(2020/02~2020/06)

MSCI 월드 — 코스피

2,600
2,400
2,200
2,000
1,800
1,600
1,400

02-03 02-10 02-17 02-24 03-02 03-09 03-16 03-23 03-30 04-06 04-13 04-20 04-27 05-04 05-11 05-18 05-25 06-01 06-08

　이렇게 증시가 민감하게 반응한 것은 새로운 유형의 바이러스가 잠시 지나가는 정도로 가벼운 감기 수준이 아니라는 것을 의미한다. 일부 국가에서는 외출 및 이동 금지령이 내려지고, 일부 도시에 봉쇄령이 내려지는가 하면, 학교, 공항, 영화관, 체육시설 등 다중이용시설과 수많은 상점이 문을 닫는 등 사회 및 경제가 '잠시 멈춤'을 할 정도였다. 문제는 이러한 '잠시 멈춤'이 펀더멘털이 튼튼하지 못한 중소기업이나 영세한 개인사업체에는 '뇌성 마비'가 될 정도로 치명적이라는 사실이다. 실제로 고용이 불안정한 비정규직 노동자를 중심으로 실업이 증가하고 소규모 상점과 식당은 임시 휴업을 하고 있다. 이 사태가 조금만 더 길어지면 대규모 실업과 경기 침체가 매우 우려되는 상황이다.

　증시의 민감한 반응에는 코로나19 팬데믹이 경제에 미치는 영향이 매우 심각할지도 모른다는 우려가 반영되어 있다. 그런데 아무리 암울한 상황이라도 희망을 잃지 않는다는 점이 인간의 장점이다. 발이 묶여서 꼼짝할 수 없는 상황이라도 먹는 문제는 해결해야 하고, 서로 대면하지 않으면서도 살아갈 방법을 모색해야 한다. 이런 면에서 인터넷을 활용한 쇼핑, 영화, 공연, 강의, 회의 등과 관련된 비대면(Untact) 주식으로 투자자의 관심이 집중되고 있다. 한편으로는 바이러스 감염 사태를 근본적으로 해결할 수 있는 치료제와 예방약을 기대하면서 바이오 업체에 희망을 걸고 있다. 이런 관심과 기대를 한 몸에 받게 된 인터넷과 바이오 관련 주식을 시작으로 주가는 폭락세를 멈추고 반등에 불씨를 댕겼다.

이번 사태가 장기화되고 그 결과 경기 침체의 골이 깊어질 것이라고 예측한 전문가들을 비웃기라도 하는 것처럼, 주가는 보란 듯이 V자 반등을 이루며 폭락 직전의 수준을 거의 회복했다. 구체적으로 MSCI 월드 지수는 3월 23일 1,602.11에서 6월 8일 2,288.04까지 43% 반등했고, 코스피는 3월 19일 1,457.64에서 6월 10일 2,195.69까지 51% 반등했다. 다행스럽게도 코로나19의 신규 확진자가 감소하고 안정권에 접어들면서 팬데믹 현상은 조만간 종료될 것으로 기대하게 되었다. 하지만 국가별로 지역 감염이 근절되지 않고, 한국에서도 10명 이내로 감소했던 하루 신규 확진자가 다시 50명대로 늘어나면서 '2차 대유행'에 대한 우려가 높아지고 있다.

이번 V자 반등은 이러한 경제 펀더멘털에 미치는 심각한 충격에 비추어 볼 때 지나치게 낙관적인 면이 없지 않다는 경계심도 증가하고 있다. 한편에서는 시간이 문제일 뿐 언젠가 종료될 이벤트라는 생각에 기

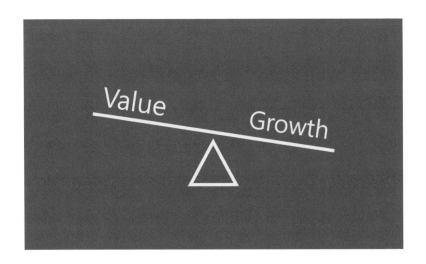

—

불경기 약세장에서 성장주의 비중을 높이고,
반대로 호경기 강세장에서 가치주 비중을 높이는
리밸런싱을 진행하면 상당한 투자 수익을 얻을 수 있었다.
이런 현상을 힙합 래퍼들은 이렇게 표현할 것 같다.
"가치주를 디스하고, 성장주를 플렉스해버렸지 뭐야!"

—

대어 너무 섣부르게 긴장의 끈을 놓아버린 것이 아닌가 하는 반성이 제기되었다. 다른 한편에서는 전반적으로 실물 경제가 정상화되기에는 아직 이르다는 현실 인식이 공유되었다. 사실 최근의 경제 상황으로만 놓고 본다면 이익은 고사하고 급격한 매출 감소가 발생했으므로 반등은커녕 추가 급락이 진행되어도 할 말이 없을 지경이다.

가치주를 디스하고, 성장주를 플렉스해버렸지 뭐야!

언젠가 극복되고 정상화될 것이라는 희망을 대입하면, 이렇게 비관적인 시기야말로 절호의 매수 기회라고 볼 수도 있다. 다만 난제는 정상화될 때까지 죽지 않고 생존한 사람에게만 치킨 게임의 승자만이 누릴 수 있는 승자독식의 보너스가 주어진다는 것이다. 그러므로 지금은 단기적인 고통과 장기적인 희망이 혼재한 가운데 자신의 체력에 따라 다른 대응을 할 수밖에 없는 시기다.

저금리 저성장은 고사하고 마이너스 금리 마이너스 성장의 시기에는 성장이 더욱 귀한 법이다. 그래서 정상적인 불경기 시기에 성장을 위해 과감한 투자를 서슴지 않는 성장주에 대한 기대가 남다르다. 반대로 정상적인 호경기 시기에는 지나친 투자를 자제하고 보수적인 경영을 유지하는 가치주가 빛난다. 실제로 불경기 약세장에서 성장주의 비중을 높이고 반대로 호경기 강세장에서 가치주 비중을 높이는 리밸런싱을 진행하면 상당한 투자 수익을 얻을 수 있었다. 이런 현상을 힙합 래퍼들은 이렇게 표현할 것 같다. "가치주를 디스하고, 성장주를 플렉스해버렸지 뭐야!"

글로벌 경제침체 장기화가 이미 기정사실화된 마당에 가치투자가 될까? 현 상황은 기존 가치투자의 출발점이 아니라 종착점이 될 수 있다. 글로벌 저금리화가 장기화되고, 투기 세력이라도 잡기 위한 각종 규제 철폐가 잇따를 경우 서브프라임보다 더 큰 재앙을 부를 수 있기에 가치투자에 대한 우려가 제기되고 있는 것이다. 대세상승장에서야 그야말로 '묵혀둬야 제맛'인 가치투자가 빛을 발휘했지만, 현재와 같은 상황에서 가치투자란 빛바랜 옛말에 지나지 않는다. 가지고 있을수록 손실 위험만 커지는 상황이 발생하기 때문이다. (아시아경제 2009년 2월 10일 자)

경제가 위기에 빠지면 반사적으로 성장주 투자로 난관을 타개하려는 움직임이 나타난다. 예를 들어 2009년 글로벌 금융위기 때 가치투자에 대한 비판적인 의견이 대두되었다. 앞서 1997~1998년의 외환위기 때에도 정부가 앞장서서 스타트업 기업들을 전폭적으로 육성하면서 IT 닷컴 기업들을 중심으로 코스닥 버블 장세가 만들어졌다. 이번 코로나19 사태에도 비대면 IT주와 바이오주를 중심으로 힘찬 반등에 성공했다.

1세대 가치투자자들은 외환위기 이후 주가가 폭락해 싼 주식이 사방에 널려 있던 2000년대 초반 가치투자 열풍을 타고 부상했다. 그러나 2015년 이후 반도체 등 대형주와 바이오 랠리에서 소외되며 펀드 수익률이 곤두박질쳤고, '가치투자의 위기'라는 지적이 나왔다. 최근엔 투자 철학은 유지하면서도 새로운 환경에 적응하는 2세대 가치투자자들이 활약하고 있다. 이들은 전통적인 가치주뿐 아니라 성장 가능성이 있는 회사에도 투자한다. IT, 바이오 업종에 대한 편견이 없는 것도 특징이다. (한국경제TV 2020년 6월 4일 자)

최근에 또다시 여의도 가치투자자의 세대 교체가 화제가 되고 있다. 투자철학은 유지하되, 전통적인 가치주뿐 아니라 성장 가능성 있는 회사에도 투자한다는 것이 핵심이다. 구체적으로 IT와 바이오 주식에 대한 편견을 갖지 않는다는 것이다. 위기의 해결사로 등장하는 이들 성장주에는 공통점이 있다. 첫째, 업력이 길지 않은 새로운 비즈니스의 신기술 관련 스타트업 기업들이다. 기존 비즈니스가 힘들기 때문에 새로운 비즈니스에 기대를 거는 것이다. 둘째, 아직 순이익은 물론이고 매출도 정상적으로 발생하지 않은 경우가 많다. 즉, 정상적인 가치 평가를 할 수 없다. 기존 비즈니스도 경제위기 상태에서는 정상적인 가치 평가가 불가능하기는 마찬가지다. 교통사고를 당한 사람에게 체력 측정이 의미가 없는 것처럼, 위기 상황에서는 전통적인 가치 평가 방식은 의미가 없을 수도 있다. 셋째, 매출이나 이익이 정상적이지 않기 때문에 실질적인 '성장주'는 아니고 '성장 기대주'라고 말해야 맞는 표현이다. 전통적인 투자 영역에서 정상적인 투자 대상을 찾을 수 없는 상황이니 영역을 확장해 새로운 종목을 찾아보는 게 참신한 궁여지책일지도 모른다.

버핏의 최근 행보

이번에 가치투자를 비판하는 목소리가 커진 데에는 가치투자의 귀재로 알려진 워런 버핏의 최근 행보도 한몫하고 있다. 그동안 버핏은 주주총회 Q&A 등에서 "아마존에 투자하지 못해서 아쉬웠다"고 수 차

이렇게 버핏의 행동을 겉으로만 놓고 보더라도,
가치주의 시대는 가고
성장주의 시대가 온 것이 분명해 보인다.
이제 버핏을 가치주 투자자가 아니라
성장주 투자자라고 불러야 하는 걸까?

례 고백한 바 있다. 그러다가 뒤늦게 애플에 투자하기 시작하면서 지난 연말 기준으로 버크셔 투자 주식 자산의 30%에 가까울 정도로 포지션을 크게 늘렸다. 잘 알다시피 애플은 전통적인 가치주가 아니다. 오히려 성장주의 대표 상징인 FAANG에 속하는 종목이다. FAANG은 IT 선도 기업인 페이스북(FaceBook), 아마존(Amazon), 애플(Apple), 넷플릭스(Netflix), 구글(Google)을 말한다.

또 버핏은 지역 독점 사업이라는 이점 때문에 신문사에 애착이 많았다. 인터넷 시대가 열리면서 신문 광고 수입은 감소할 수밖에 없다는 애널리스트의 분석이 지배적이었다. 그럼에도 불구하고 버핏은 신문사를 포기하려 하지 않았다. 청소년 시절에 신문 배달 사업을 통해 짭짤한 소득을 얻었던 추억을 잃고 싶지 않아서였을까? 그러던 버핏이 지난 1월 말에 결국 31개 신문사 전부를 헐값에 처분하는 사건이 발생했다. 신문사의 해자가 자신의 생각만큼 튼튼하지 못하다고 뒤늦게 결론을 내린 듯하다.

앞서 말했듯이 코로나19 사태가 세계적 대유행 단계인 팬데믹 현상으로 확대되면서 전 세계 증시가 폭락했다. 이렇게 패닉 장세가 연출되면 언제나 슈퍼맨처럼 버핏이 나타나 홀연히 저가 매수에 나서곤 했다. 그러면 사람들은 가슴을 쓸어내리며 '역시 버핏'이라고 환호하곤 했다. 그런데 이번에는 버핏이 오히려 폭락 장세에서 엄청나게 매도했다는 소식이 들렸다. 버핏의 멋진 모습을 내심 기대하던 많은 사람들은 아연실색했다. 지난 2월 말에 내재가치에 비해 저평가되었다며 추가 매수한 항공주를 돌연 매도한 것이라서 더욱 놀라움을 금하지 못했다. 도대체 한 달 만에 버핏이 마음을 바꾼 이유는 무엇일까? 항공주의 가치가 한 달 만에 사라지기라도 했다는 걸까? 굳이 할 거라면, 참았다가 반등할 때 매도하면 유리하지 않았을까? 바닥 시세에 매도할 만큼 뭐가 그리 급했을까?

게다가 버핏은 금융주를 가장 많이 보유하고 있다. 그런데 이번에 골드만삭스 등 금융주마저 큰 폭으로 비중을 축소했다. 최근 버핏의 행태를 종합하면 자신이 그동안 내재가치 운운하며 장기 보유하던 가치주를 대거 축소하고, 대신 능력범위 밖에 있어서 이해하기 힘들다던 인기 성장주를 대거 편입한 셈이다. 이렇게 버핏의 행동을 겉으로만 놓고 보더라도, 가치주의 시대는 가고 성장주의 시대가 온 것이 분명해 보인다. 이제 버핏을 가치주 투자자가 아니라 성장주 투자자라고 불러야 하는 걸까? 가치투자의 합리적인 개념에 동의하고 버핏을 롤 모델로 삼아 가치투자를 열심히 공부하고 추종한 수많은 가치투자자들은 어떻게 하면 될까?

가치주 투자는 가치투자가 아니다

이러한 질문에 대답하기 위해서는 기본으로 돌아가서 가치투자가 무엇인지 다시 확인해볼 필요가 있다. 가치주는 진정으로 성장주와 반대되는 위치에 있는 주식일까? 그리고 코로나19 사태가 아니라도 이미 저금리 저성장 시대로 접어든 21세기에 가치주 투자는 빛바랜 낡은 투자법일까?

이에 대한 답을 찾으려면 가치투자의 아버지인 벤저민 그레이엄으로 돌아가면 좋을 것 같다. 그레이엄은《증권분석》에서 투자를 이렇게 정의했다. "투자는 철저한 분석을 통해 원금의 안전과 충분한 수익을 약속받는 행위다. 이 요건을 충족하지 못하면 투기다." 여기서 철저한 분석을 통해 원금이 안전한지, 그래서 충분한 수익을 약속받을 수 있는지 그레이엄이 확인한 단 하나의 지표가 있다면 그건 바로 '안전마진'이다.

그레이엄에 의하면 안전마진은 우량 기업의 '이자를 초과하는 수익성', 즉 '채권 수익률을 초과하는 주식 수익률'을 의미한다. 여기서 안전마진은 '일드갭(Yield Gap)'이다. 한편 우량 기업이 아니라도 내재가치에 비해 주가가 지나치게 낮으면 안전마진으로 간주했다. 여기서 안전마진은 '가격 스프레드(Price Spread)'다. 그레이엄의 안전마진 개념을 두 번째인 가격 스프레드로 이해한 투자자들은 내재가치 대신 주당순자산(BPS) 대비 저평가 여부를 기준으로 삼기 시작했다.

크게 성공했던 젊은 투자 전문가 그레이엄도 대공황 시기에 무려 70% 이상의 투자 손실을 경험했다. 당시는 비상시국이었기 때문에, 투자한 기업이 부도가 나지 않고 생존할 수 있는지가 관건이었다. 그레이엄은 이것을 순유동자산(NCAV)으로 확인했다. NCAV란 유동자산에서 그레이엄이 원칙적으로 선호한 종목은 성장주라고 할 수 있다.
다만 대공황과 같이 심각한 위기 상황이나 비우량주의 경우에는
저PBR로 이해되는 가치주를 선호한다.

총부채를 차감한 금액이다. 즉, 모든 부채를 감당하고도 유동자산이 있다면 안심할 수 있다는 의미다. 요즘엔 NCAV가 확보되는 기업을 찾기 어렵다. 그래서 NCAV 대신 BPS 대비 저평가된 기업을 그레이엄이 선호한 기업이라고 이해한 것으로 보인다.

아마도 버핏은 그레이엄의 회사에서 근무한 시기에 NCAV 전략을 직접 경험했던 것 같다. 그레이엄을 떠나 독립한 이후에도 배우고 일한 대로 NCAV로 접근해 버크셔 해서웨이를 인수한 것으로 보인다. 하지만 한물간 기업을 회생시키는 일이 얼마나 힘든지 절감하면서 섬유업을 모두 정리했다. 버핏은 자신의 실수를 깨닫고 크게 후회하면서, 그레이엄의 NCAV 투자 전략을 '담배꽁초를 줍는 방식'이라고 폄하하기도 했다.

위와 같은 두 가지 이유에서 그레이엄은 BPS 대비 저평가된, 즉 주가순자산배수(PBR)가 낮은 주식을 선호하는 투자자라고 이해되기 시작했다. 다시 말해 그레이엄이 말하는 가치투자란 저PBR 투자 전략이며, 이때의 가치주란 바로 저PBR주라는 것이다. 그런데 그레이엄이 저PBR주를 좋아했다는 말은 반만 맞는다. 앞의 안전마진 개념에서 보았듯이,

그레이엄은 주식 수익률이 높은 우량주를 우선적인 투자 대상으로 보았다. 주식 수익률은 주가수익배수(PER)의 역수로서, 자기자본이익률(ROE)로 볼 수도 있다. ROE가 높을수록 성장률이 높다는 함수 관계를 이해하면, 그레이엄이 원칙적으로 선호한 종목은 성장주라고 할 수 있다. 다만 대공황과 같이 심각한 위기 상황이나 비우량주의 경우에는 저PBR로 이해되는 가치주를 선호한다.

독자들은 '가치주'가 그레이엄이 의도하는 원칙적인 '가치투자'의 대상이 아니었다는 점을 쉽게 납득하기 어려울지도 모른다. 그럴 거면 굳이 '가치주'라는 용어를 사용해서 '가치투자'와 헷갈리게 할 필요가 있느냐고 반문할 수도 있다.

사실 '가치주'라는 용어는 그레이엄이 만든 것이 아니다. 이를 간단한 공식으로 따져보겠다. 현금의 내재가치는 BPS와 동일할 것이다. 그런데 기업이 사업을 하는 목표는 BPS를 사용해 현금을 초과하는 이익을 내는 것이다. 정상적인 기업, 우량 기업이라면 BPS보다 내재가치가 높은 것이 정상이다. 그러나 현금보다 이익이 적다면 내재가치가 BPS보다 낮아지므로 비우량 기업은 저PBR 상태가 되는데, 이런 주식을 학자들은 '가치주'라고 명명했다. 즉, 내재가치가 우량하지 않은 주식을 '가치주'라고 명명하는 아이러니가 발생한 것이다. '가치'를 '내재가치'가 아니라 '장부가치(BPS)'로 간주했기 때문이다. 여기서 장부가치란 주당순자산을 의미하는 BPS와 같은 의미다. 주가에 비해 '장부가치'가 높기 때문에 이런 주식을 자산가치 우량주, 간단하게 자산주 또는 가치주라고 명명했다. 그리고 그 반대의 상황에 있는 부류를 '성장주'라고 명명했다.

초과이익모형(RIM)에서 말하는 내재가치는
자산가치와 수익가치와 성장가치의 합으로 구성된다.
자산가치만 존재하는 주식보다
자산가치＋수익가치＋성장가치가 존재하는 주식의
내재가치가 훨씬 우량하다.

성장가치가 최고다

일반적으로 내재가치 'V = BPS + PVGO'로 설명한다. PVGO란 성장가치의 현재가치(Present Value of Growth Opportunity)를 말한다. 기업에 성장가치가 있다면 장부가치인 BPS보다 내재가치가 높을 것이다. 그러므로 내재가치에서 BPS를 차감한 값이 바로 성장가치가 될 것이다. 이 성장가치는 미래에 발생할 가치이므로 이를 현재가치로 할인한 값이 바로 PVGO다. 학자들은 PVGO가 마이너스(-)면, 즉 저PBR이면 가치주로 명명했다. 또 PVGO가 플러스(+)면 성장주로 명명했다. 정리하면 학자들이 말한 '가치'란 우리가 상상하던 내재가치가 아니라 장부가치(BPS)였다. 이 정의에 동의한다면, 버핏이 가치주 투자자에서 성장주 투자자로 변신한 것이 아니라 오래전부터 성장주 투자자였다고 보아야 한다.

그렇다면 내재가치를 추구하는 진정한 의미의 가치투자자의 관점에서 성장에 대해 어떻게 접근해야 할까? 최근 널리 활용되는 초과이익모형(RIM)으로 논의해보자. RIM 방식에서는 내재가치를 다음과 같이 구한다.

$$V = BPS + (ROE - r) \times BPS / (r - g)$$

(V: 내재가치, BPS: 주당순자산, ROE: 자기자본이익률, r: 할인율 또는 주식의 요구수익률, g: 초과이익의 성장률)

즉, 내재가치는 첫째 항인 BPS와 BPS를 초과하는 둘째 항의 값의 합인데, 둘째 항의 값이 앞에서 논의한 PVGO라고 할 수 있다. PVGO가 플러스(+)가 되려면 ROE가 r보다 커야 한다. 여기서 (ROE − r)은 그레이엄이 말하는 안전마진을 현대식으로 표현한 셈이다.

여기서 내재가치는 각 요소에 따라 3가지로 분류할 수 있다. 첫째, (ROE − r) = 0이면 내재가치는 BPS가 된다. 즉 자산가치만 존재한다. 둘째, (ROE − r) 〉0이고 g = 0이라면 둘째 항의 값은 작은 양수가 된다. 성장률이 제로이므로 이 값은 순수한 수익가치가 된다. 셋째, (ROE − r) 〉0이고 g 〉0이면 분모 값이 작아지므로 둘째 항은 큰 양수가 된다. 이때 둘째 항에서 앞의 수익가치를 차감한 값이 바로 성장가치다. 다시 말하면 RIM에서 말하는 내재가치란 자산가치와 수익가치와 성장가치의 합으로 구성된다. 자산가치만 존재하는 주식보다 자산가치 + 수익가치 + 성장가치가 존재하는 주식의 내재가치가 훨씬 우량하다.

진정한 가치투자란 성장가치까지 존재하는 주식에 투자하는 것이라고 볼 수 있다. RIM의 둘째 항에 해당하는 PVGO는 버핏이 말하는 '해자(Moat)'와 같다. 그레이엄의 안전마진과 버핏의 해자 모두 BPS를 초과하는 둘째 항에 중점을 둔다. 결국 두 사람이 생각하는 가치투자란 PVGO, 즉 성장가치에 주목한다는 것이다. 가치와성장연구소의 여익구 이사장은 이렇게 함축했다. "가치가 있는 것은 성장하고, 성장하는 것은 가치가 있다."

희망의 밸류에이션

그렇다면 화려한 성장 스토리만 앞세우는 스타트업 성격의 성장주들이 순이익을 제대로 내지 못하기 때문에 내재가치 평가가 어려운데도 수십 배의 주가 상승을 보이는 현상은 어떻게 설명해야 할까? 뉴욕대 어스워스 다모다란 교수도 고민했던 것 같다. 가치 평가 이론의 대가인 다모다란 교수야말로 이 고민에 대한 답을 제시하기에 가장 적합한 분이라고 생각한다. 그는 최근 저서인《내러티브 & 넘버스》에서 성장률과 PER의 실제 상관관계는 20% 정도에 불과하다는 분석을 통해, 실질적인 성장주에서는 오히려 주가 상승이 생각보다 발생하지 않는다는

그레이엄이 "내재가치에 비해 저평가된 주식에 투자하라"며
'안전마진'이라는 계명을 주었다면,
버핏은 "해자가 있는 우량 기업에 투자하라"며
'해자'라는 새로운 계명을 주었다고 할 수 있다.

점을 찾아냈다. 즉, 투자자들은 성장률에 주목하지 않는다는 것이다.

이 말은 투자자들이 흔히 말하는 성장주란 주당순이익(EPS)이 증가하는 주식이 아니라 스토리가 화려한 주식이었음을 의미한다. 다모다란은 스토리와 숫자에 대해 이렇게 말한다. "숫자가 없는 스토리는 동화에 불과하고, 스토리가 받쳐주지 않는 숫자는 금융 모델 연습에 불과하다." 스토리와 숫자를 어떻게 결합해야 하는지는 과제로 남았지만, 다모다란은 벤처기업에 적용하는 실물 옵션 모형을 대안으로 제시하고 있다.

옵션이란 가능성을 숫자로 평가하는 방식이다. 다시 말해서 암울한 위기 상황이라면 실낱같은 희망에 기대를 걸어야 할 수도 있다. 피터 린치는 《월가의 영웅》에서, 이익이 나지 않는 회사의 주가가 오를 거라고 기대하는 것은 소망이지, 투자가 아니라고 말했다. 하지만 희망을 가능성이라고 본다면 가능성의 가치가 바로 옵션의 가치다. 이것이 시사하는 바는 매우 중요하다. 옵션의 가치를 가치 평가 모형에 포함하는 적절한 방법론을 발견한다면, 지금처럼 실체가 불분명한 스토리 중심의 소위 성장주를 펀더멘털과 무관한 투기라고 폄하할 것이 아니라 공식적으로 투자의 영역에 편입할 수 있기 때문이다.

가치투자의 바이블

버핏과 함께 그레이엄의 수업을 들었던 빌 루안은 버핏이 투자조합을 청산할 때 세쿼이아 펀드를 설립해 버핏 조합원의 청산자금 운용을 맡았던 인연이 있다. 루안은 "그레이엄이 가치투자의 구약을 썼다면, 버핏은 신약을 썼다"라고 말했다. 기독교에서는 예수 이전의 성경을 '구약'으로, 예수 이후의 성경을 '신약'으로 분류한다. 구약은 '옛 언약'

이라는 의미로 "유대 민족에게 구세주를 보내주겠다"라는 약속이다. 신약은 '새 언약'이라는 의미로 "구세주가 다시 올 것이다"라는 약속이다. 유대 민족이 십계명을 비롯해 율법을 형식적으로 준수하는 것을 신앙의 전부라고 생각한 반면, 예수는 "서로 사랑하라"라는 신앙의 본질을 강조했다.

그레이엄이 "내재가치에 비해 저평가된 주식에 투자하라"며 '안전마진'이라는 계명을 주었다면, 버핏은 "해자가 있는 우량 기업에 투자하라"며 '해자'라는 새로운 계명을 주었다고 할 수 있다. 그런 의미에서 그레이엄을 '구약', 버핏을 '신약'이라고 말한 빌 루안의 표현은 매우 적절하다.

예수의 가르침을 이해하지 못한 바리새인을 비롯한 고위 성직자들은 예수를 비판하다 못해 십자가에 매달았고, 심지어 제자 도마는 예수의 부활을 믿지 못해 예수의 옆구리를 만져보기까지 했다. 많은 사람들이 최근 버핏의 행보를 이해하지 못하고 있다. 심지어 버핏의 골수팬이라는 사람들마저 버핏이 변한 게 아닐까 하고 의심하고 있다. 혹시 우리가 버핏을 제대로 이해하지 못하는 현대판 바리새인이나 도마인 것은 아닐까? 코로나19 사태를 통해 가치투자의 본질에 대해 다시 생각해보는 계기가 되었으면 좋겠다.☯

글 **신진오** | 가치투자 독서 클럽 밸류리더스 회장. 신영증권에서 주식운용 담당 임원을 역임했다. 1992년 외국인에게 한국 증시가 개방되기 직전 '저PER 혁명'을 주도하며 한국 가치투자의 서막을 열었다. 《ValueTimer의 전략적 가치투자》, 《현명한 투자자 해제》 저자.

가치투자와 주주 관련 법률

한국 주식을 '주식'이라
부르지 못하는 이유

심혜섭

"한국 주식은 유독 다르다." 심혜섭 변호사는 이렇게 말하면서 한국의 주식은 《현명한 투자자》가 처음 나온 1949년 당시 미국의 주식과 별반 다르지 않다고 평가한다. 그때에는 미국도 주주자본주의가 미성숙했고 투자자 보호를 위한 제도가 갖춰지지 않았다. 심 변호사는 한국의 비지배주주에 대한 법과 제도의 차별 탓에 한국 주식이 만성적 저평가 상태이고 한국에서 가치투자가 통하지 않는다고 말한다. 한국 경제의 수준에 미치지 못하는 주주 관련 법과 제도는 언제 개선될까?

귤이 회수를 건너면 탱자가 된다.

　　　－ 고사성어

봄바람이 귀 밑을 스친다. 하늘이 파랗다. 내 계좌의 색깔도 마찬가지다.

"그런데 김정은이 정말 죽었을까?"

"상복을 입은 할머니가 TV에 보이기 전까지는 알 수 없다는데요."

"김정은이 죽으면 누가 북한을 통치하는 거지?"

"글쎄요. 사실상 김일성 집안의 왕조나 마찬가지니 김여정이 1인자가 되지 않을까요?"

"설마, 가부장적이라는 북한에서 나이도 어리고 여성인 김여정이 통치할 수 있을까?"

코로나19 전파가 한창이던 지난 4월, A형의 회사 근처로 놀러 갔다. 몇 년 만의 만남이다. A형은 주식 투자로 약간의 성공을 거두었다. 나는 최근 주가가 하락하자 답답했다. 따뜻한 말 한마디도, 위안도 그리웠다.

한창 주식 이야기를 하다가 김정은 사망설로 관심이 옮겨 갔다. 나와 선배는 북한을 왕조국가, 유교국가라고 칭한다. 북한 스스로는 조선민주주의인민공화국이라고 하는데도 말이다.

당연하다. 말로만 민주주의일 뿐, 본질적으로는 민주주의가 아니기 때문이다. 심지어 공화국도 아니다. 인민을 위하는 것 같지도 않으며, 조선반도를 다 지배하는 것도 아니다.

봄바람은 북한에서도 봄바람이다. 파란 하늘은 북한에서도 파란 하늘이다. 하지만 눈에 보이지 않는 제도는 다르다. 민주주의는 나라마다 다르다. 주식도 그렇다. 주식이라고 부른다고 해서 다 같은 주식이 아니다. 한국의 주식은 유독 다르다. 한국의 가치투자자라면 대부분 상당한 자금을 한국 주식에 투자한다. 무엇이 다른지 알아야 한다.

신념과 지혜를 주는 《현명한 투자자》

"잘 모르고 무식한 사람이 신념을 가지면 무섭습니다."

– 이경규

힘들 땐 책으로 위안을 받는다. 가치투자자는 늘 소수다. 가까운 동료 중 이야기를 깊이 있게 공유할 가치투자자가 있을 가능성은 희박하다. 가족에게 이야기해봐야 불안감을 줄 뿐이다. 친구들은 지금이라도 주식을 그만두고 성실하게(?) 아파트에 투자하라고 충고한다. 아파트로 돈을 번 자랑도 빠지지 않는다. 그래서 책과 대화한다. 생각해보면 가치투자에 식견이 있는 사람 중 다독가가 아닌 사람이 드물다.

"형, 요즘은 어떤 책을 읽으세요?"

"글쎄, 책이야 늘 읽는 거지만, 이렇게 시장의 변동성이 클 때면 벤저민 그레이엄의《현명한 투자자》에 손이 가네."

가치투자는 기다림의 연속이다. 남들이 꺼리는 주식, 소외된 주식을 산다. 소외는 쉽게 없어지지 않기에 소외다. 오늘 소외되었다가 다음 날 주목받으면 그건 '인싸'지, 소외라고 할 수 없다. 가치투자자가 산 순간부터 오를 것으로 생각하면 욕심이다. 오를 거라는 기대도 버리는 게 좋다. 수년을 기다리는 건 예사다.

그렇다고 하더라도 한국에서는 너무 오래 기다려야 하는 것 같다. 기다림이야 가치투자를 할 때 이미 각오한 것이지만 너무 심하면 이야기가 다르다.

가치투자는 반복과 복리가 핵심이다. 수익이 나면 다시 투자하고 기다린다. 이걸 반복하며 복리 효과를 노린다. 하지만 기다림이 너무 오래 지속되니 반복 횟수가 준다. 복리 효과도 반감된다. 덕분에 가치투자에 뛰어든 뒤로 삶도 그다지 변하지 않는다. 특히 평균적인 월급을 받으면서 적은 원금을 가지고 틈나는 대로 없는 시간을 짜내 가치투자를 하는 보통 사람이라면 더욱 그렇다. 직장은 여전히 다녀야 한다. 집과 차를 쉽게 바꾸기도 어렵다. 가족들과 호화로운 여행을 간다거나 사치스러운 물건을 살 기회도 그다지 늘어나지 않는다.

심리적으로도 고난의 연속이다. 꾸준히 우상향하는 종목은 거의 없다. 반대로 꾸준히 우하향하는 종목은 당연히 있다. 수년 전에 싸다고 평가해서 샀는데 지금은 더 싸다. 그사이 기업이 계속해서 돈을 벌었고 자본총계가 늘었는데도 그렇다. 이 와중에 장은 수시로 폭락한다. 내가 투자한 종목이 유독 폭락하는 건 '자연의 법칙'에 가깝다. 예상치 못하게 많은 적자가 나기도 하고, 배당이 없어지기도 하며, 횡령·배임도 발생한다. 유상증자나 전환사채 발행, 비지배주주에게 불리한 합병, 자산 양수도 등, 분명 상법을 배우려고 가치투자를 한 것이 아닌데 별의별 일이 연속된다.

스스로의 선택에 대한 의심과 회의가 커진다. 이 와중에 아파트값은 오른다. 같은 부서 동료가 산 아파트나 아내가 사자고 했지만 반대한 단지의 아파트가 더욱 잘 오른다. 사실 동료나 친구, 선후배가 사면 그것이 미국 주식이든, 가상화폐이든, 만병통치약을 만드는 기업이든, 가상화폐도 거래하고 만병통치약도 만드는 기업이든, 아무런 상관 없이 잘 오른다. 절대적인 손해보다 상대적인 박탈감이 더 괴롭다.

가치투자는 철저한 이론에 기초한 투자 방법이다. 종교와는 거리가 멀다. 철저하게 논리적·합리적인 선택이 보상받는다. 그럼에도 종종 가치투자자들은 '믿는다'고 말한다. 신념을 이야기한다. 애초에 인생은 짧고 가치투자가 옳았음을 증명하기 위한 기간은 길다. 누구에게도 3년, 4년, 혹은 10년을 쉽게 이야기할 수는 없다. 소중한 시간이고 인생이다. 그러니 신념이 있어야 의심하거나 박탈감에 빠지거나 소음에 흔들리지 않고 투자를 이어갈 수 있다.

그레이엄의《현명한 투자자》는 오래된 책이다. 요즘 시장에 맞지 않는 주제도 많다. 하지만 저자가 겪었던 고통과 어려움을 전달받기에는 충분하다. 신념을 갖게 도와준다.

더욱이 그레이엄이 살던 시대에는 미국 또한 그다지 주주자본주의가 성숙하지 못했다. 사람들은 투기적이었고 주식의 본질을 무시했다. 투자자 보호를 위한 판례도 법리도 그리 쌓이지 않았다. 주주권을 행사하는 경우도 드물었다. 기업은 주주의 이익을 위해야 한다는 명제가 정립

된 때도 아니었다.

그레이엄이 한국의 가치투자자를 위해서 책을 쓰지는 않았을 것이다. 하지만 이 책이 말하는 현실은 우리의 현실이다. 《현명한 투자자》는 미국 투자자들에게 고전이지만 우리에겐 고전처럼 읽히지 않는다. 현재의 문제에 실용적인 조언을 주는 투자서다. 그래서 그레이엄의 책을 읽으면 주식을 알게 되고 신념도 가지게 되니 행복하다.

한국 시장에서의 주식

"사실 국민연금은 투자자인데 경영에 참여하고 대화를 이어간다는 건 자본주의 사회에서 맞지 않는 것 같다."

– 우기홍 대한항공 부사장

A형은 《현명한 투자자》를 또 읽는 것 같다. 그러고 보니 이 형이 학교 다닐 때 《수학의 정석》을 풀고 또 풀던 것이 떠오른다. 홍성대의 책이 그랬듯 이 책 역시 여러 차례 판본을 바꾸어 출간되었다. 버핏의 인생이 바뀐 책이기에 많은 투자자들이 읽으면 좋겠다.

"이 《현명한 투자자》에서 말하는 핵심은 뭘까요?"

"지혜로운 비유와 은유가 가득하지만 무엇보다 주식의 본질을 말하는 부분이 핵심이지. 주식을 기업 소유권의 일부라고 보잖아."

"그건 너무 당연한 말 아닌가요?"

"아니, 아직 우리에게는 당연이 아니라 당위일지도 몰라."

그레이엄은 이 책에서 "가장 사업처럼 하는 투자가 현명한 투자다"라고 충고했다. 주식은 기업의 일부를 소유하는 유가증권이므로, 스스로 기업을 소유한 것으로 알고 투자하라는 것이다.

하지만 현실에서 주식은 도무지 소유권의 일부 같지가 않다. 삼성그룹의 주인은 이재용 부회장처럼, 현대자동차그룹의 주인은 정의선 수석부회장처럼, SK그룹의 주인은 최태원 회장처럼 느껴진다. 다른 주주들은? 모르겠다. 존재감이 희미하다.

물론 우리가 가진 주식이 소유권의 극히 '일부'라서 그런지도 모른다. 하지만 개인 오너들의 지분 역시 '일부'인 경우가 많다. 특히 상위 재벌 그룹들은 더욱 그렇다. 적은 지분을 가지고 피라미드 구조 혹은 아직도 해소하지 못한 순환출자 구조를 가진 채 기업집단을 지배한다. 개인 오너를 제외하더라도 상당한 지분을 가진, 심지어 총수보다 더 많은 지분을 가진 기관투자가들도 있다. 국민연금도 있다. 그러니 적은 지분을 가진 창업자의 자손이 기업의 주인인 것처럼 행세하는 건 예사로운 일이 아니다.

기업은 사람이 있고 자산도 있고 사업도 있다. 노력 없이 관리되고 운영되는 것이 아니기에 조직이 필요하다. 누군가 의사결정을 해야 한다. 운영 원리도 필요하다. 잘 정해야 대리인 비용이 발생하지 않고 사회적으로도 효율적인 운영이 가능하다. 이런 원리는 법과 제도가 정한다. 상법이 가장 기본이다. 이 외에도 자본시장법, 세법, 공정거래법, 형법 등 수많은 법률이 관련된다. 여기에 감독기관, 법집행의 효율성, 사람들의 가치관 등이 모여 우리가 투자하는 주식이라는 제도의 실체를 이루는 것이다. 이런 요소가 나라마다 다 다르기에 주식의 본질 역시 다를 수밖에 없다.

우리나라에서는 주식이 기업 소유권의 일부인 것처럼 다루어지지 않는다. 주식이 기업 소유권 중 일부라면 경영에 참여하는 것이 이상한 일이 아니다. 하지만 일반적인 주식 투자자가 경영에 참여하는 건 아주 어렵다. 여기서 말하는 경영 참여는 감히 이사회에 진출해서 회장님과 같이 밥도 먹고 회의도 하자는 식의 참여가 아니다. 비교적 적은 강도의 경영 참여, 즉 주주제안을 하거나, 회계장부를 열람·등사하거나, 주주대표소송을 하는 것도 여간 어려운 일이 아니다.

대화를 이어나가는 것도 쉽지 않다. 주주가 대화를 거는 것이 자본주의 사회에 맞지 않는 것 같다고 생각하는 경영자도 있다. 그래서인지 일단 만나주지 않을뿐더러 1년에 한 번 어쩔 수 없이 주주총회장에서 얼굴을 마주하게 되더라도 잘 들어주려 하지 않는다. 주주총회에서 주주가 발언할 시간과 기회를 어떻게든 제한하려 한다. 대화를 좀 이어나가려고 하면 누군가가 의사 진행을 빨리 하자고 재촉한다. 이런 누군가는 척 봐도 주주 같지 않은데 주주 자리에 앉아 재촉한다. 답답한 일이다. 수많은 상장사들이 같은 날 주주총회를 하기도 한다. 굳이 먼 지방에서 이른 시간에 주주총회를 하는 기업도 많다. 이제는 전자증권이 도입되어 섀도 보팅(shadow voting)이 법리적으로 불가능하게 되었지만, 여전히 그때가 그립다고 아우성이다.

가치투자의 원리가 작동하는 근거

"결정을 내리는 순간, 회장님은 회사에 대한 통제력을 상실할 겁니다. 그 과정을 시작하는 순간, 이제 더는 CEO가 아니란 말입니다. 통제력과 주도권이 모두 이사회로 넘어갑니다. 그런데 회장님은 이사회의 이사진이 모두 회장님 편이라고 생각하실 겁니다. 그렇죠?"
존슨이 고개를 끄덕였다.

–브라이언 버로, 존 헤일러, 《문 앞의 야만인들 – RJR내비스코의 몰락》

A형은 우리나라에서 주식이 기업 소유권의 일부라는 명제가 아직은 당위에 불과하다고 말한다. 당위(Sollen, Have to)는 존재(Sein, Be)와는 다르다. 왜 꼭 존재가 되어야 하는지 궁금하다. 대충 지금처럼 지내면 안 될까?

"왜 주식은 기업 소유권 중 일부여야 할까요?"

"너는 가치투자가 뭐라고 생각해?"

"기업의 주가가 내재가치보다 쌀 때 사서 내재가치에 도달하면 파는 투자 방법이죠."

"맞아. 사실 파는 건 꼭 내재가치에 도달했을 때만 하는 건 아닌데, 그 원리가 작동하길 기대하고 사는 건 맞아. 그런데 왜 가치투자자들은 주가가 내재가치에 도달하는 원리가 있을 거라고 생각할까? 그리고 너도 알다시피 왜 우리나라엔 오랜 기간 동안 내재가치에 도달하지 못하는 경우가 그리도 많을까?"

그레이엄은 현재 1달러의 가치가 있는 기업의 주식이 50센트에 팔

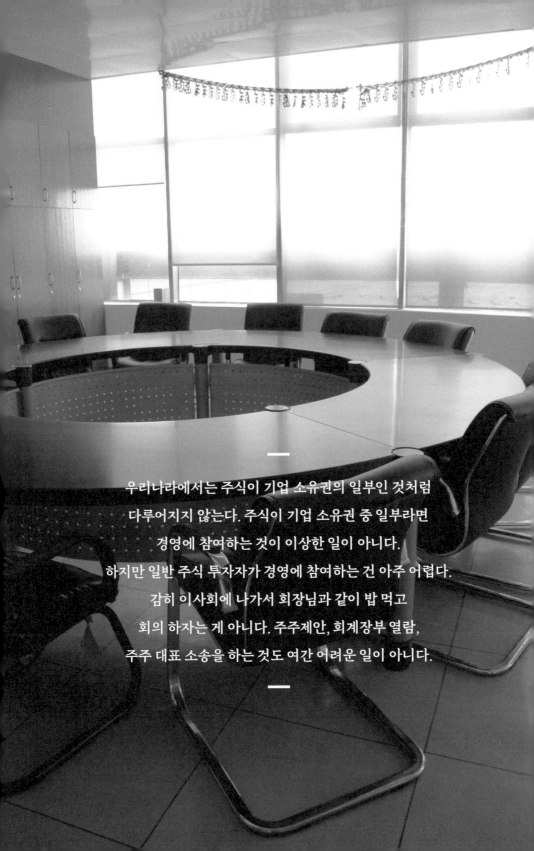

우리나라에서는 주식이 기업 소유권의 일부인 것처럼
다루어지지 않는다. 주식이 기업 소유권 중 일부라면
경영에 참여하는 것이 이상한 일이 아니다.
하지만 일반 주식 투자자가 경영에 참여하는 건 아주 어렵다.
감히 이사회에 나가서 회장님과 같이 밥 먹고
회의 하자는 게 아니다. 주주제안, 회계장부 열람,
주주 대표 소송을 하는 것도 여간 어려운 일이 아니다.

릴 수 있다는 걸 알았다. 가치투자자는 이런 기업에 투자한다. 1달러의 가치를 지닌 기업이 50센트에 팔리는 건 이상한 일이다. 하지만 시장은 효율적이지 않기에 이런 일이 종종 일어난다는 것이다.

가치투자자는 시장이 언젠가는 제 가치를 알아차리고 공정하게 평가할 것이라고 기대한다. 그런데 만약 시장이 계속해서 알아차리지 못하면? 원리적으로 그런 일은 있을 수 없다. 가치를 아는 누군가가 나서게 되기 때문이다. 그 누군가는 경영권을 차지하려는 사람일 수도 있고, 주주행동주의자(shareholder activist)일 수도 있다. 이들은 기업이 자사주 매입이나 배당을 하게 하거나, 사업부를 분할하게 하거나, 영업 중 일부를 양도하게 하거나, 비용을 줄이게 하기도 한다. 이렇게 해서 기업의 효율성을 저해했던 요인이 해소되면, 주가는 응당 도달해야 했을 내재가치에 도달한다. 자본이 효율적으로 활용되기에 사회적으로도 부가 더욱 증가된다.

오레오 비스킷과 카멜(Camel) 담배로 유명한 RJR내비스코의 주가는 1987년 60달러대 중반이었다. 이때 검은 월요일이 닥쳤다. 주가는 40달러대까지 폭락했다. 경영진은 주가를 부양하기 위해 자사주를 매입하기도 하지만 주가는 최저가를 경신한다. 주가가 내재가치를 반영하지 못하고 있다는 건 누구보다 경영진이 잘 안다. RJR내비스코의 CEO인 로스 존슨은 돈을 빌려 RJR내비스코를 인수할 계획을 세운다. 미국에서는 이런 상황이 되면 독립적인 이사들로 특별위원회를 꾸린다. 여기에 있는 이사들은 주주들이 가장 높은 가격을 받게 해줄 의무를 진다. 주식을 경매에 붙이는 것과 같다. 이사들이 이런 의무를 제대로 이행하지 못하면 골치 아픈 소송에 휘말린다. 때문에 회장인 로스 존

RJR내비스코의 몰락을 다룬 책
《문 앞의 야만인들》 표지

슨조차도 기업을 인수하겠다고 하는 순간, 회사에 대한 통제력을 상실한다. 어쨌든 존슨은 주당 75달러에 기업을 인수하겠다고 제안한다. 이 소식을 들은 KKR(Kohlberg Kravis Roberts & Co.)의 헨리 크래비스와 몇몇 경쟁자들은 75달러면 존슨이 기업을 거저먹으려 한다고 생각하고 앞다투어 인수전에 뛰어들어 경쟁을 벌인다. 결국 RJR내비스코는 주당 109달러에 KKR에 인수된다.

이 이야기는 《문 앞의 야만인들》이라는 책으로 기록되었고, 출간 당시 미국에서 베스트셀러 1위를 했으며, 영화로도 만들어졌다. 당시에는 미국인들조차 돈을 빌려 기업을 인수하는 것이 탐욕이라고 생각했기에 야만인들이라는 볼썽사나운 칭호가 붙었지만, 어쨌든 주식의 내재가치가 실현되는 모습, 경영자조차도 기업에 대한 통제권을 상실하는 모습, 주주들을 위해 더 높은 가격을 받아내려는 이사들의 모습이 여기 담겨 있다. 이 책뿐 아니다. 비슷한 주제의 책과 영화, 드라마가 미국에서는 자주 등장한다. 덕분인지 사람들은 가치투자의 작동 원리를 자연스럽게 받아들인다. 우리나라 사람은 어떤가? 한국의 법과 제도가 미국과 다름에도 미국에 적용되는 가치투자 책들을 오독하고 도전하는 경우가 허다하다.

코리아 디스카운트

"이 주식들이 안고 있는 주된 위험, 그리고 이 주식들이 싼 이유는 북한이라는 존재 때문입니다."

– 워런 버핏, 앨리스 슈뢰더의 《스노볼》에서 재인용

어떤 현상이 너무 오래 지속되면 자연스러운 것처럼 보이기도 한다. 옛날엔 왕이 있고, 반상의 차별이 있으며, 오랑캐와 왜구가 쳐들어오는 게 당연했을 것이다. 우리나라에는 내재가치보다 훨씬 싼 주식이 많지만 오랜 기간 동안 내재가치에 도달하지 못하는 게 현실이다. 그리고 이것이 자연스럽고 당연한 것처럼 여겨지기도 한다.

"그런 경우를 보면 한숨이 나오죠. 그런 기업들에도 다들 투자자들이 있을 테니까요. 내재가치보다 싸게 투자했고 누구보다 오래 기다렸을 거예요."

"그런 기업들에 투자한 투자자들이 과연 잘못된 결정을 한 것일까? 그레이엄과 버핏의 가르침을 충실히 따랐던 것은 아닐까? 그런데 왜 고통스러운 결과가 나오지?"

"이런 때 하는 쉬운 대답이 있어요. 바로 코리아 디스카운트 때문이죠."

굳이 아주 엄밀히 계산하지 않더라도 다른 나라와 비교해 한국의 상장기업들은 매우 싼 가격에 거래된다. 이러한 현상이 너무도 오랜 기간 계속되기에 아예 '코리아 디스카운트 현상'이라는 이름이 붙었다.

버핏은 2004년 주식 중개인으로부터 한국 상장기업의 일람을 받고 저평가된 주식이 너무도 많다는 것에 놀랐다고 한다. 그는 개인 자금을 한국 주식에 투자했다. 그리고 한국 주식이 크게 저평가된 이유를 북한의 존재에서 찾았다.

지금에야 북미 대화도 다시 소강상태이고 남북 교류도 지지부진하지만, 2년 전 남과 북은 판문점에서 역사적인 정상회담을 했다. 당시 많은 사람들이 북한의 핵 포기를 진지하게 믿었다. 그럼에도 몇몇 대북 테마주들만 올랐을 뿐, 우리나라 주식시장의 전반적인 재평가는 이루어지지 않았다. 코리아 디스카운트 현상은 북한 때문이라는 거짓말이 들통나는 역사적 순간이었다. 사실 많은 투자자들은 애초부터 북한이 코리아 디스카운트의 중요한 원인이 아니라고 짐작해왔다. 김정일 위원장 사망 당시, 최근 김정은 위원장 사망설이 돌던 당시에도 우리 시장은 아주 짧은 순간 영향받고 곧바로 회복되었다.

버핏은 현재 한국에 투자하지 않는다. 번역된 상장기업 일람이 더 이상 출간되지 않는 것은 아닐 것이다. 설령 번역된 일람이 없더라도 버핏 역시 인터넷을 할 줄 안다. 그런데 왜 요즘은 저평가된 주식이 너무도 많다는 것에 놀라지 않는지 의문이다.

먹튀 자본과의 전쟁

"조현아 주주연합의 근본적 목표는 '차익 실현'을 노리는 투기 세력일 뿐, 국내 기업의 중장기적 발전과 사회적 가치의 추구라고는 볼 수 없다. 차익을 남기고 '먹튀'하면 결국 피해자는 기업, 기업 구성원, 개인투자자 등 소액주주가 될 것이 뻔하다."

– 한진그룹

코리아 디스카운트 현상이라는 답은 제대로 된 답이 아니다. 이건 현상에 대한 설명이지, 원인에 대한 탐구가 아니기 때문이다. 사실 이 현상은 우리나라에서 가치투자의 작동 원리 어딘가가 고장 났다는 증거일 수도 있다.

"물론 시장은 결코 효율적이지 않아. 하지만 저평가된 기업이 너무도 많고 그 현상이 지속된다면 문제가 있다는 증거지. 그런데 너는 우리나라에서 적대적 인수가 일어난 것을 본 적 있니?"

"간혹 사람들이 주목하지 않는 기업들 중에서는 적대적 인수가 일어난 경우도 있긴 하죠. 하지만 저 같은 법률가들조차 우리나라의 대표적인 적대적 인수 사례를 쉽게 생각해내지 못해요. 사실상 없다고 봐도 무방하죠."

"그렇다면 성공적인 주주행동주의 사례는?"

"주주행동주의 사례도 많지 않고 성공적인 경우는 더 드물죠."

시장에는 많은 참여자들이 있다. 그중에는 머리가 유독 좋은 사람도 있고 끈기가 아주 강한 사람도 있다. 둘 다 갖춘 사람도 허다하다. 잠자고 밥 먹는 시간 말고는 주식만 연구하는 사람도 물론 있다. 국내외 기관투자가들은 주식 투자가 직업이다. 유명한 대학을 나와 기업의 가치 평가를 깊이 공부하고, 다수의 기업 인수, 주주행동주의 투자로 단련된 기관투자가도 많다. 돈을 벌 기회를 노리는 탐욕스러운 투자자들이 넘쳐난다.

그런데 왜 디스카운트라는데도 한국 주식에 투자하지 않는 것일까? 워런 버핏은 우리나라에 투자하지 않는다. 칼 아이칸도 KT&G 투자 이후로 우리나라에 투자하지 않는다. 군함까지 압류하며 아르헨티나를 무너뜨린 엘리엇 또한 우리나라에서 철수했다. 드디어 등장한 토종 행동주의 투자자인 KCGI 역시 고전을 면치 못하고 있다. 무려 한진칼의 최대 주주가 되었는데도 이사회에 이사 한 명 진출시키지 못했다.

이들은 아마도 차익 실현을 근본적 목표로 하는 투기 자본일 뿐이기에 정의로운 우리나라 시장에서 퇴출되는 것이 당연한지도 모른다. 아마도 중장기적 발전과 우리나라 사회가 공유하는 가치와는 거리가 먼 탐욕을 추구할 것이다. 외국계이든 토종이든 '먹튀' 자본일 뿐이다. 쌀 때 사서 적정 가치가 되면 팔고 나가는 투자란 용납할 수 없다. 적대적 인수가 성공해서 차익을 실현한 사례도 없고 이렇다 할 주주행동주의 성공 사례도 드물지만 아무튼 '먹튀'라는 게 기존의 생각이다.

정어리와 주식

캘리포니아 몬테레이 앞바다에서 정어리가 사라졌다. 상품 트레이더는 호가를 올렸다. 정어리 통조림 가격은 치솟았다. 사람들은 거래에 열광했다. 그러던 어느 날 어떤 매수인이 비싼 식사를 하기로 마음을 먹었다. 정어리 통조림을 열어 실제로 먹기 시작한 것이다. 그는 배가 아팠다. 매수인은 매도인에게 정어리가 상한 것 같다고 말했다. 매도인은 이렇게 대답했다.

"당신은 뭘 모르고 있군. 이건 먹는 정어리가 아니라 거래되는 정어리일세."

– 세스 클라만, 《Margin of Safety(안전마진)》

"세스 클라만이 한 정어리의 비유 알지?"

"네, 정어리는 사실 상한 정어리였고, 사람들 사이에 거래만 될 뿐이었죠."

"그래. 정어리의 본질은 먹는 생선이기에 상한 정어리는 본질 가치가 없다고 봐야 해. 하지만 그런 정어리도 투기의 대상으로는 손색없지."

만약 적대적 인수도 주주행동주의도 성공 사례가 거의 없고, 경영에 참여할 수도, 대화를 이어나갈 수도 없다면, 우리나라 투자자가 거래하는 주식의 본질이 무엇인지 곰곰 생각해볼 필요가 있다. 진정 기업 소유권의 일부인지, 아니면 거래되는 정어리일 뿐인지 말이다.

민주주의인민공화국이 실상 민주주의가 아닌 것처럼, 주식시장이 있고 주식회사가 있고 시장에서 주식이라는 이름으로 거래된다고 하더라도 그것이 본질적으로 주식이라는 보장은 없다. 이름이 같다고 혼동하면 안 된다.

편승하기

"종종 단순 주식 투자를 하면서 '편승하기(coattail riding)' 전략을 쓸 수도 있습니다. 어떤 주주 집단이 지배권을 취득해 수익이 낮거나 효율적이지 않은 자산을 재배치하려 할 것 같을 때 특히 그렇습니다. 샌본 맵과 뎀스터 밀에서는 우리가 직접 그런 일을 했죠. 이 일은 우리가 해도 되고 남이 해도 됩니다. 결과야 똑같습니다. 물론 당연히 기업의 가치는 충분히 저평가되어 있어야 합니다. 우리가 올라탄 코트(coat)가 어떤 코트인지도 잘 살펴봐야 하죠."

– 워런 버핏, 버핏투자조합 서한(1963년 1월 18일 자)

사실 미국에서도 적대적 인수나 주주행동주의 투자를 하는 투자자는 소수다. 단순 투자자가 훨씬 많다. 미국과 우리나라를 비교해 단순히 빈도의 문제로 생각해볼 수도 있다.

"적대적 인수나 주주행동주의 사례가 드물다는 게 단순히 저평가 주식에 투자하는 전략만 쓰는 대부분의 가치투자자들에게도 영향을 미치나요?"

"그렇지. 이게 오래되면 깊이 있는 기업 분석도 소용없게 돼. 정상적으로 분석해 저평가된 기업에 투자해도 10년이고 20년이고 저평가가 해소되지 않을 수도 있어. 이렇게 가치투자를 했음에도 실패한 경험이 쌓이다 보면 시장에는 가치투자 전략을 취하려는 투자자들이 더욱 드물어지지. 가치투자 전략에 투자되는 자금도 커지질 않아. 가치투자 전략이 패배하는 전략으로 인식되면 어느 순간 작전이나 테마, 정보에 따른 투자가 당연한 것처럼 여겨질 수도 있거든."

버핏은 청년 시절 투자조합을 운영하면서 조합에 가입한 투자자들에게 일 년에 한두 차례 편지를 보냈다. 이 편지에서 청년 버핏은 3가지 전략을 설명한다. 하나는 단순 투자 전략이고, 또 하나는 경영 참여 전략이고, 마지막 하나는 차익거래 전략이다. 그러나 우리나라에서는 이 중 어느 것 하나 온전히 사용할 수 없다.

일단 버핏이 말하는 차익거래 전략은 어떤 기업에서 인수나 합병이 일어날 것 같을 때 그 기회를 잡는 전략이다. 인수·합병은 상대방이 시너지를 기대하거나 기존 경영진보다 더 효율적으로 경영할 수 있다고 판단할 때 진행된다. 따라서 원칙적으로는 시장에서 거래되는 가격보다 높은 가격에 일어난다. 저평가된 종목은 단골 인수·합병 대상이다. 버핏은 인수·합병 가능성이 높은 저평가 주식을 시장에서 사고 나중에 인수·합병될 때 매도하는 차익거래 전략을 사용했다.

이 전략을 우리나라에 적용하기 위해 인수와 합병을 나누어 살펴보자. 일단 인수의 경우 우리나라에서는 이 전략 중 '매도' 부분이 작동하지 않는다. 우리나라는 선진국 중 의무공개매수제도가 없는 몇 안 되는 나라다. 물론 미국에도 의무공개매수제도가 없긴 하지만 소송 천국인 이 나라에서는 웬만하면 소수지분을 최대한 인수한다. 그래서 어떤 기업이 제3자에게 인수되더라도 지배주주의 지분만 매도될 뿐, 비지배주주의 지분은 매도되지 않는다. 차익은 경영권 프리미엄이라는 이름으로 지배주주만 먹는다. 지배주주의 정어리는 '먹는 정어리'이고, 비지배주주의 정어리는 '거래되는 정어리'다.

다음으로 합병은 더 문제다. 합병이 인수와 다른 점은 비지배주주를 차별해서 취급할 수 없다는 점이다. 법적으로 피합병되는 기업의 주주들에게 주식이나 현금을 공평하게 나누어주어야 한다. 지배주주가 경영권 프리미엄을 얹어 파는 게 애초에 불가능하다. 그러므로 지배주주 입장에서는 자기의 지분만 파는 인수를 택하지, 굳이 합병해서 비지배주주들에게까지 이익을 나누어주는 행동을 할 유인이 없다. 때문인지 우리나라에서 합병은 주로 계열사 사이에 일어난다. 지배주주의 지분이 많은 기업이 지배주주의 지분이 더 적은 기업의 주식을 낮은 가치로 평가해 합병하는 식이다. 우리나라에서 합병은 대체로, 특히 피합병 기업의 주주들에게 그리 좋은 일이 아니다.

버핏은 경영 참여 전략을 사용해 샌본 맵과 뎀스터 밀, 버크셔 해서웨이에서 경영권을 인수했다. 시장에서 주식을 사 모아 이사회에 들어갔다. 그런 다음 현물 배당을 하게 하거나, 사업을 청산하거나, 아니면 지역 사회가 반발하지 않도록 천천히 자본을 재배치함으로써 기업을 더 효율적으로 만들어 스스로 돈을 벌고 사회 전체의 부도 증가시켰다. 이 역시 투기 세력, 먹튀 세력, 외국계 투기 자본이 힘을 쓸 수 없는 우리나라 시장에서는 불가능한 편이다.

단순 투자 전략 역시 마찬가지다. 버핏은 1963년 투자조합원들에게 보낸 편지에서 '편승'이라는 표현을 사용한다. 사실 의무공개매수제도가 있는 나라에서 적대적 인수에 돈이 많이 드는 것은 비지배주주의 지분까지 프리미엄을 주고 사야 하기 때문이다. 주주행동주의가 쉽지 않은 이유 역시 무임승차 문제가 크다. 주주들은 지분 비율에 따라 공평하게 취급되므로, 어떤 주주 집단이 스스로 비용과 노력을 기울여 자사주 매입이나 배당, 잘못된 사업의 중단이나 폐지, 비용 감소 등을 해낸다고 하더라도 그 성과는 모든 주주들에게 평등하게 돌아간다.

하지만 적대적 인수나 주주행동주의 투자가 성공하기 어렵다면 편승이란 있을 수 없다. 누군가의 코트 꼬리 자락을 잡아봐야 그 코트는 곧 찢어질 코트다. 패배가 예정된 전략이다. 어차피 성공하지 못할 전략에서 투자자들은 눈치 게임을 하게 된다. 혹시라도 성공할지 모른다는 기대감으로 주가가 올랐을 때 남들보다 빨리 팔아버리려 노력한다. 주주행동주의 캠페인을 일종의 테마 이상으로 생각하지 않는다. 환경에 적응하는 합리적 행동이다. 심지어 코트 자락을 끌고 가는 누군가를 조롱하거나 냉소하는 일도 종종 일어난다. 당당히 찢어진 코트를 입은 채, 처음부터 기업을 변화시키기보다 캠페인을 벌여 주가가 오르면 재빨리 팔고 나가려는 진짜 먹튀 투자자도 나타난다. 다른 투자자들이 지지와 성원을 보내지 않고 중립적인 무임승차를 넘어 심지어 냉소하고 비난하기에, 기업을 변화시키려는 노력엔 더욱 많은 비용이 든다.

아파트 vs 주식

"이 후보자는 주식이 많다. 차라리 남편과 워런 버핏이나 조지 소로스처럼 주식 전문 회사로 돈 많이 벌어 사회 공헌하는 게 더 좋지, 왜 헌법재판관이 되려 하는가?"

– 이미선 헌법재판관 후보자 청문회에서 박지원 전 의원

우리나라에 왜 가치투자자가 드문지, 서점에 나가도 부동산이나 다

른 투자 전략을 소개하는 책에 비해 가치투자를 이야기하는 책이 드문지 이해된다.

"결국 비지배주주에게 친화적이지 않은 법과 제도가 많은 영향을 끼치는군요. 투자의 세계도 법과 제도가 만들어낸 일종의 생태계 같아요."

"저평가된 기업이 제 가치를 찾는 경우는 드물고, 기껏해야 극심한 저평가에서 좀 덜한 저평가 상태를 오가는 경우가 많아. 간혹 제 가치를 찾는다고 해도 기업에 대한 시장의 평가가 변한 게 아니라 일시적인 테마 때문인 경우가 많지. 그러니 기업을 심도 있게 분석하는 가치투자자는 드물고 자산배분이나 퀀트의 인기가 높아져. 혹은 레버리지나 인버스처럼 시장의 방향성을 맞히려는 투자가 많은 것도 이해가 가. 우리나라에서 집중투자보다 분산투자가 유리한 이유도 여기에 있을 거야. 잘 못했다가는 3년, 4년이 문제가 아니라 10년, 그 이상도 기다려야 할 수 있거든. 미국 주식에 투자하거나 아파트에 관심을 기울이는 요즘의 현상도 같은 이유일 수 있어."

우리나라 사람들은 아파트 투자를 좋아한다고 한다. 아파트의 가치를 주식처럼 측정하면 상당히 높게 평가된다. 서울 요지의 아파트는 매매가 대비 2~3%의 임대 수익밖에 얻지 못한다. 여기에 보유세와 거래세, 양도소득세, 부동산 중개 수수료, 공실의 위험, 수리비, 아파트에 투입되는 자본적 지출을 감안하면 수익률은 더욱 낮아진다. 물론 대부분 물가 상승이나 개발에 따른 시세 차익을 노리고 투자하는 것이지, 임대 수익을 바라보고 투자하는 경우는 드물다는 반론도 가능하다.

하지만 주식 역시 대체로 배당금보다 시세 차익을 노리고 투자한다.

게다가 기업이 보유한 자산이나 영위하는 사업의 가치가 인플레이션에 따라 상승하곤 한다. 시장이 변화하거나 좋은 경영자가 나타나 기업의 이익이 크게 늘 수도 있다. 때문에 3~4% 혹은 그 이상의 배당금을 주는 기업이 흔하고 PER이 10에도 못 미치는 기업이 흔한 주식시장에 대한 평가와 비교하면 아파트에 대한 평가는 후한 편이다.

아파트가 주식과 뭐가 다르기에 평가가 다를까? 한국 사람들만 천성이 달라서, 아파트에 대한 특별한 애착이 유전자에 심어져 있어서 그럴 리는 없다. 우리나라에는 부동산 불패 신화가 있어서라고 하는데, 왜 부동산은 오래 보유하면 불패한다는 신화가 생긴 반면 주식에는 그런 신화가 생기지 않았나? 왜 오히려 주식을 못 하게 뜯어말리는 관습이 생겼나?

원인은 법과 제도에 있다. 예를 들어 아파트에는 지배주주가 없는 반면, 주식에는 지배주주가 있다. 아파트는 간혹 한 단지에서 두 채, 세 채를 가진 가구는 있어도 전체 세대의 절반 이상을 가진 가구는 찾아볼 수 없다. 절반은커녕 20%, 10%를 가진 가구도 없다. 1가구 1주택에 극히 유리한 법과 제도가 그런 환경을 만들었다. 주식과는 전혀 다른 생태계를 만든 셈이다.

아파트는 사익 추구에도 한계가 명확하다. 입주자 대표가 관리하면서 이권을 챙기는 일도 있겠지만, 아파트 관리 사업은 상장기업이 벌이는 사업과 비교해 규모가 작은 편이다. 아파트에서 벌어지는 가장 크고 대표적인 사업인 재건축사업을 예로 들어보자. 실제로 재건축사업을 벌이는 조합은 주식회사처럼 법인이다. 조합장과 대위원회의, 총회가 있고 수익을 분배하고 비용도 분담한다. 조합원의 지위가 거래되기도 한다. 재건축 후 청산되기에 존속 기간이 정해졌다는 정도만 제외하면, 재건축조합은 주식회사와 유사한 구조다.

그런데 법률은 재건축사업의 이익이 모든 세대에게 고루 분배되고 비용도 공평하게 분담되도록 하고 있다. 구성원들의 비례적인 이익이 잘 보장되도록 정비되어 있다. 물론 조합장이 어느 정도 이권을 챙길 수 있는 게 사실이다. 하지만 재건축조합에서 조합원들에게 불리한 합병이나 유상증자, 전환사채 발행이 진행되는 건 상상하기 어렵다. 심지어 재건축조합은 공법인으로 의제되기에 처벌도 강력하다. 잘못 이권을 챙기다가는 배임수재가 아닌 뇌물죄로 처벌된다.

감독기관의 태도 또한 다르다. 아파트는 판사도, 검사도, 국회의원도, 행정 각부의 공무원들도 다들 한 채 정도씩은 가지고 있다. 누구든 살 집은 있어야 하기에 당연하다. 그래서인지 부당한 일이 생기면 쉽게 공감한다. 스스로 아파트를 한두 번은 사봤을 것이고, 친척이든 친구든 주위에 성공적인 투자를 한 경험을 전달해줄 사람도 많다. 덕분인지 감독기관 당사자의 이해와 지식이 깊다. 지배구조에 대한 사회적 인식, 태도조차 다르다. '어떤 아파트 단지의 주인은 조합장 누구누구다'처럼 생각하는 사람은 찾아볼 수 없다.

1가구 1주택 정도라면 사회의 시선도 긍정적인 편이다. 물론 고가의 아파트라면 질투 정도야 받는다. 그래도 아파트 한 채를 산 것만 가지고 투기나 도박처럼 여기지는 않는다. 30억 원대의 강남 고가 아파트라고 해도 한 채 정도만 소유하면 강남의 여유 있는 부자라고 생각하는 정도다. 하지만 비슷한 금액을 주식에 나누어 투자하면 버핏이나 소로스냐는 냉소와 비난을 받는다. 어찌 보면 같은 금액을 잘 분산된 여러 종목의 주식에 나누어 투자하는 것이 위험 관리 측면에서 현명하다. 덜 투기적이고 안전한 행위임에도 사회적으로는 더 부정적인 평가를 받는 셈이다.

심지어 투자자 스스로의 태도도 다르다. 아파트 한 채는 대체로 어느 가정의 전 재산이다. 그러니 권리를 지키기 위한 노력을 활발히 벌인다. 재건축조합에도 입주자대표회의에도 누군가 노력하면 전부가 이익을 보는 무임승차의 문제는 있다. 그럼에도 참가 정도가 높다. 민원, 각종 고소 내지 고발, 소 제기도 자주 일어난다. 변호사들 중에는 아예 비상대책위원회 측을 전문적으로 자문하는 사람도 있다. 흔하기에 시장이 형성되고 전문가 집단도 생긴다.

법과 제도가 정비되어 있고 감독기관도 공정하게 심판하기에 더 많은 성공 사례가 축적된다. 간혹 권리가 침해되는 일이 있다고 하더라도 투자자들은 더 긍정적인 전망을 가지고 적극적으로 나선다. 부동산 불패 신화의 배경이다. 반면 부정적 피드백이 만연한 주식의 세계에서는 대주주가 사익을 추구하면 투자자는 리스크로 생각하고 떠난다. 주식 투자하면 망한다는 사회적 인식이 생기는 배경이다.

개인 오너 지배주주

"검찰은 이 부회장이 상속세 재원을 마련하기 위해 '투자의 귀재'로 불리는 워런 버핏 버크셔 해서웨이 회장을 직접 만나 삼성생명 지분 매각을 논의한 정황을 제시한 것으로 알려졌다. 이 부회장이 경영권 승계 방안을 구체적으로 보고받고 실행한 근거라는 것이다."

– 연합뉴스 등 각 언론(2020년 6월 9일 자)

나는 법률가이니 지배주주에게 유리하고 비지배주주에게 불리한 구체적인 법 조항, 제도 하나하나를 열거할 수도 있다. 그런데 A형은 법률가가 아니다. 투자하면서 자연스레 접한 이상으로 법률 공부를 해본 것 같지도 않다. 그런데 어떻게 해서 우리나라의 법과 제도가 지배주주에게 유리하다고 알게 되었는지 궁금하다.

"사실 현상은 법률의 반영이거든. 시속 100km로 운전하다가 주위 차들이 80km로 속도를 줄이면, 굳이 표지판을 보지 않아도 그 구역의 제한 속도가 80km이고 근처에 카메라가 있어 감시 시스템이 작동하는 걸 짐작할 수 있는 것처럼 말이야. 우리나라 기업들에 대부분 개인 오너인 지배주주가 있다는 것만 보더라도 우리나라의 법률이 비지배주주 보호에 소홀하다는 건 알 수 있어."

그레이엄이 처음 주식시장에 발을 들여놓았을 때만 하더라도 미국 역시 대규모 철도회사를 제외하면 대부분 지배주주가 있었다. 하지만 주식 소유는 금방 분산되었다. 이미 1932년경 몇몇 학자는 미국의 상장기업들이 분산된 소유 구조를 가지는 특징이 있다고 설명했다. 1950년대가 되면 소유 구조가 더욱 널리 분산되었다. 뉴욕증권거래소는 '미국 기업 주식 소유하기 운동'을 벌이기도 했다. 이후 기관투자가가 늘어나면서 다시 소유가 집중되었지만 기관투자가들에 집중된 것이지, 개인 오너에게 집중된 것은 아니다.

엔트로피의 법칙처럼 주식은 분산되는 것이 자연스럽다. 비상장기업일 때 상당한 지분을 가졌을 지배주주는 기업을 공개하면서 주식을 내다 판다. 지배주주는 이후로도 필요할 때마다 시장에서 지분을 판다. 지배주주는 이혼하기도 하고, 사망하면서 배우자와 자녀들에게 상속하기도 한다. 특히 우리나라의 상속세는 세율이 엄청나다. 상속인들에게 다른 재산이 없다면 상당한 정도의 주식을 팔아야 상속세를 마련할 수 있다. 때문에 시간이 지나면 지날수록, 창업자에게서 2세, 3세, 4세로 상속이 반복될수록 주식이 분산되는 건 숙명이다.

우리나라의 자본주의 역사를 1945년 광복 이후부터 계산하면 75년에 이른다. 본격적인 산업화가 시작된 1960년부터 계산해도 60년이다. 다른 선진국에 비해서는 짧은 편이지만 그래도 상당한 기간이다. 상속 횟수 또한 마찬가지다. 오랜 기업들 중에서는 이미 2세와 3세 승계를 넘어 4세 승계를 한 기업도 있다.

그럼에도 우리나라의 기업들에는 대부분 오너나 총수라고 불리는 개인 지배주주가 있다. 이상한 일이다. 부자연스러운 일이 생기는 것에는 이유가 있다. 계속 분산되고 세금도 떼어 가는데 지배주주의 부는 어떻게 유지되는 것일까?

삼성 이재용 부회장은 27세이던 1994년 당시 이건희 회장으로부터 60억 8,000만 원을 증여받고 증여세 16억 원을 냈다. 이후 에스원, 삼성엔지니어링, 제일기획, 에버랜드, 제일모직, 삼성물산 등을 거치면서 투자하는 것마다 큰 이익을 냈고 현재의 부를 일구게 되었다. 사실 그가 버핏을 만나달라고 할 것이 아니라, 버핏이 그를 만나 점심 식사라도 해 달라고 요청해야 할 상황이다.

물론 이재용 부회장도 억울하다. 우리나라에서 가장 큰 기업 집단의 총수이기에 더욱 주목받고 있기 때문이다. 지배주주가 비지배주주의 부를 편취하는 사례는 기업의 규모를 상관하지 않는다. 오히려 감독기관과 언론의 주목이 덜한 기업들이 더 마음 놓고 비지배주주의 부를 편취했을 수도 있다.

자본주의의 역사가 어느 정도는 오래되고 2세, 3세, 4세로 경영권이 승계되었는데도 여전히 많은 기업에 개인 오너인 지배주주가 존재하는 이유다.

지배주주의 터널링

(특징주) 비정한 증시…조양호 회장 사망 소식에 한진칼 급등
– 뉴스토마토 등 각 언론(2019년 4월 8일 자)

상속 재산이 30억 원이 넘는 경우 상속세의 세율은 50%에 달한다. 여기에 지배주주는 20% 할증이 적용된다. 60%의 상속세가 끝이 아니다. 상속세를 낼 재원 역시 법인세, 소득세를 내고 마련해야 한다. 실질적으로는 상속 과정에서 80~90%의 세금을 내야 한다고 해도 과언이 아니다.

"형 이야기처럼 세계적으로도 가장 높다시피 한 상속세가 존재하는데 지배주주의 부가 크게 줄어들지 않는 건 아이러니하네요."

"상속세가 높은 건 사회적 합의니까 받아들인다고 치자. 지배주주의 입장도 고려해서 좀 더 현실적으로 지킬 수 있는 세율이라면 더 좋겠지

만 말이야. 하지만 더 큰 문제는 시가를 기준으로 세금을 내고 합병도 할 수 있도록 정해둔 것이겠지."

현대 회사법에서 가장 중요한 이슈를 하나만 꼽으라면 대리인 비용일 것이다. 어떻게 하면 대리인 비용을 낮출 것인가가 큰 과제다. 대리인 비용이 높으면 사회적으로 더 효율적인 선택보다 대리인에게 유리한 선택을 하게 된다.

주주자본주의 사회에서 주식회사의 주인은 주주이고 경영자는 대리인이다. 대리인은 주인의 이익을 위해 일해야 하지만 반드시 이해관계가 일치하는 것은 아니다. 특히 우리나라 기업들에는 지배주주가 있고 이 지배주주가 경영하기 때문에, 미국처럼 경영자와 주주 사이의 대리인 비용보다 지배주주와 비지배주주 사이의 대리인 비용, 이른바 터널링(tunneling)의 문제가 심각하다.

터널링은 애초 체코에서 지배주주가 비지배주주의 이익을 편취하는 것을 묘사하기 위해 만들어진 표현이다. 지배주주가 이익을 편취하는 것이 마치 지하 땅굴을 통해 돈을 빼내는 것을 닮았기에 이런 이름이 붙었다. 찰떡 같은 표현인지 널리 퍼졌다.

지배주주가 비지배주주의 이익을 편취하는 방법은 다양하다. 터널링의 유형도 그만큼 다양하다. 우선 곧바로 현금을 터널링할 수 있는데, 지배주주가 높은 월급, 퇴직금을 받는 것이 예다. 자산을 터널링할 수도 있다. 기업이 보유한 자산, 사업을 시장가보다 낮게 지배주주가 사거나, 지배주주가 보유한 자산, 사업을 시장가보다 높게 기업에 파는 것이다. 지분을 터널링할 수도 있다. 지배주주가 유상증자를 실시하거나 전환사채를 발행해 비지배주주의 부를 줄이고 자신의 부를 높이는 식이다. 낮은 대가를 주고 소수주주를 축출해 비상장기업으로 만들거나, 지배주주의 지분을 높은 프리미엄을 받고 파는 것도 지분 터널링에 해당한다.

사실 터널링 자체는 우리나라만의 문제는 아니다. 선진국이든, 개도국이든, 영미법계이든, 대륙법계이든 정도의 차이만 있지, 모두 일어난다. 이기적인 인간의 속성상 당연하다. 때문에 각국은 터널링을 막기 위해 노력한다.

하지만 우리나라는 터널링에 오히려 인센티브를 주는 잘못된 법률이 있다는 게 문제다. 구체적으로 상속세는 상속할 때의 주식 시가로 평가된다. 지배주주는 주가가 낮을수록 상속세가 줄어 이익을 본다. 지배주주가 비지배주주의 이익을 침해하는 터널링을 하면, 일차적으로 비지배주주의 이익을 빼앗아서 좋고, 이차적으로는 떨어진 주가 덕분에 세금도 덜 내어 좋은 구조다.

기업이 합병할 때도 지배주주가 비지배주주의 부를 빼앗는 일이 자주 일어난다. 이 역시 상장기업의 가치를 합병 당시 시가로 평가하기 때문에 벌어지는 현상이다. 비상장기업의 가치는 '자산가치와 수익가치를 가중평균'하면서, 상장기업의 가치는 '시가'로 평가하도록 법이 아예 못 박고 있다. 오히려 상장기업의 가치를 시가가 아닌 다른 방법으로 평가하는 게 위법할 수 있는 상황이다. 덕분에 상장기업과 상장기업이 합병할 때, 지배주주가 더 많은 지분을 보유한 상장기업의 시가를 높게, 그렇지 않은 기업의 시가를 낮게 관리한다. 상장기업과 비상장기업이 합병할 때 역시 지배주주가 적은 지분을 보유한 상장기업의 주가가 낮아지도록 유도한다. 그 과정에서 사회적으로 비효율이 발생하는 건 물론이다.

지배주주가 비지배주주의 이익을 합병을 통해 편취한 대표 사례는 삼성물산과 제일모직 합병 사건이다. 당시 투자자들은 이재용 부회장이 제일모직의 지분을 많이 가지고 있고, 만약 합병이 성사되면 삼성물산 주주들에게 손해가 된다는 걸 잘 알았다. 때문에 합병이 무산될 것 같으면 삼성물산 주가가 높아졌다가 합병이 될 것 같으면 삼성물산 주가가 낮아지는 기이한 현상이 나타났다.

이런 식으로 터널링이 흔하니 비지배주주에게 지배주주는 부를 편취하는 약탈자 같은 존재다. 그것도 유목민족처럼 천고마비의 계절에만 찾아와 약탈해 가는 약탈자가 아니라 눌러앉아 지배하는 약탈자다. 한진칼의 조양호 회장이 사망했을 때 주가는 급등했다. 언론은 2세 오너의 사망에 크게 상승하는 증시가 비정하다고 표현했다. 하지만 진정으로 비정했던 측은 누구일까? 주주들에게 이로운 경영을 했다면 주가가 비정했을까?

상속의 시대

길동이 두 줄기의 눈물을 감당하지 못해 말을 이루지 못하자, 공은 그 모습을 보고 불쌍한 마음이 들어 타일렀다. "내가 너의 품은 한을 짐작하겠으니, 오늘부터는 아버지를 아버지라 부르고 형을 형이라 불러도 좋다."
길동이 절하고 아뢰었다. "소자의 한 가닥 지극한 한을 아버지께서 풀어주시니 죽어도 한이 없습니다. 엎드려 바라옵건대, 아버지께서는 만수무강하십시오."

- 허균,《홍길동전》

답답한 현실이다. 기득권은 공고하고 주식 투자자는 별다른 힘이 없어 보인다. 지금의 상태는 어찌 될까?

"형, 결국 코리아 디스카운트 현상은 이어지는 것일까요?"

"아무리 법률이 불완전하고 주식 가치가 보잘것없는 듯 여겨지더라도 반드시 이 상태가 계속 가리라는 법은 없어. 예를 들어 우리는 이제 성장이 멈춘 시대, 저성장의 시대에 살고 있어. 상속이 무척 중요해졌지. 이 와중에 상속 제도는 과거와 다르거든."

고도 성장기에는 기업이 비교적 쉽게 사업 기회를 찾을 수 있었다. 새로운 사업을 하는 기업을 만들고 키워내기가 용이했다. 계열사를 지원하는 행위가 부당한 것으로 여겨지지도 않았기에 더욱 쉬웠다.

하지만 오늘날 우리는 저성장 시대, 성장이 멈추어버린 시대에 살고 있다. 새로운 사업을 찾기 위해 벤처 투자에 나서는 3세, 4세가 많다. 하지만 투자는 누구에게나 어려운 일이다. 창업자나 기업을 키운 2세 오너는 자녀들에게 "라떼는 말이야"라며 도전과 노력을 말할지도 모른다. 하지만 이재용 부회장조차 마이너스의 손이라는 별칭을 얻었었다. 시대가 다르기에 라떼는 통하지 않는다. 부당 지원, 일감 몰아주기는 예전만큼 쉽지 않다. 결국 자녀들이 부를 유지하는 가장 손쉬운 방법은 상속이다.

별다른 성장이 없었던 전근대 사회에서도 상속이 재산을 지키고 사회적 지위를 유지하는 손쉬운 수단이라는 것을 잘 알았다. 하지만 자녀들에게 부를 분배하다 보면 가문의 지위는 세대를 거듭할수록 하락할 수밖에 없다. 장자 상속 제도, 남녀와 적서 차별, 홍길동이 아버지를 아버지로 부를 수 없었던 배경이다.

우리나라가 처음 민법을 만들었을 때만 하더라도 호주인 남자는 다른 상속인에 비해 50% 더 많은 지분을 상속받을 수 있었다. 여자는 다른 남자 상속인의 절반이었다. 출가해서 호적에 없는 여자는 절반의 절반이었다. 불과 1960년경의 가치관이 그러했다. 1990년까지도 출가한 여자는 4분의 1만 상속받았다. 하지만 시대가 바뀌었다. 상속받을 차남과 삼남, 그리고 딸들은 양보할 이유가 없다.

우리나라의 법과 제도가 지배주주에게 유리해 지분을 유지하기 쉽다고 하더라도 한계는 있다. 기업의 규모가 커질수록, 사회가 투명해질수록 터널링이 말처럼 쉽지만은 않다. 공정거래위원회와 국세청이 훨씬 촘촘한 그물을 드리우고 있고, 검찰도 걸핏하면 기소한다고 위협한다. 법원도 종종 공정하고 엄격한 판결을 내린다. 기업의 주인은 개인 오너인 지배주주가 아니라 모든 주주라고 생각하는 사람들이 늘어난다. 주식 투자의 저변이 확대되고 외국의 가치투자 책들이 번역되면서 주주평등의 원칙, 주주자본주의가 당연한 명제로 받아들여진다. 언론과 영화, 드라마로도 같은 이데올로기가 주입된다.

결국 상속 과정에서 지분은 자녀들에게 분산되고 지배주주가 가지는 힘이 약해진다. 분산된 지분을 가진 자녀들은 종종 다툰다. 여자가 남자에게, 차남이 장남에게 양보할 이유는 더 이상 없다. 양보했다가는 종전의 사회적 지위를 유지하기 어렵다.

버핏은 단순 투자 전략을 취하면서 종종 편승하기 전략을 사용했다. 지배주주의 지분이 분산되고 그 사이에 분쟁이 일어나면 비지배주주가

지배주주 중 한쪽에 편승하지 말란 법이 없다. 비지배주주의 지분 가치가 살아나게 된다. 비지배주주가 지배주주 중 누구에게 편승할지 고민하는 상황은 한진칼 외에도 또 전개될 수 있다.

평균 회귀

> 지금은 실패했지만 회복하는 사람도 많을 것이고, 지금은 축하받지만 실패하는 사람도 많을 것이다.
> — 호라티우스, 그레이엄의 《증권분석》에서 재인용

그렇다면 법률은? 투자자 보호에 불리하고 코리아 디스카운트를 야기하는 법률은 바뀌지 않을까? A형은 답한다.

"그건 알 수 없지. 하지만 너도 가치투자자라면 평균 회귀의 원리를 알고 있을 거야. 게다가 우리나라 사람들은 똑똑하고 뭐든지 열심히 하는 데다가 역동적이기까지 해. 코리아 디스카운트가 영원히 계속될 것 같으면 지금이라도 미국 주식이나 아파트에 투자하는 게 맞겠지. 너와 내가 한국 주식에 투자한다는 건 한국의 미래를 긍정하는 거야. 오히려 오랜 기간 동안 불리한 법과 제도 속에서 저평가가 지속되고 억눌려왔기에 더욱 큰 상승 에너지가 있다고 믿어."

평균 회귀는 어디서든 쉽게 관찰되는 법칙이다. 투자의 세계에서도 발견되는데, 높은 이익을 올리는 기업은 경쟁자들을 불러들여 평범한 이익을 내는 기업으로 변화하고, 적자를 내는 기업은 경쟁자를 퇴출시

커 역시 평범한 이익 정도는 낼 수 있는 기업으로 개선되곤 한다.

우리나라의 지배구조가 뒤떨어졌다고 하지만 수십 년 동안 경제가 크게 성장한 것도 감안해야 한다. 만약 우리나라가 평범한 개발도상국에 불과하다면, 비슷한 자본주의 발달 정도를 보이는 다른 개발도상국과 비교해 우리나라의 법과 제도는 앞서 나가는 정도일지도 모른다. 주주자본주의의 최첨단을 달리는 미국과 자주 비교해서 그렇지, 독일이나 프랑스, 일본만 하더라도 쉽게 이해되지 않는 법과 제도, 관행이 존재한다. 심지어 미국에도 이상한 제도와 관행이 많다.

원래 문화는 지체된다. 비물질문화는 물질문화의 변화 속도를 따라잡지 못한다. 평균 회귀의 법칙은 법과 제도에서도 발견할 수 있다. 국경을 넘나드는 자본의 압력이 있기에 나라들 사이의 법과 제도도 수렴한다. 비슷하게 경제가 발전한 나라 중에 우리나라의 법률이 뒤떨어진 것이라면 오히려 평균 정도까지는 개선되리라고 예상해볼 수 있다. 한국인은 똑똑하다. 점점 더 많은 투자자들이 모순과 부조리를 인식하고 있다.

구운몽

재벌의 부당한 지배력 남용과 특혜를 근절시키겠습니다.
　　　- 더불어민주당 21대 총선 공약집

생각해보니 이번 총선에서 180석을 얻은 여당은 지난 국회부터 늘

상법 개정과 재벌 개혁을 외쳐왔다. 이를 상대하는 야당 역시 재벌 개혁의 상징과도 같은 인물이 대표를 맡고 있다.

"형, 오늘 시간을 내주어서 고마워요. 이야기를 나누다 보니 답답함이 풀리네요. 희망도 생기고요. 경우에 따라서는 이번 국회에서 좀 더 주주 친화적인 상법 개정안이 의외로 쉽게 통과될 수 있지 않을까요? 집중투표제도 도입될 수 있고, 아무리 못해도 감사위원 분리 선출 제도 정도는 입법되지 않을까요?"

"심 변호사! 아직 꿈을 깨닫지 못하였소!"

"형, 그게 갑자기 무슨 말이에요? 말투가 옛날 사람 같아요."

A형은 들고 있던 막대를 들어 난간을 쳤다. 문득 흰 구름이 일어나 사면에 두루 끼어 지척을 분간하지 못할 정도가 되었다.

"형, 도대체 이건 무슨 환술이죠?"

말을 끝내기도 전에 구름이 걷혔다. A형은 온데간데없었다. 나는 혼자 책상에 엎드려 책을 베고 자고 있었다. 책 위에는 자면서 흘린 침이 흥건했다. 베고 잔 책의 제목은 '현명한 투자자'였다.🍂

글 심혜섭 서울대학교 법과대학을 졸업했고 같은 대학원에 재학 중이다. 37기 사법연수원을 수료했다. 대형 로펌을 다니다 퇴사해 개인 변호사 사무실을 운영하고 있다. 우연히 가치투자에 뛰어들었다가 여의치 않음을 깨달았다. 변호사이기에 아는 바를 살려 몇 차례 소수주주권을 행사했다. 간혹 비슷한 처지의 투자자들을 대리해 소송도 하고 자문도 한다. 가치투자를 했기에 사회의 모순과 불합리를 더 잘 이해하게 되었다고 믿는다. 언젠간 코리아 디스카운트가 해소되길 꿈꾼다.

REAL ESTATE

신구 격차 심화…
집값 6년 전 회귀 불가

김학렬

신축 아파트의 요즘 시세는 구축 아파트의 가격에 비해 거품일까? 서울 아파트가 조정기를 맞았다는데 그럼 가격이 2014년 수준으로 하락할까? 필명 '빠숑'으로도 유명한 부동산 전문가 김학렬 스마트튜브 부동산조사연구소장이 이 두 이슈에 대한 명쾌한 답을 제시한다. 김 소장은 아울러 집의 근본 가치와 매수할 때 유의할 점에 대해 조언한다.

신축·구축 디커플링 심화, 입지가 전부인 시대 지났다

비싸도 새 아파트 사려는 욕구가 대세…구축 위주의 정책 효과 크지 않아

전국 주요 부동산시장에서 신축 아파트와 구축 아파트의 디커플링 (탈동조화) 현상이 가속화되기 시작했다. 신규 아파트 수요가 꾸준히 증가하는 가운데 구축 아파트 선호도는 크게 줄면서 신규 아파트와 구축 아파트 시세와 거래량이 정반대 그래프를 보인다.

신규 아파트 선호가 급증한 데는 정부 정책의 영향도 크다. 최근 3년 간 신규 아파트 분양가를 분석해보면 기존 아파트 시세 대비 20~50% 낮은 수준으로 책정된 경우가 대부분이다. 신규 아파트를 분양받으면 '로또에 당첨되었다'는 뜻인 '로또 아파트'라는 신조어를 사용하기도 한다.

아파트에도 신품, 구품 사이의 소비층 구분이 일상화

시세보다 낮은 신규 아파트 가격은 높은 프리미엄을 형성시켰고, 프리미엄에 대한 기대로 청약 열기는 더 뜨거워졌다. 청약가점이 높은 세대는 이전보다 더 적극적으로 청약에 뛰어들었다. 그 결과, 청약가점이

만점(84점)에 육박하는 단지도 속출하기 시작했다.

결국 청약가점이 상대적으로 낮은 30대는 준신축 아파트를 매수하거나 분양권, 입주권을 프리미엄을 통해 매수해야 했다. 이게 지난 3년간의 서울 부동산시장이다.

신축과 구축 이미 디커플링, 구축 대상으로 하는 정책 효과 없다

입주 물량이 많은 지역은 매매 시세뿐 아니라 전세 시세도 조정되는 것이 일반적이었다. 하지만 2017년 이후 임대사업등록 유도 및 양도세 중과 등 정책적으로 시장 매물을 급감시키는 전략이 펼쳐졌고, 지금은 시장에 인기가 많은 5년 차 이하 신규 아파트 매물의 씨가 마른 상태다. 강동구 고덕동에 신규 아파트 입주 물량이 몰렸을 때도 가격이 거의 조정되지 않았고 전세 시세는 오히려 상승했다. 올해도 강동구 고덕지구와 영등포구 신길뉴타운에 대규모 입주가 대기 중이다. 하지만 시장 거래는 거의 발생하지 않고 있다. 호가는 오히려 상승 중이며, 조정의 기미를 보이지 않는다.

신규 아파트와 준공 10년 미만 준신축 아파트 사례를 살펴보면, 10년 차 이상 기축 아파트들은 이와 다른 시장 전개를 보인다. 시장 매물을 증가시키기 위해 정부에서는 조정대상지역 내 다주택자가 10년 이상 보유한 주택을 2020년 6월까지 매도한다면 양도소득세를 중과하지 않겠다고 제안했다. 하지만 신축과 구축이 디커플링된 시장에서는 효과가 없는 정책이다. 시장 수요자들에게 필요한 건 신축이지, 구축이 아니다. 이미 구축 매물은 규제 정국 이전부터 거래가 쉽지 않았다. 시장의 실제 상황을 고려하지 않은, 말 그대로 생색내기 정책일 뿐이다.

디커플링은 시장의 방향과 다르다는 의미다. 신규 아파트와 기존 아파트가 따로 움직인다는 뜻도 된다. 그렇다면 이전에는 신축 아파트의 시세와 구축 아파트의 시세가 같은 방향으로 움직였을까?

정답은 '그렇다'다. 정확히 2013년 하반기부터 2015년까지 기존 아파트든 신규 아파트든 모두 우상향 그래프였다. 서울·경기는 물론 전국 대부분 지역이 우상향 그래프로 같이 움직였다. 하지만 2016년에 지역마다 다른 양상을 보이기 시작했고 기존 아파트와 신규 아파트도 다르게 움직이기 시작했다. 지역 디커플링에 신축·구축 간 디커플링 현상이 동시에 발생한 것이다.

물론 전체가 다 같은 현상인 것처럼 해석하면 안 된다. 입지에 따라 신축·구축의 움직임이 다르다. 특정 입지는 신규 아파트도 수요를 못 채우는 경우가 있기 때문이다. 비서울 지역 미분양 관리 지역이 대부분 그런 입지에 해당한다.

아파트면 무조건 수요 많던 시기는 지났다

이제 지역별로 다른 전략을 가져야 한다. 아울러 아파트 준공 시기별로도 다른 전략이 필요하다. 신규 아파트는 구축 아파트 대비 비싸다. 그런데도 신규 아파트 수요가 많은 이유는 무엇일까?

신규 아파트 수요가 많은 지역은 기존 아파트와 같은 입지 조건이라는 기준을 갖는다. 당연히 입지 경쟁력이 같으므로 구축 아파트는 상품 경쟁력에서 밀린다. '질적인 수요'에 대해서는 이전 〈버핏클럽 2〉에서도 여러 번 강조했다. 아파트면 무조건 수요가 많던 시기는 지났다. 수요가 가장 많은 서울의 아파트 가운데서도 재건축 가능성이 낮은 구축은 선택받지 못하는 곳이 허다하다.

이제 아파트라는 상품을 한 번이라도 경험한 세대는 구축 아파트를 선택하지 않는다. 대신 신규 아파트, 기왕이면 지하 주차장이 잘 갖춰진 아파트를 희망한다. 조경이 좋은 아파트, 단지 내 헬스·에어로빅 시설을 갖춘 아파트를 희망한다. 보안이 잘된 아파트를 희망하며 입주민만의 출입카드가 있는 아파트를 선호한다. 방마다 개별 냉난방 시스템이 있어야 하고 주방에는 수납 공간이 많아야 한다. '−'자 주방보다는 'ㄷ'자 주방을 더 좋아한다. 2베이보다는 3베이나 4베이를, 20평형대라도 화장실이 2개 있는 세대를 희망한다.

입지적인 장점이 없거나 기반 시설이 좋지 않으면 신축 아파트라도 선택받지 못할 것이다. 하지만 같은 입지 조건이라면 아무리 비싸도 신축 아파트를 선호한다. 지금 가격은 거품이기 때문에 서울 신축 아파트의 시세가 하락할 거라 단언하는 전문가도 있다. 하지만 서울 신축 수요

재건축 단지 중 가장 주목을 받고 있는 래미안 원베일리 조감도(신반포3차)

는 투자 수요가 아니라 대부분 실수요다. 시세가 높다는 걸 알지만 그 입지, 그 상품에 거주하기 위해 불가피한 선택을 하는 세대다.

멋있는 모델하우스를 보며 허영만 늘었다는 사람도 있다. 좋은 시설을 갖춘 집에 살고 싶은 욕망이 쓸모없는 허영일까? 그렇다면 대한민국 국민의 90%는 허영에 찬 사람이다. 이런 욕망은 당연하다.

비싼 집이 많아지는 건 부자들도 싫어한다. 싫다고 해도 이제 어쩔 수 없는 트렌드다. 좋은 입지의 좋은 상품은 한정되어 있고, 더 좋은 매물을 찾는 수요는 계속 증가하기 때문이다. 이제 그 허영에 찬 잠재 수요층의 희망 사항에 시장이 맞춰야 한다.

좋은 상품을 찾는 건 트렌드다. 필요한 재화에 대한 욕구로 경제활동이 이루어진다. 신규 아파트를 선호하는 경향은 지속될 것이다. 기존 아파트는 신규 아파트를 선택할 수 없는 입지에서만 거래가 될 것이다.

무조건 아파트이기만 하면 거래되는 시기는 끝나간다. 아파트의 경쟁력은 입지별·상품별 선호를 동시에 갖출 때 올라간다.

조정기라는데 매수 타이밍은 언제일까?

2014년 전세가율 30%로 거품 있었지만 지금은 60%대···6년 전 가격으로 돌아가지 않아

21대 총선 이후 강남 일대 아파트시장에 호가를 낮춘 급매물이 증가했다. 집주인들이 앞서 내놨던 양도소득세·보유세 절세 매물의 호가를 더 낮추는가 하면, 총선 결과를 보고 규제 완화가 어렵다고 판단한 다주

택자들의 실망 매물도 나왔다.

2000년 서울시 아파트의 3.3㎡(1평)당 평균 가격은 660만 원이었다. 2020년 3월에는 2830만 원이다. 20년 동안의 단순 상승률만 보면 서울 아파트는 329% 상승했다. 가격이 4배 이상으로 오른 셈이다. 더 놀라운 사실은 세계 금융위기가 닥친 2008년부터 2013년까지의 엄청난 하락장을 포함해서도 4배 이상으로 상승했다는 점이다.

그러나 해당 아파트가 20년간 4배 이상으로 상승했다면 서울시 평균 상승률을 맞춘 것일 뿐이다. 전체 평균이 중요한 게 아니다. 개별 입지, 개별 아파트별 시세 등락이 모두 달랐을 테니 말이다.

문재인 정부 이후 최근의 아파트 가격 변화에서도 다음과 같은 현상을 발견할 수 있다. 첫째, 2017년 이후 3년의 폭등장 속에서 서울 모든 아파트의 시세가 상승한 것은 아니다. 둘째, 아무 이유 없이 시세가 오르면 거품이 발생할 수 있고 그 거품이 제거되면 다시는 회복하지 못할 수도 있다.

2019년 1월부터 12월까지 서울 25개구의 매매가 상승률 평균은 3.3%였고 전세가 상승률은 0.2%였다. 정부와 언론에서는 서울 집값이 폭등한 것처럼 대서특필하며 사상 최대의 규제 정책을 추진하고 있지만 실제 서울 아파트의 평균 시세는 예상과 달리 안정적이다.

이 시각의 차이는 뭘까? 오르는 아파트만 오르고, 오르지 않는 아파트는 여전히 조정 중이라는 것이다. 오르는 아파트는 거품 가격이 형성되는 중이라고 봐야 한다. 시장 참여자들이 추가 비용을 지불하지 않으면 오르는 아파트도 쉬지 않고 상승하진 않는다. 시세가 너무 많이 상승했다 싶으면, 혹은 전반적인 경제 상황이 좋지 않으면 지역 내 최고 인기 아파트도 조정될 수 있다. 소비자가 그 정도 판단도 못하는 바보가 아니기 때문이다. 서울에서 아파트를 여러 번 매수한 경험이 있는 소비자는 특히 더 그럴 것이다.

부동산 대책 발표, 코로나19 사태…2014년 가격대로 내려갈까?

2019년 12월 16일 부동산 대책 발표 이후, 그리고 코로나19 사태 이후 많은 문의를 받고 있다. '아파트 대부분의 시세가 조정될 것 같은데 매수 타이밍을 언제로 잡아야 할까?'라고 묻는다. 많은 사람들은 조정되길 기다리고 있다. 단순히 가격이 하락하기를 기대하는 게 아니라 조정된 가격에 매수하고 싶은 것이다. 결국 대기 수요층이라는 의미다.

'소비자조사기관 연구원'이라는 직무상 설문조사와 전문가 인터뷰를 자주 한다. 클라이언트사가 의뢰한 질문지에 두 가지 질문을 추가했다. 하나는 '이후 부동산시장이 조정될 거라고 생각하는가?'다. 과반수가 잘 모르겠다고 응답한 가운데 상승 전망과 하락 전망이 유사한 수준이었다. 또 하나의 질문은 '부동산시장이 조정되길 희망하는가?'였다. 역시 과반수는 잘 모르겠다고 응답했고, 조정되길 희망하는 비율과 조정되면 안 된다는 비율이 유사한 수준이었다. 조정되길 희망하는 응답자들에게 추가 질문을 했다. '얼마 정도 내려오길 기대하는가?' 서울 부동산 상승 초기인 2014년 가격대까지 내려오기를 기대하는 응답이 상대적으로 많았다.

아무리 아파트 시세가 조정되어도 정말 2014년 가격대까지 내려갈 수 있을까? 〈버핏클럽〉 1권과 2권을 읽어보았다면 충분히 예상할 수 있을 것이다.

과거 부동산시장 중 2006년 전후는 거품이 많았다고 평가된다. 참여정부가 부동산 가격 하락을 유도하기 위해 32번의 부동산 규제 정책으로 다주택자들을 강하게 압박하자, 서울·경기·인천 내 수요가 많지 않은 입지의 재개발 투자와 똘똘한 한 채라고 홍보되던 대형 아파트에 실수요가 아닌 투자 수요가 집중되었다. 당시 시세는 말 그대로 풍선 효과였을 뿐이다. 터질 수밖에 없었다.

그 당시와 지금의 부동산시장은 상황이 완전 다르다. 한 가지만 체크해봐도 다른 시장임을 알 수 있다. 실거주 수요의 척도가 되는 수치인 '전세가율'이다. 과거 똘똘한 한 채의 전세가율은 대부분 30% 전후였다. 당시 대형 아파트 시세는 엄청난 거품 가격이었던 것이다. 지금은 전세가율이 대부분 60% 전후다. 거품이라고 할 만한 가격대인가? 여전히 가격이 조정될 것이라고 믿고 있는가?

강력한 부동산 규제의 영향으로 단기적으로는 가격이 조정될 수도 있다. 아무리 실수요가 많은 주택이라도 투자 수요가 없지는 않기 때문에, 투자 수요가 단기적으로 빠진다면 가격이 일부 조정될 것이다. 하지만 그 투자 수요로 빠지는 비율이 어느 정도라고 생각하는가? 과연 2014년 시세까지 하락할 수 있다고 생각하는가?

정부가 시세 하락까지 책임져주지는 않는다. 그동안 매물이 거의 없던, 평소 관심 있는 입지의 눈여겨보는 아파트가 꽤 조정된 가격의 매물로 등장했다면 기다리지 않길 바란다. 적어도 〈버핏클럽〉 독자라면 말이다.

전문가 의견보다 중요한 것은 나만의 기준
매일의 가격 변동 분석은 오히려 '독', 장기적으로 근본 가치 변동 파악해야

어떤 경제 전문가는 서울 아파트 시세가 많이 빠졌다고 분석한다. 어떤 부동산 전문가는 많이 올랐다고 말한다. 또 다른 전문가는 지금까지는 올랐으나 이제부터 빠질 거라고 주장한다. 각기 다른 전망이 쏟아질 때 일반인은 시장을 어떻게 이해하고 대응해야 할까?

시장 전문가는 전체 시장을 평균 수치로 분석하고 설명한다. 하지만 대세 상승장, 대세 하락장이 아니라면 현재 시장을 분석하거나 미래를 전망하기 어렵다. 주식을 예로 들어보자. 뉴스에서는 매일 주식 시세 변동 시황을 중계한다. 종합주가지수가 오른 날은 오른 이유에 대해 설명하고, 지수가 하락한 날은 하락한 이유에 대해 설명한다.

코스피지수가 2,000대에서 1,400대로 대폭락한 2020년 3월 주식시장을 돌이켜보자. 하락하는 과정에서도 오르고 내리고가 반복되었다. 당시 주식 시황을 설명한 뉴스를 보면 종종 어이없는 내용이 눈에 띄었다. 어떻게 매일 다른 시장으로 바뀔 수 있을까? 같은 종목일지라도 하락과 상승을 반복하게 되면 다른 이유를 들어 설명한다. 하락한 이유와 상승한 이유에 대해 다른 원인이 동시에 존재하기도 한다. 기업의 펀더멘털이 전혀 바뀌지도 않았는데 말이다.

'매일 분석' 대신 '흔들리지 않는 기준' 찾기

내 첫 직장은 롯데백화점이었다. 보직은 매장 판매 주임이었다. 폐점 후 매일 당일 매출 보고를 했다. 매출이 오른 날은 오른 이유에 대해, 내린 날은 내린 이유에 대해 매출 분석 보고서를 작성했다. 솔직히 매일 매출 금액이 달라지는 이유를 알 수 없었다. 하지만 어떻게든 사후적인 이유를 만들어 매출 분석을 보고했다. 처음에는 어려웠으나 반복적으로 하다 보니 매출만 봐도 보고서가 써졌다.

그 후 리서치 기관(한국갤럽조사연구소~스마트튜브 부동산조사연구소) 연구원으로 일하게 되었고 통계 분석을 수년간 했다. 그 과정에서 개별 시장과 개별 상품은 전체 평균으로 움직이지 않는다는 사실을 알게 되었다. 본격적인 가치투자를 공부하면서 가치투자는 시황을 보긴 하지만 매일 분석하지 않는다는 것을 깨달았다. 매일 분석해 중계하는 게 일반인에게는 혼란만 가중시킨다는 것도 알게 되었다.

결국 연구원과 전문가는 일별 시황이 아니라 '근본적인 가치가 변화했는지'만 보면 된다. 시황 통계가 나올 때마다 '현재가치나 미래가치의 방향성이 바뀌지 않았는가'를 확인하고 분석하면 된다. 그래야 다음과 같은 기사가 매일 쏟아지더라도 흔들리지 않는 기준을 잡을 수 있다.

시황 기사는 '참고'만 하기

서울 아파트 가격, 특히 강남권 아파트 시세가 하락한 건 대세 하락기라서가 아니라 급매물만 거래되고 있기 때문이라는 분석이 적합하다. 강남 아파트의 가치가 빠지지 않았다는 뜻이다. 따라서 오른쪽과 같은 단순 시황 기사는 정말 '참고'만 해야 한다.

그럼 어떤 기사에 더 주목해야 할까? 팩트를 보여주는 기사, 특히 시계열로 보여주는 수치를 담은 기사는 방향성을 알 수 있으므로 의미가 있다(346쪽 참조). 이 기사를 보면 대부분 지역의 아파트 평균 시세가 올

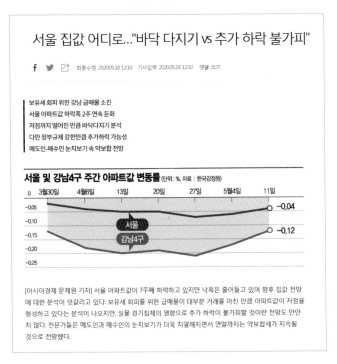

단순 시황 기사

서울 집값 어디로..."바닥 다지기 vs 추가 하락 불가피"

f 🐦 ⤴ 최종수정 2020.05.18 12:10   기사입력 2020.05.18 12:10   댓글 쓰기

보유세 회피 위한 강남 급매물 소진
서울 아파트값 하락폭 2주 연속 둔화
저점까지 떨어진 만큼 바닥다지기 분석
다만 정부규제 강한만큼 추가하락 가능성
매도인-매수인 눈치보기 속 약보합 전망

서울 및 강남4구 주간 아파트값 변동률 (단위: %, 자료 : 한국감정원)

[아시아경제 문제원 기자] 서울 아파트값이 7주째 하락하고 있지만 낙폭은 줄어들고 있어 향후 집값 전망에 대한 분석이 엇갈리고 있다. 보유세 회피를 위한 급매물이 대부분 거래를 마친 만큼 아파트값이 저점을 형성하고 있다는 분석이 나오지만, 실물 경기침체의 영향으로 추가 하락이 불가피할 것이란 전망도 만만치 않다. 전문가들은 매도인과 매수인의 눈치보기가 더욱 치열해지면서 연말까지는 약보합세가 지속될 것으로 전망했다.

랐다는 것을 확인할 수 있다.

하지만 정부 정책을 어떻게 분석하고 대응해야 하는지 질문하는 분이 여전히 많다(347쪽 참조). 이 내용은 해당 분야에 대한 인사이트가 필요하다. 단순한 사실 나열로는 전망하기 어렵다. 시장은 정부 정책대로 움직이지 않는 경우가 더 많다. 시장이 반응한 후, 상당 기간 진행되었을 때 정책의 영향력을 판단해야 한다. 정책이 나온 후 무조건 그렇게 진행될 거라는 전망은 그래서 위험하다. 전체 시장이 어떻게 될지 아우트라인만 잡아도 시장을 이해하고 반응하는 데 충분하다. 특히 1997년

'광진구에서만 95% 감소'…씨 말라가는
6억 이하 아파트[서울 지역별 현황 보니]

입력 2020-05-19 07:50:38   수정 2020.05.19 07:50:38   김흥록 기자

광진구, 용산구, 중구 등 중저가 아파트 수백가구만 남아
성북·강서 등 15개 자치구서는 1만가구 이상 뭉터기 감소

서울 서초구 일대 아파트 모습./서울경제DB

중저가아파트가 지난 3년 새 서울에서 절반 이상 감소한 가운데, 자치구별로 6억 원
이하 아파트 가구 수가 많게는 90% 이상 줄어든 것으로 나타났다. 구별로 6억 원 이
하 아파트가 1,000가구도 남지 않아 사실상 중저가 아파트의 소멸을 앞둔 자치구도

IMF 외환위기와 2008년 금융위기같이 현금이 필요했던 경제위기를 지금의 코로나19 정국과 비교하는 건 큰 의미가 없다. 지금의 경제는 유동성이 풍부하다. 전체 경제는 안 좋아 보이지만 여러분이 생각하는 것보다 현금을 많이 소유하고 있다.

수치로 보이는 통계를 맹신하는 것보다, 전문가가 변명하듯 쏟아내는 전망에 귀 기울이는 것보다 여러분이 희망하는 지역의 희망 주택을

정책을 분석한 기사

6월부터 임대차 신고제 도입...정비사업 처벌규정도 손질

[주거종합계획]10월까지 공시가격 로드맵 발표...7월 조합비 사용 총회 승인 의무화

(세종=뉴스1) 김희준 기자 | 2020-05-20 11:04 송고

기사보기　네티즌의견　　　　🔵 트윗　💬　　　🖨 인쇄　＋확대　－축소

4월 28일 서울 개포주공1단지 내 공터에서 열린 재건축 조합의 드라이브 스루 관리처분 총회에서 차량 이용이 불가능한 조합원들이 폐교 운동장에 거리를 두며 의자에 앉아 총회 안건을 듣고 있다. 2020.4.28/뉴스1 © News1 박지혜 기자

내달부터 임대차 신고제가 도입된다. 정비사업 위반행위에 대한 처벌규정 강화는 물론 정비조합의 조합비 전횡도 차단된다.

20일 국토교통부가 발표한 '2020년 주거종합계획'에 따르면 국토부는 6월부터 임대차 신고제를 도입하고 보증료율 체계 개선도 추진한다. 7월엔 임대사업자의 공적 의무 준수 확인을 위한 전국 단위 관계기관 합동점검을 통해 위반 업자에 대한 제재를 부과한다.

소유할 방법에 관심을 가지면 좋겠다. 부모님들이 경제적 지식 없이 내 집을 마련했던 것처럼 말이다. 그분들은 거시경제를 몰랐지만 내 집 마련 투자는 대부분 성공하셨다. 그저 희망하는 지역과 집을 위해 열심히 저축하고 투자하고, 되도록 빠른 시기에 대출 등 레버리지를 최대한 활용해 매수하면 된다.

　때를 기다리라고 하는 전문가 의견을 다 무시하면 좋겠다. 숨겨진 투자 노하우는 없다. 적정 타이밍은 아무도 모른다. 물론 매수한 가격보다 하락할 수도 있다. 중요한 건 내 집을 마련했다는 사실이다. 내 집을

신구 격차 심화… 집값 6년 전 회귀 불가

347

사면 4~12년 정도를 그 집에서 거주한다. 매수한 가격보다 큰 손실을 본 것만 아니라면 거주 가치로도 충분히 보상받은 셈이다. 여러분이 선호하는 입지는 대부분 그 기간 이후 매수 가격보다 상승했을 가능성이 높다.

코로나 정국으로 향후 아파트 가격이 빠질지, 지금이 사야 하는 타이밍인지 궁금해하는 분들이 많아 칼럼으로 풀어봤다. 나와 같은 전문가의 의견은 그저 참고만 하시라. 모든 의사결정은 여러분이 직접 해야 한다. 그래야 후회가 적다.

매도할 수 없는 부동산은 매수하지 말아야 한다
재개발 힘든 지역의 '나홀로' 빌라·다세대 애물단지 되기 쉬워

시세 차익용 부동산 투자가 어려워진 현재의 부동산시장에서도 많은 이가 바란다. "평생 임대료 받을 수 있는 부동산을 갖고 싶어요."

평생 임대료를 받을 수 있는 부동산이 있을까? 정답부터 말하면, 단언컨대 평생 임대료를 안정적으로 받을 수 있는 부동산은 없다. 혹시 알고 있다면 나에게도 알려주시길.

영원히 임대료를 받을 수 있는 부동산이 없다면 소유한 부동산을 언젠가는 팔아야 하는데, 언제 파는 것이 가장 좋을까? 이 또한 정답은 없다. 소유한 부동산과 자신의 투자 스타일을 고려해 부동산별로 매도 방법과 시기를 자신만의 인사이트로 결정해야 한다.

매도를 잘하기 위해서는 매도하고 싶을 때 언제든지 매도할 수 있는 물건을 매수해야 한다. 하지만 확실하게 말할 수 있는 게 하나 있다. 우리가 부동산을 매수하는 것은 수익을 내기 위해서다. 수익은 매도 차익 수익과 월세 임대 수익으로 나뉘는데, 정확한 수익률은 매수한 부동산을 매도한 후에야 계산할 수 있다. 팔기 전에는 '수익을 냈다'고 말할 수 없기 때문이다.

매수·매도 타이밍과 관련해 지인의 사례를 이야기하고자 한다. 전 회사 동료는 화곡동 반지하 빌라를 소유했다. 4차 뉴타운 후보지로 화곡동이 한창 물망에 오를 때 1억 원에 매수했다. 몇 달 지나지 않아 시세가 1억 5000만 원까지 올랐다. 당시 그는 "임차인 전세 보증금이 1000만 원이고 대출을 4000만 원 받았으니 5000만 원 투자로 5000만 원 벌었다. 수익률이 100%"라고 자랑했다. 10여 년 전 일이다.

퇴사 후 다른 일을 하고 있는 그를 얼마 전 페이스북에서 만났다. 그 빌라에 대해 물었더니 보증금 500만 원에 월세 30만 원을 받고 있다고 했다. 왜 팔지 않았느냐고 물었더니 "매도하려고 내놓은 지 4년이 넘었

재개발 구역 중 가장 알짜로 꼽히는 디에이치 한남 조감도(한남3구역)

다"고 말했다. 매입 가격 대비 이익은커녕 수익률과 손해 금액 계산을 포기한 지 오래였다. 어떻게든 매도하려고 '오피스텔이나 도시형 생활주택 등 수익형 부동산처럼 월세 수익을 맞춰서 7000만 원 전후로 협상 가능, 은행 이자보다 많이 나오게 조정 가능'이라고 부동산에 내놓았지만 아무도 관심을 갖지 않는다는 것이다.

재개발이 힘든 지역의 '나홀로' 빌라·다세대의 경우, 연차가 오래되면 아무리 싸게 내놓아도 매도가 어렵다. 오래된 빌라·다세대 매입 시 가장 주의해야 할 점이다. 친구는 이 점을 간과했다.

따라서 매도 전략은 반드시 매수 단계부터 고려해야 한다. 당연하지만 실제 실행하기는 어렵다. 웬만큼 부동산에 관심이 있는 분들은 쉽게 수익률을 맞출 수 있다. 소위 말하는 무피 투자(매매가와 전세 보증금 등이 동일해 투자 금액이 제로인 투자)도 가능하다.

물론 부동산에 대한 애정과 매수 기술은 훌륭한 능력이다. 놓치지 말 것은 매도 완료 후에야 정확한 수익을 알 수 있다는 점이다. 그래서 강남구가 대한민국 부동산의 대명사인지도 모르겠다. 강남구는 출구 전략이 가장 확실한 지역이다. 가격만 살짝 조정해주면 되니 말이다.

코로나 정국 이후 시장이 정상화되기 시작하면 곧 지역별로 부동산이 요동칠 확률이 높다. 실거주 수요층에게도 마찬가지다. 대부분 지금 집보다 조금 더 좋은 집으로 가겠다는 목표가 있을 것이다. 명확한 목표가 있어야 입지나 상품 선택에서 호갱이 되지 않을 테니 말이다. 목표를 이루기 위해서는 '어떻게 할 수 있는지'에 집중해야 한다. 아무래도 무주택자보다는 집을 한 번 이상 매수한 경험이 있는 세대가 좀 더 적극적인 방법을 사용할 수 있을 것이다.

묻지 마 투자로 다주택자가 된 이들은 이제부터 조심해야 한다. 시장 조정기가 오면 어떻게 대응할 것인가? 세금이 인상되면 어떻게 할 것인가? 주택 추가 매수는 어떻게 할 것인가? 매도 전략을 어떻게 할 것인가?

늘 고민하고 공부해야 한다. 이럴 때일수록 매수 전략보다는 매도 전략을 잘 사용하는 이가 빛이 난다. 매도를 잘하기 위해서는 매도하고 싶을 때 언제든지 매도할 수 있는 물건을 매수해야 한다. 가격만 조절해주면 언제든 팔리는 물건을 사야 한다.

그 정답은 결국 입지다. 🌏

글 **김학렬**　스마트튜브 부동산조사연구소장. 한국갤럽조사연구소에서 부동산조사본부 팀장으로 일했다. 대한민국 최고의 입지 분석가이자 인기 부동산 채널인 '빠숑의 세상 답사기' 운영자로, 블로그 이웃 14만 명, 팟빵 청취자 주 평균 50만 명, 유튜브 구독자 9만 명으로 네이버 선정 부동산 분야 최고 인플루언서에 올랐다. 지난 20년간 국토교통부, LH공사, 한국감정원 등의 공공기관, 현대건설, 삼성물산, 피데스개발 등 건설사와 국내외 리서치 프로젝트 1,000여 건을 진행했고 《대한민국 부동산 사용설명서》, 《수도권 알짜 부동산 답사기》, 《지금도 사야 할 아파트는 있다》, 《이제부터는 오를 곳만 오른다》 등 베스트셀러를 펴냈다.

심리학의 핵심 내용을 나는 오판의 심리학이라고 부르는데, 이는 대단히 중요하므로 반드시 배워야 합니다. 원칙은 약 20개이며, 서로 상호작용하므로 다소 복잡합니다. 하지만 핵심 내용은 믿기 어려울 정도로 중요합니다.

- 1994년 USC 경영대학원 강연(세상을 살아가는 기본 지혜)

The elementary part of psychology—the psychology of misjudgment, as I call it—is a terribly important thing to learn. There are about 20 little principles. And they interact, so it gets slightly complicated. But the guts of it is unbelievably important.

The Wall Street Journal Guide to Investing in the Apocalypse

《종말 상황에서의 투자 가이드》

"내일 지구의 종말이 온다"고 해도 오늘 매수할 주식은 있다

이한상

코로나19 위기를 맞아 많은 개인이 매수 기회를 포착하고 투자에 뛰어들었다. 팬데믹을 비롯해 기후위기, 테러, 지구와 소행성의 충돌 가능성 등 종말적인 위기 상황에 바이블로 삼을 만한 투자 지침서가 있다. 《The Wall Street Journal Guide to Investing in the Apocalypse(종말 상황에서의 투자 가이드)》(한국 미출간)다. 이 책은 위기를 기회로 삼는 데 활용할 세 가지 지침으로 '공포를 극복하라, 간접 승부하라, 직접 승부하라'를 제시하며 투자할 대상이 무엇인지 살펴본다.

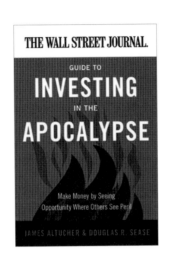

2020년 새해 첫날 2,200을 기록한 코스피지수는 코로나19 사태로 3월 19일 1,457의 저점을 찍고 반등해 7월 1일 2,106까지 회복했다. 미국의 S&P500지수도 비슷한 양상을 보였다. 이 반등의 여러 요인 중 하나가 우리나라의 '동학개미'와 미국의 '로빈후드 투자자' 같은 개인의 유동성 공급과 투자 열풍이다. 이들은 과거 금융위기의 경험을 통해 폭락장이 저점 매수 기회라고 판단하고 겁내지 않고 투자에 뛰어들었다. 이들이 위기 상황에 바이블로 삼을 만한 투자 지침서가 있으니, 2011년 〈월스 트리트 저널〉이 펴낸 투자 가이드 시리즈 중 하나인 《The Wall Street

> **"**
>
> 자본주의와 시장경제가 작동하는 한
>
> 문제는 이를 해결하려는 사람들을 부르고
>
> 투자자는 그들의 혁신과 성공을 통해 결국 보상받게 된다.
>
> **"**

Journal Guide to Investing in the Apocalypse(종말 상황에서의 투자 가이드)》(알투처 제임스, 더글러스 시즈 지음, 하퍼비즈니스 펴냄, 2011, 한국 미출간)다. 이 글에서는 책의 핵심을 간략히 요약 소개하겠다.

가장 큰 자본시장을 가진 미국의 역사적 재난 상황들, 즉 대공황과 제2차 세계대전, 핵전쟁 위협과 쿠바 사태, 아랍의 석유 엠바고, 1982년 남미 부채, 1987년 시장 붕괴, 1997년 아시아 외환위기, 2001년 9·11 테러, 2008년 금융위기를 생각해보자. 이러한 사건들의 공통점은 투자자들의 공포와 히스테리를 자극해 주식시장의 투매와 폭락을 야기했다는 점이다. 하지만 다른 공통점은 주식시장은 이 모든 사태를 결국 극복했다는 점이다. 그래서 문제는 이러한 위기 상황에서 '어떻게 공포를 극복할 것인가'이고, 또한 이러한 위기에서 '살아남을 뿐 아니라 오히려 더 성장하도록 투자 전략을 만드는가'다.

전문 투자자를 포함한 보통 사람들이 위기 상황에서 주식을 투매하고 금이나 현금 같은 안전 자산으로 갈아탈 때가 오히려 역발상 투자를 추구할 큰 기회라고 저자들은 주장한다. 왜냐하면 자본주의와 시장경제가 작동하는 한 문제는 이를 해결하려는 사람들을 부르고 투자자는 그들의 혁신과 성공을 통해 결국 보상받게 되기 때문이라고 설명한다.

단, 위기 상황을 이용한 사건 기반 투자는 사건의 본질과 관련 위험, 기회를 꿰뚫어 보는 안목을 요구한다. 예를 들면 각종 위기는 진행 사이클과 소요 시간이 다 다르다. 테러와 암살은 매우 중요하지만 짧은 기간에 그치는 반면, 대공황, 세계대전, 바이러스를 통한 팬데믹, 지구 온난화는 매우 오랜 기간 진행된다. 공포의 종류도 다르다. 테러는 긴박하지만 팬데믹은 공포가 점증하는 형태로 진행되고, 신선한 물의 부족은 아무도 신경 쓰지 않는 공포다. 투자자는 매수·매도 시점을 포착하기 위해 이러한 사건들의 본질이 무엇인지 파악하고 대중이 사건을 어떻게 인식하는지 파악해야 한다. 왜냐하면 다른 사람들이 위험과 공포를 느끼는 시점을 적절히 찾는 것이 종말 상황을 이용한 역발상 투자의 핵심이기 때문이다. 구체적으로 이들이 제시하는 원칙 세 가지는 무엇인가?

종말적 상황에서의 세 가지 투자 원칙

① 원칙 1. 공포를 극복하라(Fade the fear): 아무리 나쁜 일이 일어나도 그렇게 나쁜 건 아니다. 결국은 상황이 나아질 것이다. 물론 미래 어느 날 소행성이 지구에 충돌해 모든 게 끝날 수도 있다. 그러나 나쁜 일이 일어나면 보통 사람들이 최악을 생각하고 행동할 때 여러분은 다르게 행동할 수 있다. 최악의 상황은 궁극적으로 점점 나아진다. 공포를 극복하고 다른 사람들이 팔 때 사는 사람은 평균보다 네 배 정도 수익률이 높다는 분석이 나온 바 있다. 시장지수뿐 아니라 개별 종목에서도 그러하다. 공포를 붙잡고 있지 않는 한 공포는 당신의 친구라는 것이 저자들의 메시지다.

② 원칙 2. 간접 승부하라(Invest through the back door): 백 도어 투자 전략이다. 저자 중 〈월스트리트 저널〉 칼럼니스트 더글러스 시즈의 투자 원칙 KISS(Keep It Simple, Stupid)를 반영한 접근법이다. 안전한 해법을 추구하는 방식이다. 부채가 많지 않고 제품군이 다양하며 현금흐름이 경기를 타지 않는 기업을 고르되, 위기 관련 사업도 진행하는 기업을 선택해 기회를 놓치지 않는 전략이다.

③ 원칙 3. 직접 승부하라(Invest through the front door): 프론트 도어 투자 전략이다. 만약 위기가 매우 오랜 기간 천천히 진행되는 것, 예를 들면 코로나19 바이러스나 지구 온난화 같은 이슈라면 문제 해결 능력이 있는 기업을 리서치를 통해 골라내는 방식이다. 저자 중 한 명인 트레이더 알투처 제임스의 접근법이 반영된 것이다. 궁극적으로는 좋은 기업, 혁신적이고 세상을 바꿀 일들에 대비하는 기업이 좋은 기업이고, 혁신적이지 않다면 그 기업은 말 그대로 죽고 있는 것이라는 철학 위에 펀더멘털 분석 및 마이크로-매크로 분석을 병행하는 전략이다.

다양한 지구 종말적 상황에 적용하는 방법

① 전염병의 지구적 대유행: 코로나19와 같은 전염병의 유행은 이벤트 취소, 이동 제한, 공급망 교란, 생산 중단에 의한 소득 감소, 소득 감소에 따른 수요 감소, 산업 위험의 금융기관 전이를 통해 모든 기업의 운전자본 확충을 압박하고 수취 채권의 신용 위험을 증가시킬 것이다. 결

국 팬데믹은 감염자 확산 차단 혹은 치료제 개발을 통해 진정되겠지만, 보건 상황이 종료되어도 산업에 미치는 영향은 지속될 수 있다는 문제가 남는다. 그럼에도 과거 사스와 메르스도 결국 극복되었다. 그러므로 주식에 투자해야 한다. 문제는 시점인데 저자들은 팬데믹의 공포를 견인하는 전 세계적 감염증 확산에 따른 주식시장의 패닉 반응을 주목하라고 한다. 구체적으로 구글 트렌드 검색 등을 통해 공포의 정도를 주시하라고 제안한다. 백 도어 투자 전략으로 백신 개발에 관심이 있는, 재무적으로 탄탄한 거대 제약사를 추천하고, 프런트 도어 투자 전략으로는 특정 백신을 개발하는 소규모 기업들로 포트폴리오를 구성하라고 권유한다.

② 물 부족: 전 세계 표면의 70%가 물이지만 문제는 그 물의 97%가 짠 바닷물이라는 사실이다. 나머지 3% 중 2%는 얼음 대륙에 있고 나머지 1% 중 30%, 즉 0.3%가 지하수이며 1%의 1%가 호수와 강, 늪지 같은 민물이다. 이 작은 비율의 물이 전 세계 인구를 먹여 살려야 하는데 2020년에 78억 명인 인구는 2050년까지 97억 명으로 증가할 것이고, 인구 증가는 물 부족 국가에 집중되어 있다. 지금 물 사용량 중 69%는 농작물 재배에 들어가고, 산업과 가구가 각각 15%를 차지한다. 감자 1kg을 키우는 데 물 500리터, 밀 1kg에는 900리터, 벼 1kg에는 1,920리터, 햄버거 하나에는 2만 5,000리터가 들어간다. 물 사용량은 점점 많아지는 추세다.

따라서 산업과 생산의 증가, 농촌 인구의 도시 유입 등으로 물의 수집, 수송, 사용 후 처리 등 물의 일생에 수자원 관리의 중요성이 커진다. 저자들은 크레디트 스위스의 보고서를 인용해 백 도어 투자 전략으로 공급 증가 활동 및 기술(담수화, 공업용수 재활용), 물 관련 인프라 건설(정화시설, 댐, 상하수도), 수요 감소 기술(농업 및 공업 기술, 가정용 상하수 기술), 수자원 관리를 제시한다. 특히 수자원 기술을 가진 거대 기업과 음료수시장의 강자인 코카콜라를 생각해볼 것을 제안하며, 프런트 도어 투자 전략으로 담수화, 수질 검사 등 특정 기술 기업들을 제시한다. 제시된 기업들의 2011년 이후 실적을 살펴본 결과 대부분 양호한 수익률을 기록하고 있다.

③ 석유 위기: 2011년 쓰인 이 책에서 가장 진부해져 개정이 필요한 부분이다. 2010년 멕시코만 일대에 원유를 대량 유출함으로써 최악의 피해를 끼친 딥워터 호라이즌 폭발 사고를 제시하면서 저자들은 석유 의존 경제의 명암을 보여준다. 석유 매장량은 충분하지만 쉽게 얻을 수 있는 것이 모자라니 해상 채굴이 아닌 특수 채굴 능력이 중요해질 것이라는 주장에 기반해 투자 전략을 제시했다.

이 책은 대체에너지와 전기차 등을 강조하지만, 이후 전개되는 셰일가스 혁명을 예견하지 못한 주장이다. 저자들은 또 다른 해양 석유 유출 등으로 유가가 출렁이는 것을 투자 시점으로 설정하고 두려움을 버리고 거대 정유사를 사라고 주장한다. 대형 기업 대부분이 S&P500지수 편입 종목 중 배당 상위주라는 주장과 함께 말이다. 백 도어 전략으로 특정 대체에너지회사를 피하고, 아처 대니얼스 미들랜드처럼 농산물을 가공하지만 에탄올도 생산하는 기업이라든가, 에어로바이론먼트처럼 무인항공기로 먹고살지만 에어로다이내믹 기술로 빌딩별 소형 풍력발전 기술을 선도하는 기업을 권유한다. 프런트 도어 투자 전략으로는 석유를 탐사하는 특별 장비 제조사와, 오프쇼어 드릴링 기술을 가지고 정유사들과 장기 계약을 맺은 기업을 많이 추천했지만, 2011년 이후 이러한 기업들을 점검해보니 셰일가스회사들의 등장으로 대부분 실적이 저조했다.

④ 기후위기: 온실가스, 구체적으로 이산화탄소의 증가로 인해 지구 밖으로 방출되는 복사열이 감소해 지구 온난화 현상이 현실화되고 있다. 이에 따라 홍수, 폭우, 사막화, 태풍과 같은 이상 기후 현상이 등장하고 해수면 상승으로 인류의 생존 기반이 위협당하고 있다. 저자들은 이 문제를 해결하기 위한 두 가지 전략과 투자 아이디어를 제시한다. 하나는 이산화탄소를 발생시키는 석탄과 석유를 대체하는 대체에너지의 개발이고, 다른 하나는 석유 소비를 감소시킬 에너지 효율성 개선이다.

대체에너지 관련해서는 태양광과 풍력 발전의 가성비가 안전성이 개선된 원자력발전의 가성비에 미치지 못할 것이라며 백 도어 전략으로 경쟁자가 없는 원전 폐기물 회사인 US에콜로지를, 프런트 도어 전략으로 우라늄 생산 회사를 제시한다. 이산화탄소 배출 관련 투자로 백 도어 전략은 배기가스 감축 기술을 가진 자동차 부품 회사를, 프런트 도어 전략은 배터리 제조에 필수적인 코발트 생산 회사를 제시한다. 마지막으로 효율성 관련 분야에서 스마트그리드 인프라와 관련한 백 도어 투자 대상으로 시스코를, 프런트 도어 투자 대상으로 전기차와 배터리 제조사를 제시했다.

⑤ 테러: 테러가 왜 무서운가? 효과가 즉각적이며 형태를 예견하기가
힘들기 때문이다. 그럼에도 저자들은 냉정하게 생각해보면 9·11의 피해
자 숫자는 고속도로의 하루 사망자 숫자와 비슷하다며, 테러는 가장 약
한 형태의 종말적 상황이라고 판단한다. 핵공격 테러, 바이오 테러, 사이
버 테러의 시나리오를 점검한 저자들이 내놓은 프런트 도어 전략 아이
템은 공항용 여행가방 스캐너 제조사, 감시카메라 장비 제조사, 사이버
보안회사 등 탐색과 감시에 관련한 기업들이었다. 2011년 이후 2020년
까지 책에서 제시된 개별 주식의 성과를 점검해보니 대부분 실적이 매
우 뛰어났다.

⑥ 소행성이나 혜성 충돌: 연구자들은 지구를 궤멸시킬 큰 물체와 충돌
할 가능성이 매우 낮다고 본다. 하지만 훨씬 작아서 충돌을 예견하지 못
하는 물체들의 충돌 가능성은 0이 아니다. 만약 그러한 충돌이 일어나

면 무슨 일이 벌어질 것인가? 고작 275m 크기의 물체가 지구에 부딪치면 직경 5㎞의 분화구 지형이 생기며 피해 범위는 뉴욕주 넓이에 이른다. 미식축구장 열 개 정도인 1㎞ 크기의 물체가 지구에 충돌하면 피해가 전 지구적으로 일어나며 핵겨울과 비슷한 상태를 경험하게 된다. 지

구의 모든 생물을 절멸시킬 물체의 크기는 고작 직경 3㎞다. 과학자들은 27m 크기의 물체가 다음 100년 안에 충돌할 가능성은 40%, 100m 크기 물체의 가능성은 1%로 본다고 한다. 다행스럽게도 현재의 기술로 이들 물체가 지구와 충돌하기 상당 시간 전 발견할 수 있다. 만약 그런 일이 벌어진다면? '주식 가격은 떨어지겠지만 반드시 반등한다, 무조건 매수해야 한다'가 저자들의 기본 입장이다. 백 도어 전략의 선택은 우주 항공 부문을 포함한 거대 군산 복합기업이고, 프런트 도어 전략은 우주 항공 전문 기업들이다.

⑦ 자본주의·금융 공황: 지금까지의 공황 패턴에 새로운 것은 없다. 위기의 원인은 다르지만 새로운 버블이 생기고 금융위기가 뒤따르는 비슷한 패턴이 반복되었다. 하지만 자본주의는 끝나지 않았다. 저자들은 가끔 버블이 생기는 것이 반드시 나쁘지는 않다며, 버블은 막대한 부를 생성시키고 주요한 혁신을 완성하는 미덕이 있다고 주장한다. 버블은 반드시 터진다. 이때 이자율이 하락하고, 정부의 구제자금이 풀리며, 기업들의 재무제표가 깨끗하게 정리되고, 새로운 경제 사이클이 시작된다. 마찬가지로 금융위기를 겪을 때마다 금융기관들이 규제기관에 의해 근본적 수술을 받는다.

경제·금융위기에서의 투자 전략은 무엇인가? 저자들은 미국의 경험을 통해, 가격이 많이 떨어졌지만 결국 정부의 지원으로 인프라 등 공공 투자를 통해 이익을 얻을 대기업을 사는 것을 기본으로 제시한다. 백 도어 전략은 경제위기 이후 진행되는 제도 개혁을 통해 이익을 얻을 수 있는 기업들을 매수하는 것이다. 예를 들면 미국의 각종 금융상품 거래소가 해당한다. 프런트 도어 전략은 무엇일까? 저자들은 모든 담보를 동원해서 빌릴 수 있을 만큼 은행에서 빌리는 것이라는 재미있는 의견을 제시한다. 차입만 할 수 있다면 인플레이션으로 진행되는 경우 상품 투자를 하고, 반대로 디플레이션이 생기면 가치가 떨어지는 집에서 현금을 확보한 것이니 수지맞는 것 아니냐는 논리다.

이 책의 핵심 주장처럼 많은 동학개미와 로빈후드 투자자들이 3월의 폭락장에 굴하지 않고 주식을 매수해 주식시장 반등의 모멘텀이 되었다. 이 책은 더 나아가 단순히 반등을 통해 위기에서 살아남는 것이 아니라 위기를 도약의 발판으로 삼는 전략, 나심 탈레브의 표현을 빌리면 안티프래질한 전략으로 간접 대응 방식과 직접 대응 방식을 제시한다. 3월 이후 바이오 주식의 움직임과 관련해 이 책의 전략을 음미해보면 통찰력이 빛난다. 다만 이러한 전략을 실행하려면 더 열심히 공부해 주식 거래를 트레이딩이 아니라 가치 평가에 기반한 투자 관점에서 접근해야 한다. 이러한 분들에게 이 책은 유용한 지침서가 될 것이다.🅺

글 **이한상** | 고려대학교 경영대학 교수. 자본시장 회계 및 기업 지배구조를 연구하고 있다. 행정고시 37회로 국세청에서 국제조세 업무를 맡았다. 2006년 미시간스테이트대학에서 박사학위를 취득한 후 2011년까지 오클라호마대학에서 가르쳤다. 한국회계기준원, 금융감독원, 금융위원회, 국세청 등의 자문 및 위원회 활동을 했다. 현재 동아쏘시오홀딩스와 대림산업의 사외이사이며 한국기업거버넌스포럼의 부회장으로 활동하고 있다.

다른 투자자들의
어깨에서 보라

강영연

'개인' 투자자가 '기관' 투자가와 버금가는 지위에서 의사결정을 내릴 수 있는 길이 있다. 투자 스터디 클럽에 가입해 활동하는 방법이다. 함께 내공을 쌓으며 자산을 키워가는 '현명한 투자자들의 모임'의 '공부' 현장을 전한다. 항공사 기장, 대기업 엔지니어, 공무원, 고등학교 교사, 군인, 학생 등 회원 13명이 참석했다. 6명이 조사·분석한 종목이나 산업을 발표했다.

"아무리 뛰어난 투자자라고 해도 여러 분야를 다 알 수는 없습니다. 함께 스터디하고 나누면 투자뿐 아니라 삶의 시너지도 얻을 수 있지요."
(구도형 '현명한 투자자들의 모임' 운영자)

투자는 외로운 길이다. 어느 종목을 살지, 언제 살지, 얼마에 살지 모두 혼자 결정해야 한다. 매도 과정에서도 혼자이기는 마찬가지다. 수익이 나든 손해를 보든 이 역시 스스로 감내해야 하는 몫이다.

혼자서 투자 의사결정을 내리다 보면 주관이나 감각의 편향에 빠지기 쉽다. 또 자신의 관심사를 좇다 보면 새로 형성되는 흐름을 지나칠 수 지난 6월 5일 서울 강남의 스터디 카페.
현투모 '서울 스터디 1기'의 오프라인 모임이 열렸다.
13명의 회원이 참석했다. 항공사 기장,
대기업 엔지니어, 공무원, 고등학교 교사, 군인, 학생 등
직종과 연령 모두 다양했다. 이날 6명의 회원이 발표했다.
각 발표가 끝나고 회원들 간의 질의응답이 이어졌다.

있다. 새로운 흐름에서 나오는 기회를 놓치게 된다. 혼자서 조사하고 분석할 수 있는 범위에는 한계가 있다. 따라서 가능하면 여러 투자자들이 모여 정보를 공유하고 공부하면서 의견을 주고받는 편이 좋다. 고수들이 초보 투자자들에게 주식 투자 스터디 모임을 추천하는 이유다.

각 대학 동호회부터 초절정 고수들의 모임까지, 투자자들이 정기적으로 모여 공부하고 정보를 나누는 주식 투자 스터디 클럽은 매우 많다. 요즘 '동학개미운동'의 바람을 타고 그런 모임이 더욱 늘어나고 있다. 가치투자 고수들의 모임으로 유명한 곳은 PIC(Part-time Investment Club)다. 2005년 9월 인터넷 카페 '가치투자연구소'에서 온라인으로 교류하던 10여 명이 만든 오프라인 모임이 지금까지 15년 동안 이어지고 있다. 처음에는 직장인들이 시간을 쪼개 파트타임으로 투자한다는 성격이었으나 지금은 멤버 대부분이 '세 자릿수'(100억 원대) 자산가가 됐다.

PIC에 따르면 회원 1인당 100만 원 정도씩 모아 공동 펀드를 운영하고

있으며, 지난 4월 현재 누적 수익률 2,000%를 돌파했다. 현재 이 펀드는 해외 주식 비중이 약 절반으로 근래 미국 주식 비중을 크게 늘렸다. 해외 주식 수익률이 국내보다 훨씬 더 높다. 이 모임은 지난 10년간 임의 탈퇴자가 한 명도 없을 정도로 결원이 생기지 않는다고 한다.

이같이 오랫동안 이어온 모임이 있는가 하면 열정만큼은 고수들을 능가하는 신생 모임도 늘고 있다. 지난 6월 5일 서울 강남의 스터디 카페에서, 인터넷 카페 '현명한 투자자들의 모임'(현투모)에서 8번째로 결성된 스터디 클럽인 '서울 스터디 1기'의 오프라인 모임이 열렸다. 코로나19 사태로 몇 달째 미뤄오던 자리. 13명의 회원이 참석했다. 항공사 기장, 대기업 엔지니어, 공무원, 고등학교 교사, 군인, 학생 등 직종과 연령 모두 다양했다. 이날 6명의 회원이 자신이 발굴, 조사해온 기업이나 산업을 발표했다. 각 발표가 끝나고 회원들 간의 질의응답이 이어졌다.

언택트 시대, '소외된 유망 게임주' 조이맥스

제일 먼저 발표된 종목은 '조이맥스'였다. 발표자는 코로나19 시대에 가장 큰 수혜를 누리는 언택트 산업 가운데 게임주에 주목했다. 하나금융투자에 따르면 코로나19 이후 미국과 영국에서 게임 이용 시간이 평균 20% 이상 증가했다. 트래픽뿐 아니라 게임 콘텐츠 구매액도 늘고 있다. 오프라인 카지노 출입이 어려워지면서 온라인에서 즐기는 사람들이 늘었고, 오프라인 취미를 즐기다가 온라인 게임으로 넘어오는 사람들도 증가하고 있다.

이런 가운데 조이맥스의 주가는 다른 게임주에 비해 상승 폭이 크지 않았다. 가장 큰 이유는 조이맥스가 관리종목이라는 데 있다. '자기자본

코로나 사태 이후 처음으로 '현투모 서울 스터디 1기' 모임이 열렸다. 이날 주제는 '언택트'. 6명이 관련 기업과 산업을 조사해 발표했다. 발표된 종목 중 회원 과반수가 찬성한 기업은 공동 펀드 포트폴리오에 편입한다.

촘촘한 출시 일정이 조이맥스의 가장 큰 강점으로 꼽혔다.
일반적으로 게임주는 신작 게임 출시 직전에
기대를 받으면서 주가가 오른다.
조이맥스는 신규 게임이 잇따라 발표되는 만큼
기대가 형성되며 주가가 오를 가능성이 크다는 게
발표자의 분석이다.

50% 이상의 법인세 비용 차감 전 계속사업손실이 최근 3년간 2회 이상' 기준에 걸려 현재 관리종목으로 지정돼 있다.

하지만 발표자는 조이맥스에서 기회를 볼 수 있다고 분석했다. 이 회사는 한때 윈드러너 시리즈로 주목받아 시가총액이 5,000억 원에 달했다. 하지만 게임 트렌드가 캐주얼 게임에서 대작 게임으로 바뀌는 가운데 이를 따라잡지 못했고 회사가 흔들렸다.

최근 조이맥스가 달라졌다. 트렌드에 맞춰 신작 게임을 줄줄이 내놓고 있다. '플레이포커', '어비스리움 폴' 등을 출시한 데 이어 '삼국지 제후전', '라이즈 오브 스타즈(RoS)', '스타워즈 스타파이터 미션' 등을 출시할 예정이다.

삼국지 제후전은 중국 소주선봉사의 게임이다. 라이즈 오브 스타즈와 스왑하는 조건으로 한국에 출시된다. 따라서 개발비가 전혀 들지 않았다. 시장 반응이 좋아 사전 예약이 5일 만에 50만 명을 돌파했다. 발표

나이스정보통신은 매출이 늘고 있다.
특히 정부가 코로나19에 대응하기 위해 지급한
긴급재난지원금이 카드로 신청된 비율이
22%에 달하는 것에 주목할 만하다.
발표자는 긴급재난지원금 효과로
매출이 200억 원 정도 늘어날 것으로 내다봤다.

자는 "중국 역사 소설을 원작으로 한 삼국지 게임류는 마니아 게임으로 분류할 수 있다"며 "유저 대부분이 30~40대에 구매력이 높다는 특성을 띤다"고 설명했다.

라이즈 오브 스타즈는 이길형 조이맥스 대표가 메이저 게임사의 퀄리티를 따라잡겠다며 도전한 게임이다. 그동안 조이맥스가 적자를 낸 큰 요인 중 하나가 이 게임의 개발비였다. 발표자는 "작년까지 개발 비용이 이미 반영됐기 때문에 이제는 실적으로 수확할 시기"라고 내다봤다. 소주선봉사가 중국에 출시할 계획이고 이후 한국을 포함한 8개국에서도 선보인다.

또 하나 주목할 만한 게임이 스타워즈 스타파이터 미션인데 디즈니와 글로벌 출시를 계획하고 있다. 스타워즈 지적재산권으로 게임을 개발하는 것은 한국에서 넷마블에 이어 두 번째다. 이는 조이맥스가 게임 개발 능력을 인정받았음을 의미한다고 발표자는 설명했다. 한국에서는 스타워즈 팬덤이 크지 않지만 일본 등 아시아권과 글로벌에서는 팬덤이 대단한 만큼 확장성이 크다고 분석됐다. 특히 온라인 동영상 서비스(OTT)인 디즈니플러스에 인앱 탑재될 가능성도 있다. 디즈니플러스에 게임탭이 생기고 그 안에 스타워즈 스타파이터 미션이 탑재된다면 모바일, PC뿐 아니라 TV 등 콘솔게임으로도 활용될 수 있다는 뜻이다.

이처럼 촘촘한 출시 일정이 조이맥스의 가장 큰 강점으로 꼽혔다. 일반적으로 게임주는 신작 게임 출시 직전에 기대를 받으면서 주가가 오른다. 새롭게 출시된 게임이 시장 기대치를 웃도는 성적을 거두면 주가가 천정부지로 뛰기도 하지만 기대에 못 미치면 떨어진다. 물론 이후 관련 매출이 나오는 것을 보고 다시 오르기도 한다. 이런 주가 흐름을 봤을 때 관리종목 해제를 위한 유상증자 가능성도 크지 않다고 전망됐다. 발표자는 "지난해에 이미 올해 출시 예정작의 개발비를 전부 반영했기에 흑자 전환을 통해 관리종목을 탈피할 계획"이라며 "실제로 1분기 적자 폭이 0에 가까울 정도로 줄었다"고 설명했다. 그는 "유상증자 시 이길형 대표 포함 최대주주 및 임원진의 지분 또한 일반 주주와 함께 희석되기에 유상증자를 할 가능성은 희박하다"고 내다봤다.

성장하는 온라인 밴, 나이스정보통신에 관심

두 번째 발표자는 나이스정보통신에 관심을 가질 만하다고 했다. 나이스정보통신은 카드사의 카드 결제 대행 업무를 하는 대형 밴(VAN)사로 최근 온라인지불결제서비스(PG) 사업을 강화하고 있다.

발표자는 매출에서 밴 사업이 차지하는 비중이 줄어들고 있지만 여전히 시장점유율 1위라는 것이 저평가의 배경이라고 설명했다. 1위 업체라는

> **"**
>
> 테슬라 다음으로 레벨2 시장을 노리는
> GM, 현대차, 폭스바겐 등이 2위 그룹을 형성하고 있다.
> 발표자는 "현대차가 의외로 전기차시장에서
> 선전하고 있다"고 평가했다.
> 소프트웨어 약점을 극복하기 위해 '앱티브'라고 하는
> 미국 회사와 합작회사를 설립하기도 했다.
>
> **"**

이미지 때문에 카드 수수료 인하, 수수료 정률제 도입 등으로 밴 사업 환경이 어려워지는 것이 과도하게 반영됐다는 것이다.

나이스정보통신은 매출이 늘고 있다. 특히 정부가 코로나19에 대응하기 위해 지급한 긴급재난지원금이 카드로 신청된 비율이 22%에 달하는 것에 주목할 만하다. 발표자는 긴급재난지원금 효과로 매출이 200억 원 정도 늘어날 것으로 내다봤다. 또 카카오페이, 삼성페이 등 온라인 밴 사업이 확대되고 있는 것도 나이스정보통신에 관심을 가질 이유 중 하나다.

PG 사업의 성장세도 뚜렷하다. 배달의민족, 쿠팡, 아고다 등을 고객으로 둔 자회사인 나이스페이먼츠의 지난해 매출은 전년 대비 35% 늘었다. 고성장 중인 동남아 PG시장으로 선제적 진출한 것도 눈여겨볼 만하다. 인도네시아 관련 기업에 지분 투자를 한 것을 비롯해 베트남 등으로도 영역을 확장하고 있다. 밸류에이션(실적 대비 주가 수준) 매력도 높아졌

다고 발표자는 평가했다. 2015년 2.57배까지 올랐던 PBR은 현재 1.11배 수준까지 떨어졌다.

발표 후 PG 사업과 밴 사업이 모두 사양산업으로 흐르고 있다는 지적이 나왔다. 이에 대해 발표자는 "성장성이 저조하긴 하지만 여전히 성장하고, 실질적으로 결제액이 증가하고 있다"며 "오프라인 밴 기업으로 인식해서 NHN한국사이버결제 등과 달리 주가가 오르지 않고 있지만 나이스정보통신 역시 온라인 밴 사업과 PG 영역을 키워나가고 있다"고 설명했다.

개화하는 전기차시장, 승자는?

세 번째 발표는 자동차산업에 대한 분석 리포트였다. 최근 전기차에 대한 관심을 반영했다.

전기차가 주목받는 것은 먼저 보조금 등 세제 혜택이 늘어나면서 소비자 접근성이 높아졌기 때문이다. 특히 유럽에서는 주요국 정부의 정책 의지가 높다. 가장 큰 요인은 1회 주행거리가 600㎞까지 크게 늘어나면서 실용성이 높아졌다는 점이다. 전기차는 자율주행차로 가는 전 단계로서의 의미도 갖는다. 발표자는 "자율주행은 전기 소모량이 많다. 그리고 사고가 나지 않아야 하는데 내연기관은 부품이 많아서 한계가 있다"고 설명했다.

전기차시장에서 가장 앞서가는 기업은 테슬라다. 테슬라는 전기차에 쓰이는 소프트웨어를 내재화해서 효율성을 극대화했다. 발표자는 테슬라가 궁극적으로 가려는 사업 모델은 '구독 서비스'라고 평가했다. 전기차 자체의 마진은 크게 가져가지 않으면서 '무선 소프트웨어 업데이트

> 현투모의 첫 스터디 모임은 11년 전에 생겼다.
> 현투모 1기가 생겼을 때 전업 투자자는 2명밖에 없었지만,
> 현재 초기 스터디 멤버들은 대부분 전업 투자자가 되었다.
> 9개의 현투모 스터디 모임에서
> 100억 원대 이상 자산가도 10여 명 나왔다.

(OTA)'를 통한 수익 창출이 가능할 것으로 전망했다. 새로운 기능이 추가될 때마다 OTA를 통해 무선으로 자동 업데이트하고 차량의 문제점도 해결한다. 몇 년을 타든 새 차 같은 성능을 유지할 수 있는 셈이다.

발표자는 "테슬라는 궁극적으로 완성차 업체에 소프트웨어를 판매하려고 할 것"이라며 "현재 오토 파일럿 2단계인 완전자율주행(FSD)을 7,000달러에 팔고 있다"고 설명했다. 올해 말에는 도심자율주행 기능을 추가하면서 가격을 8,000달러 선으로 높일 것으로 전망된다.

테슬라 다음으로 레벨2 시장을 노리는 GM, 현대차, 폭스바겐 등이 2위 그룹을 형성하고 있다. 발표자는 "현대차가 의외로 전기차시장에서 선방하고 있다"고 평가했다. 소프트웨어 약점을 극복하기 위해 '앱티브'라고 하는 미국 회사와 합작회사를 설립하기도 했다.

전기차 관련 분야에 투자할 만한 곳으로는 전기차 플랫폼 업체, 차량용 반도체, 첨단 운전자 보조 시스템(ADAS) 등이 꼽혔다. 발표자는 "5세대 이동통신(5G), 2차전지 등이 몇 년간 5~10배씩 올랐다"며 "전기차 관련

기업들도 비슷한 흐름으로 갈 것"이라고 예상했다.

건강에 대한 관심 커져

종근당바이오, 네오펙트 등 관심을 가질 만한 종목과 원격의료산업에
대한 발표와 토론이 이어졌다.

종근당바이오는 프로바이오틱스시장의 성장과 함께 주목받았다. 발표
자는 코로나19를 계기로 건강기능식품이 필수 소비재라는 인식이 생겼
다고 강조했다. 면역력 강화에 대한 관심이 커지고 있기 때문이다. 종근
당바이오는 특히 계열사인 종근당건강의 히트 상품 '락토핏'의 성장세가
올해에도 지속되리라는 전망이 긍정적이다. 2분기부터 프로바이오틱스
안산 공장이 신규 가동하면서 연간 200억 원의 매출이 추가될 것이란
분석도 나왔다.

네오펙트는 인공지능(AI)과 사물인터넷(IoT)에 기반해 뇌졸중 및 척수 손
상 환자용 재활 의료 기기와 재활 콘텐츠(라파엘 스마트 재활솔루션) 등을
연구개발, 생산, 판매한다. 인구 노령화에 따라 뇌졸중과 치매 환자가 증
가하는 현 상황에서 주목할 만하다고 평가됐다. 선진국 대다수는 이미
노령화 사회에 진입해 뇌졸중과 치매 등을 앓는 사람이 늘고 있다. 통계
청에 따르면 미국의 고령인구(만 65세 이상 인구) 비중은 1960년 9%에서
2060년 22%로 늘어날 것으로 예상된다. 한국은 고령인구 비중 상승이
더 가팔라서, 같은 기간 3%에서 40%로 급증할 전망이다.

미국 원격의료시장이 빠르게 성장하는 것도 주목할 만하다. 2010년 원
격의료에 대한 공적 보험 적용이 시작됐고, 2018년부터는 일부에 대해
민간 보험도 사용할 수 있다.

투자 내공 쌓을 수 있게 도와주는 과정

저녁 7시에 시작된 스터디는 밤 11시가 넘어서야 마무리됐다. 시작한 지 1년 정도밖에 안 된 모임이지만 스터디 분위기는 사뭇 진지했다. 주요 발표자의 보고서는 증권사 애널리스트의 것과 비교해도 손색이 없는 수준이었다.

모임 다음 날에는 온라인으로 투표를 진행한다. 가장 열심히 준비한 발표자, 가장 도움이 된 발표자를 참석자들이 뽑는다. 두 가지 투표 결과를 종합해 1~3등에게 상금을 준다. 상금이 크진 않지만 자신이 발굴, 조사한 종목이 회원들에게 인정받은 것이어서 명예로 받아들인다는 게 참석자들의 설명이다.

또 발표 기업 중 과반수가 찬성하는 종목은 공동 펀드 포트폴리오에 추가한다. 포트폴리오에 포함한 후에는 발표자가 관리에 들어간다. 매달 기업의 변화 상황을 알려줘야 하고 언제 매도할지도 정해야 한다. 한번 발굴하면 끝까지 책임지는 셈이다. 종목별로 수익이 나도 좋지만, 좋은 종목인데 손실을 기록하고 있다면 회원 개인에게 매수 타이밍이 될 수 있기에 그것도 의미가 있다. 펀드의 수익 중 일부는 매년 말 회원들의 투표를 거쳐 기부할 계획이다.

자발적으로 참여하는 모임이지만 강제하는 장치도 마련돼 있다. 벌금제다. 한 달에 한 번 열리는 스터디에 참석하지 않거나, 두 달에 한 번 하는 발표에 빠지거나, 공동 펀드 포트폴리오에 포함된 종목에 대한 사후 관리를 하지 않으면 벌금을 내야 한다.

현투모의 첫 스터디 모임은 11년 전에 생겼다. 현투모 1기가 생겼을 때 전업 투자자는 2명밖에 없었지만, 현재 초기 스터디 멤버들은 대부분 전업 투자자가 되었다. 9개의 현투모 스터디 모임에서 100억 원대 이상 자산가도 10여 명이 나왔다. 그중 몇몇은 그야말로 초보로 입문했지만 열정적으로 참여하면서 실력을 쌓아 투자로 '자수성가'했다고 구도형 대표는 설명했다. 그는 "종목 자체보다 더 중요한 것이 그것을 찾아가고 논의하는 과정"이라며 "그 과정 속에 스스로 내공을 쌓을 수 있도록 도와주는 것이 스터디의 목적"이라고 말했다.

현투모의 스터디 클럽은 신규 회원 가입의 문을 열어놓고 있다. 회원이 되려면 가치투자를 기반으로 공부하며 기초적인 기업 분석이 가능한 지식을 갖춰야 한다. 하지만 현투모는 무엇보다 투자에 대한 열정을 가장 높이 산다.

* 현투모 가입 문의: reader99@naver.com(구도형 대표)

글 **강영연** | 한국경제신문에서 일하고 있다. '변동성의 시대: 대가에게 길을 묻다'라는 시리즈를 연재하며 가치투자에 관심을 갖게 됐다. 읽으면 돈을 벌 수 있는 기사를 쓰기 위해 노력한다.

사진 **오환** |

Munger's words

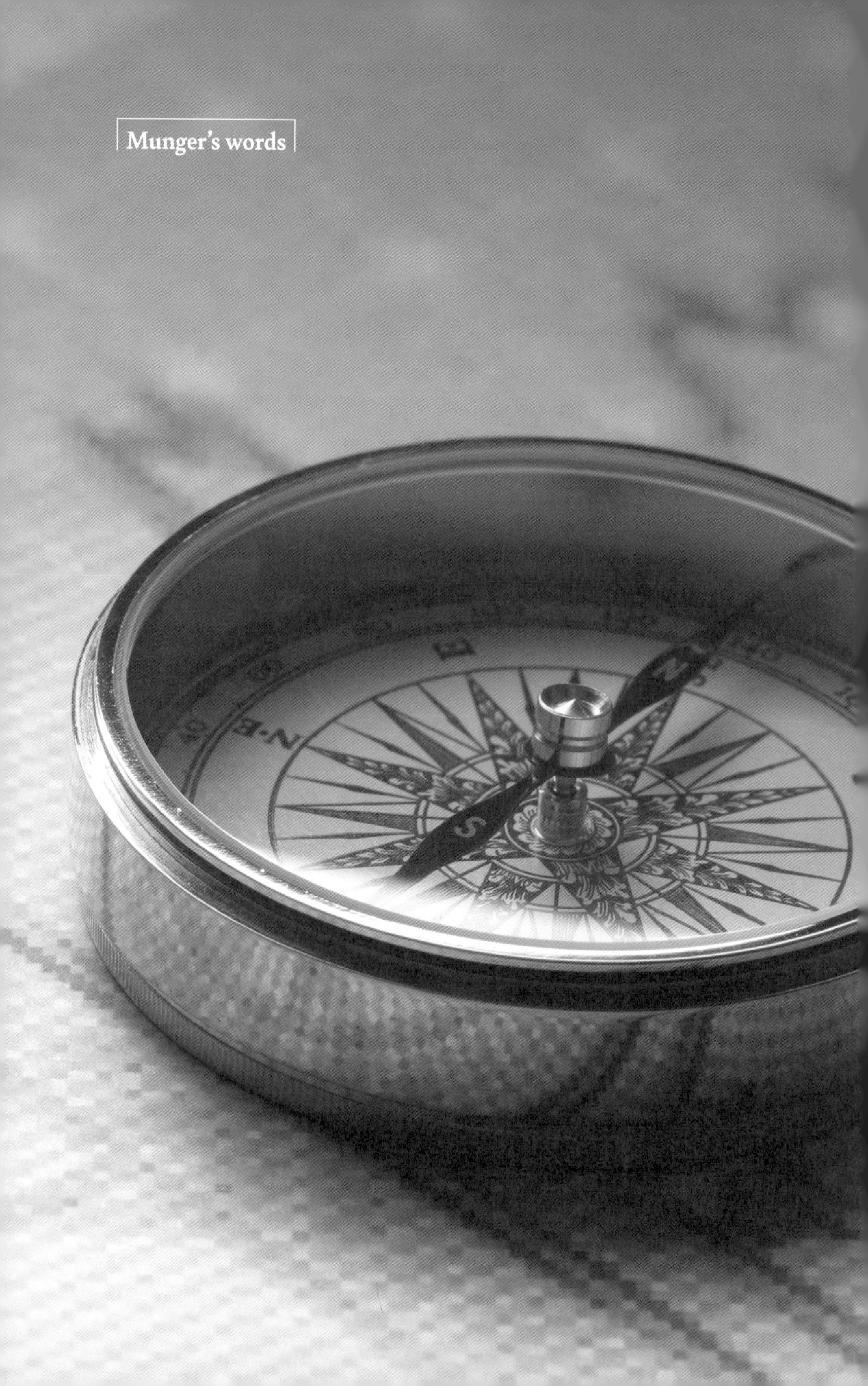

회계도 알아야 합니다. 회계는 실제로 기업에서 사용하는 언어입니다. 문명 발전에 매우 유용한 언어입니다. 한때 지중해 상권을 거머쥐었던 베니스에서 처음 도입했다고 합니다. 복식부기는 정말 대단한 발명입니다.

- 1994년 USC 경영대학원 강연(세상을 살아가는 기본 지혜)

Obviously, you have to know accounting. It's the language of practical business life. It was a very useful thing to deliver to civilization. I've heard it came to civilization through Venice which of course was once the great commercial power in the Mediterranean. However, double-entry bookkeeping was a hell of an invention.

Warren Buffett's Annual Letter to Shareholders

2019년도 워런 버핏의 주주서한 전문

* 매년 2월 발표하는 워런 버핏의 주주서한(버크셔 해서웨이 연차보고서) 원문은 버크셔 해서웨이 홈페이지(www.berkshirehathaway.com/letters/letters.html)에 공개돼 있다. (편집자 주)

버크셔와 S&P500의 실적 비교(연간 변동률)

연도	버크셔 주가 상승률 (%)	S&P500 상승률 (%, 배당 포함)	연도	버크셔 주가 상승률 (%)	S&P500 상승률 (%, 배당 포함)
1965	49.5	10.0	1994	25.0	1.3
1966	−3.4	−11.7	1995	57.4	37.6
1967	13.3	30.9	1996	6.2	23.0
1968	77.8	11.0	1997	34.9	33.4
1969	19.4	−8.4	1998	52.2	28.6
1970	−4.6	3.9	1999	−19.9	21.0
1971	80.5	14.6	2000	26.6	−9.1
1972	8.1	18.9	2001	6.5	−11.9
1973	−2.5	−14.8	2002	−3.8	−22.1
1974	−48.7	−26.4	2003	15.8	28.7
1975	2.5	37.2	2004	4.3	10.9
1976	129.3	23.6	2005	0.8	4.9
1977	46.8	−7.4	2006	24.1	15.8
1978	14.5	6.4	2007	28.7	5.5
1979	102.5	18.2	2008	−31.8	−37.0
1980	32.8	32.3	2009	2.7	26.5
1981	31.8	−5.0	2010	21.4	15.1
1982	38.4	21.4	2011	−4.7	2.1
1983	69.0	22.4	2012	16.8	16.0
1984	−2.7	6.1	2013	32.7	32.4
1985	93.7	31.6	2014	27.0	13.7
1986	14.2	18.6	2015	−12.5	1.4
1987	4.6	5.1	2016	23.4	12.0
1988	59.3	16.6	2017	21.9	21.8
1989	84.6	31.7	2018	2.8	−4.4
1990	−23.1	−3.1	2019	11.0	31.5
1991	35.6	30.5	연복리 수익률 (1965~2019)	20.3	10.0
1992	29.8	7.6	총수익률 (1964~2019)	2,744,062	19,874
1993	38.9	10.1			

주: 실적은 역년(曆年: 1월 1일~12월 31일) 기준. 단, 1965년과 1966년은 9월 30일 결산 기준이고, 1967년은 12월 31일 결산이되 15개월의 실적임.

버크셔 해서웨이(주)

버크셔 해서웨이 주주 귀하:

2019년 버크셔는 일반회계원칙(GAAP) 기준으로 814억 달러를 벌어들였습니다. 이익의 구성을 보면 영업이익 240억 달러, 실현한 자본이득 37억 달러, 보유 투자 유가증권의 미실현 자본이득 증가로 인한 이익 537억 달러로 나뉩니다. 이들 이익은 모두 세후 기준입니다.

위 이익 중 537억 달러에 대해서 설명하겠습니다. 이는 2018년부터 시행된 새 GAAP에서 비롯된 이익입니다. 기업은 보유 주식의 '미실현' 손익 증감도 이익에 반영해야 한다는 규정입니다. 작년 주주서한에서 밝혔듯이, 동업자 찰리 멍거와 나 둘 다 새 규정에 동의하지 않습니다.

회계 전문가들이 새 규정을 채택한 것은, 실제로 이들의 생각이 엄청나게 바뀌었다는 의미입니다. 2018년 이전의 GAAP에서는 (주업이 증권 거래인 기업들을 제외하고) 보유 주식의 미실현 이익은 실적에 절대 포함할 수 없었으며, 미실현 손실도 오로지 '비일시적 손상(other than temporary impairment)'으로 판단될 때에만 실적에 포함할 수 있었습니다. 이제 버크셔는 (투자자, 분석가, 해설자들에게 핵심 뉴스가 되는) 매 분기 순이익에 보유 주식의 가격 등락을 모조리 명시해야 합니다. 아무리 변덕스럽게 오르내리더라도 말이지요.

버크셔의 2018년 실적과 2019년 실적이 새 규정의 영향을 분명하게 보여주는 대표적 사례입니다. 주식시장이 하락한 2018년에는 우리 미실현 손실이 206억 달러였고 GAAP 이익은 40억 달러에 불과했습니다. 반면 주식시장이 상승한 2019년에는 우리 미실현 이익이 앞에서 언급한 대로 537억 달러로 증가했고, 그 덕분에 GAAP 이익이 814억 달러로 급증했습니다. 시장의 변덕 탓에 GAAP 이익이 무려 1,900%나 증가한 것입니다! *

지난 2년 동안 회계 장부가 아니라 이른바 현실 세계에서 버크셔가 보유한 주식은 약 2,000억 달러였으며, 우리가 보유한 주식의 내재가치는 2년 동안 계속해서 견실하게 상승했습니다.

찰리와 나는 역설합니다. 여러분은 (2019년에도 거의 바뀌지 않은) 영업이익에 관심을 집중해야 하며, 실현 이익이든 미실현 이익이든 분기 및 연간 투자 손익은 무시해야 합니다. 그렇다고 해서 우리가 보유한 투자 유가증권의 중요성이 감소했다는 뜻은 아닙니다. 때에 따라 변동은 심하겠지만, 우리 투자 유가증권이 장기적으로는 많은 이익을 안겨줄 것입니다.

유보이익의 위력

1924년, 당시 무명의 경제학자 겸 재무상담사였던 에드거 로렌스 스미스(Edgar Lawrence Smith)는 책《Common Stocks as Long-Term Investments(주식 장기 투자)》(한국 미출간)를 출간했습니다. 이 얄팍한 책이 투자 세계를 바꿔놓았습니다. 이 책은 스미스 자신도 바꿔놓았습니다. 책

---

* (편집자 주) 2019년 연차보고서 중 주주서한 원문의 해당 문구는 다음과 같이 서술되어 각각 '미실현 이익이 206억 달러 감소했다'와 '미실현 이익이 537억 달러 증가했다'로 번역된다.
"(전략) our net unrealized gains decreased by $20.6 billion, and we therefore reported GAAP earnings of only $4 billion. In 2019, rising stock prices increased net unrealized gains by the aforementioned $53.7 billion, (후략)"
그러나 같은 연차보고서 중 7번 항목 '운영 관련 재무 상황과 결과에 대한 경영진의 논의와 분석'을 보면 다음과 같이 서술되었다. 이로부터 2018년 미실현 손실이 206억 달러였고 2019년 미실현 이익이 537억 달러였음을 확인할 수 있다.
"After-tax unrealized gains on equity securities were approximately $53.7 billion in 2019 compared to after-tax losses of $20.6 billion in 2018."

을 쓰면서 자신의 투자관을 재평가하게 되었기 때문입니다.

그는 인플레이션 기간에는 주식의 수익률이 채권보다 더 높고, 디플레이션 기간에는 채권의 수익률이 더 높을 것이라고 주장할 계획이었습니다. 이 주장은 매우 합리적인 듯했습니다. 그러나 스미스는 곧 충격을 받았습니다.

그래서 그의 책은 고백으로 시작되었습니다. "나의 연구는 실패를 기록한 것이다. 나의 선입견이 사실 앞에서 무너진 기록들이다." 투자자들에게는 다행스러운 실패였습니다. 실패 덕분에 스미스가 주식 평가 방법에 대해 더 깊이 생각하게 되었으니까요.

스미스의 핵심적 통찰을 잘 설명해주는 글이 바로 존 메이너드 케인스가 쓴 서평입니다. "요컨대 스미스가 제시한 아마도 가장 중요하고 참신한 개념은 다음과 같다. 훌륭하게 경영되는 제조회사들은 이익을 모두 주주들에게 분배하지는 않는다. 적어도 실적이 좋은 해에는 이익의 일부를 유보해서 사업에 재투자한다. 따라서 건전한 제조회사에는 '복리 이자 요소'가 있어서 유리하다. 건전한 제조회사의 실제 자산가치는 장기적으로 복리로 증가한다. 주주들에게 배당을 지급하고서도 말이다."

케인스의 이 호평 덕분에 스미스는 유명 인사가 되었습니다.

스미스의 책이 출간되기 전에는 투자자들이 왜 유보이익의 가치를 깨닫지 못했는지 이해하기 어렵습니다. 카네기, 록펠러, 포드 등 거부들이 막대한 유보이익을 재투자해 계속해서 이익을 더 키워왔다는 사실은 비밀이 아니기 때문입니다. 이런 방식으로 부자가 된 소자본가들은 오래전부터 미국 어디에나 있었습니다.

그런데도 기업의 소유권이 잘게 쪼개져서 '주식'으로 거래되자, 스미스의 책이 출간되기 전에는 주식이 시장의 단기 흐름에 돈을 거는 도박으로 간주되었습니다. 주식은 기껏해야 투기 대상으로 여겨졌으므로 신사들은 채권을 더 좋아했습니다.

전과는 달리 이제는 투자자들이 유보이익 재투자의 개념을 잘 이해하고 있습니다. 요즘은 초등학생들도 케인스가 '참신하다'고 말한 개념을 배웁니다. 저축이 복리로 불어나면 기적을 낳는다는 개념 말입니다.

* * *

찰리와 나는 오래전부터 유보이익 활용에 관심을 집중했습니다. 유보이익 활용은 쉬울 때도 있었고 매우 어려울 때도 있었습니다만, 유보이익이 막대한 상태에서도 계속 이익이 증가할 때 특히 더 어려웠습니다.

보유 자금을 배분할 때 우리는 이미 보유 중인 다양한 사업에 먼저 투자합니다. 지난 10년 동안 버크셔의 감가상각비 합계는 650억 달러였지만, 회사 내 부동산, 공장, 장비에 대한 투자액*의 합계는 1,210억 달러였습니다. 우리 생산 자산에 대한 재투자는 앞으로도 언제나 최우선 과제가 될 것입니다.

아울러 우리는 세 가지 기준을 충족하는 기업들을 인수하려고 끊임없이 노력합니다. 첫째, 유형자본이익률이 높아야 합니다. 둘째, 경영자가 유능하고 정직해야 합니다. 셋째, 가격이 합리적이어야 합니다.

이런 기업을 발견하면 우리는 가급적 지분 100%를 인수하고자 합니다. 그러나 우리 기준을 충족하는 대기업을 인수할 기회는 흔치 않습니다. 대신 변덕스러운 주식시장에서 그런 상장기업의 비지배 지분을 대규모로 매수할 기회가 훨씬 더 많습니다.

어느 방법을 선택하든(지배 지분을 인수하든, 시장에서 주식을 매수하든) 버크셔의 투자 실적은 주로 그 기업의 미래 이익에 좌우됩니다. 그렇더라도 두 투자 기법 사이에는 회계 측면에서 중요한 차이가 있으며, 반드시 이해해

---

*   (편집자 주) 원문에는 'internal investment in property, plant and equipment'라고 서술되었다. 'internal'은 다음 문단 이후의 인수·합병(M&A)를 통한 자산 취득과 구분하기 위한 단어라고 파악되므로 해당 문구는 '회사 내 부동산, 공장 장비에 대한 투자액'으로 이해된다.

야 합니다.

우리 피지배회사(버크셔의 보유 지분이 50%를 초과하는 회사)들의 이익은 곧 우리가 보고하는 영업이익입니다. 즉, 보시는 대로입니다.

시장에서 주식을 매수한 비지배회사들에 대해서는 우리가 받은 배당만 우리 영업이익으로 기록합니다. 유보이익은요? 이 유보이익도 많은 가치를 창출하지만 버크셔의 보고이익에 직접적으로 반영되지는 않습니다.

버크셔를 제외한 거의 모든 기관투자가들은 이러한 '이익의 미인식(non recognition of earnings)'을 대수롭지 않게 생각할 것입니다. 그러나 이는 중대한 누락에 해당합니다. 아래 자료를 보시기 바랍니다.

다음은 우리 투자액이 가장 많은 10개 종목입니다. 여기서는 GAAP 회계에 따라 보고하는 이익(버크셔가 투자한 10대 회사로부터 받는 배당)과, 피투

투자 규모가 가장 큰 10개 기업의 '배당이익'과 '유보이익 중 버크셔의 몫' 비교

회사명	지분율 (%)	배당 (100만 달러)*	유보이익 중 버크셔의 몫 (100만 달러)**
아메리칸 익스프레스	18.7	261	998
애플	5.7	773	2,519
뱅크 오브 아메리카	10.7	682	2,167
뱅크 오브 뉴욕 멜론	9.0	101	288
코카콜라	9.3	640	194
델타항공	11.0	114	416
JP모간체이스	1.9	216	476
무디스	13.1	55	137
US뱅코프	9.7	251	407
웰스 파고	8.4	705	730
합계		3,798	8,332

* 현재 연간 배당률 기준.
** 2019년 이익 − (보통주 배당+우선주 배당) 기준.

자회사가 유보해서 활용하는 이익 중 버크셔의 몫을 구분했습니다. 보통 이들 회사는 유보이익을 이용해서 사업을 확장하고 효율성을 개선합니다. 아니면 유보이익으로 자사주를 상당량 매입하기도 하는데, 그러면 회사의 미래 이익 중 버크셔의 몫이 증가합니다.

물론 이들 주식으로 우리가 마침내 실현하는 이익이 '유보이익 중 우리 몫'과 정확하게 일치하지는 않을 것입니다. 이들 주식에서 나오는 수익이 전혀 없을 때도 있습니다. 그러나 논리적으로든 과거 우리의 경험에 비추어 보든, 이들 주식으로 우리가 실현하는 자본이득은 십중팔구 '유보이익 중 우리 몫' 이상이 될 것입니다. (주식을 매도해서 이익을 실현하면 우리는 당시 세율로 소득세를 납부하게 됩니다. 지금은 연방소득세율이 21%입니다.)

(다른 보유 종목들과 마찬가지로) 이들 10대 종목에서 우리가 얻는 수익도 변동이 매우 심할 것입니다. 때로는 기업 특유의 사정 탓에, 때로는 주식시장의 침체 탓에 주기적으로 손실이 발생할 것입니다. 그리고 때로는 작년처럼 대규모 이익이 발생할 것입니다. 요컨대 우리 피투자회사들의 유보이익은 버크셔의 가치 성장에 매우 중요합니다.

스미스의 말이 옳습니다.

비보험 사업

소중한 버크셔 이사 겸 전대미문의 위대한 경영자였던 톰 머피(Tom Murphy)가 오래전 내게 기업 인수에 관해 중요한 조언을 해주었습니다. "훌륭한 경영자라는 평판을 얻으려면 반드시 훌륭한 기업들만 인수해야 한다네."

그동안 버크셔는 수십 개 기업을 인수했습니다. 처음에는 이들 모두 '훌륭한 기업들'이라고 나는 생각했습니다. 그러나 일부는 실망스러운 기업으로 드러났고, 몇 개는 끔찍한 실패작이었습니다. 반면 상당수는 내 기대를 뛰어넘었습니다.

고르지 않은 인수 실적을 돌아보면서 나는 기업 인수가 결혼과 비슷하다고 판단했습니다. 물론 결혼은 행복한 결혼식으로 시작되지만 이후 현실은 기대했던 모습에서 벗어나기 일쑤입니다. 그리고 가끔은 결혼이 두 사람의 기대를 뛰어넘는 큰 기쁨을 안겨주기도 합니다. 그러나 곧바로 환멸로 이어질 때도 있습니다. 이런 모습을 기업 인수에 적용해보면 뜻밖에 충격을 받는 쪽은 대개 인수하는 기업입니다. 인수를 시도하는 동안에는 환상에 빠지기 쉽기 때문입니다.

비유하자면 버크셔의 결혼 실적은 대체로 괜찮은 편이어서 양쪽 모두 오래전에 내린 결정에 만족하고 있습니다. 우리 배우자들 중 일부는 매우 훌륭했습니다. 그러나 일부 배우자를 보면 곧바로 내가 무슨 생각으로 프러포즈를 했는지 의심하게 됩니다.

다행히 내 실수에서 비롯된 악영향은 시간이 흐를수록 감소했습니다. 부실한 기업 대부분이 그렇듯이 이들은 사업이 계속 침체했고, 사업 자본이 버크셔에서 차지하는 비중도 시간이 흐를수록 계속 감소했습니다. 반면 '훌륭한' 기업들은 성장해 매력적인 투자 기회를 추가로 제공했습니다. 이렇게 상반된 흐름 때문에, 훌륭한 기업들이 버크셔의 전체 자본에서 차지하는 비중이 점차 증가했습니다.

이런 자본 흐름의 극단적인 사례가 초기 버크셔의 직물 사업입니다. 1965년 초 우리가 버크셔의 경영권을 인수했을 때, 고전하던 이 직물 사업에 버크셔의 자본이 거의 모두 들어가야 했습니다. 그러므로 비수익 직물 사업이 상당 기간 전체 수익률을 대폭 끌어내렸습니다. 그러나 우리는 마침내 '훌륭한' 기업들을 다양하게 인수했고, 1980년대 초에는 직물 사업이 버크셔의 전체 자본에서 차지하는 비중이 미미한 수준으로 감소했습니다.

현재 우리 자본은 대부분 자회사에 투자되어 있으며 이들의 유형자본이익률은 양호~탁월한 수준입니다. 그중에서 우리 보험 사업이 슈퍼스타입니다. 보험 사업은 성과를 측정하는 방식이 독특해서 대부분 투자자들에게 생소합니다. 이에 대해서는 다음 섹션에서 논의하겠습니다.

우리는 다양한 비보험 자회사들을 이익 규모에 따라 분류합니다. 이때 이익은 이자, 감가상각비, 세금, 비현금 급여, 구조조정비용 등 성가시지만 매우 현실적인 비용(CEO와 월스트리트 사람들은 투자자들에게 무시하라고 권유하는 비용)을 모두 차감한 이익입니다. 이들 기업에 관한 추가 정보는 K-6~K-21과 K-40~K-52 페이지를 참조하시기 바랍니다.

버크셔의 비보험 그룹을 이끄는 쌍두마차인 철도회사 BNSF와 버크셔 해서웨이 에너지(BHE)의 2019년 이익 합계(BHE는 우리 지분 91%에 해당하는 이익만 계산)는 83억 달러로서 2018년보다 6% 증가했습니다.

두 회사 다음으로 이익을 많이 낸 우리 비보험 자회사 5개를 알파벳 순서로 열거하면 클레이턴 홈즈, IMC, 루브리졸, 마몬, 프리시전 캐스트파츠입니다. 이들의 2019년 이익 합계는 48억 달러로서 2018년과 거의 같습니다.

그다음으로 이익을 많이 낸 자회사 5개(버크셔 해서웨이 오토모티브, 존즈 맨빌, 넷젯, 쇼, TTI)의 이익 합계는 2018년 17억 달러에서 2019년 19억 달러로 증가했습니다.

나머지 자회사 수십 개의 이익 합계는 2018년 28억 달러에서 2019년 27억 달러로 감소했습니다.

우리 비보험 자회사들 전체의 이익 합계는 2018년 172억 달러에서 2019년 177억 달러로 3% 증가했습니다. 기업 인수 및 매각이 이 실적에 미친 영향은 거의 없습니다.

* * *

끝으로 버크셔의 사업이 얼마나 다양한지 보여주는 사례 하나를 소개하겠습니다. 2011년부터 우리는 루브리졸을 보유했습니다. 오하이오에 기반을 둔 회사로서 오일 첨가제를 생산해 세계 전역에 판매하고 있습니다. 그런데 2019년 9월 26일 인접한 소규모 사업장에서 발생한 불이 루브리졸 소유의 대규모 프랑스 공장에 옮겨 붙었습니다.

그 결과 루브리졸은 심각한 재산 피해를 입었고 사업도 중단되었습니다. 그래도 거액의 보험금 덕분에 재산 손실과 사업 중단 손실의 충격이 완화될 것입니다.

그런데 작고한 라디오 진행자 폴 하비(Paul Harvey)의 표현을 빌리면 "아직 못다 한 이야기"가 있습니다. 루브리졸에 거액의 보험금을 지급하는 보험사 하나가 바로 버크셔의 자회사입니다.

마태복음 6장 3절에서는 "오른손이 하는 일을 왼손이 모르게 하라"라고 가르칩니다. 여러분의 회장은 이 가르침을 그대로 따랐습니다.

손해보험

손해보험은 1967년 860만 달러에 '내셔널 인뎀너티'와 자매회사인 '내셔널 화재해상'을 인수한 이후 우리 사업의 확장을 견인한 엔진입니다. 현재 내셔널 인뎀너티는 순자산 기준으로 세계 최대 손해보험사입니다. 보험은 유망한 사업이며, 버크셔의 지불 능력은 타의 추종을 불허합니다.

우리가 손해보험 사업에 매력을 느낀 이유 하나는 보험업의 비즈니스 모델이 훌륭하다는 데 있습니다. 손해보험사는 먼저 보험료를 받고 나중에 보험금을 지급합니다. 극단적으로는 석면노출 재해 보상보험이나 산업재해 보상보험처럼 수십 년에 걸쳐 보험금을 지급하는 사례도 있습니다.

이렇게 돈을 먼저 받고 나중에 지급하는 구조이므로, 손해보험사들은 '마지막에는 남들에게 가는 자금'(플로트)을 대량으로 보유하게 됩니다. 그 동안 보험사들은 이 플로트를 투자해서 이익을 냅니다. 개별 보험료와 보험금은 들어오고 나가는 금액이 들쭉날쭉하지만, 플로트는 규모가 훨씬 안정적으로 유지됩니다. 그 결과 사업이 성장함에 따라 플로트도 증가합니다. 다음 표는 우리 사업의 성장 과정을 보여줍니다.

버크셔 해서웨이 보험 자회사들의 플로트 추이(단위: 100만 달러)

	플로트
1970	39
1980	237
1990	1,632
2000	27,871
2010	65,832
2018	122,732
2019	129,423

* 생명보험, 연금보험, 건강보험에서 창출되는 플로트 포함

장기적으로 우리 플로트는 감소할지도 모릅니다. 그렇더라도 그 속도는 매우 완만해서 기껏해야 연 3%에도 미치지 못할 것입니다. 우리 보험 계약의 특성상 우리가 보유한 현금보다 더 많은 자금을 즉시 지급해야 하는 상황은 절대 발생할 수 없습니다. 이는 우리가 의도적으로 만들어낸 구조로서, 우리 보험사들의 독보적인 재무 건전성을 유지해주는 핵심 요소입니다. 이 강점은 어떤 경우에도 그대로 유지할 것입니다.

수입보험료가 비용과 최종 손실액 합계액을 초과하면 우리는 플로트 투자이익에 더해서 보험영업이익도 얻게 됩니다. 이렇게 보험영업이익이 발생하면 무이자 자금뿐 아니라 추가 이자까지 얻는 셈입니다.

보험업계 전체로 볼 때, 현재 플로트의 가치는 과거보다 훨씬 낮아졌습니다. 거의 모든 손해보험사들이 사용하는 표준 전략이 우량등급 채권 투

자이기 때문입니다. 따라서 금리 변동은 손해보험사들에 엄청나게 중요한데, 지난 10년 동안은 채권 수익률이 애처로울 정도로 낮았습니다.

만기 도래나 발행사의 수의상환권 행사에 따라 보험사들은 보유 중이던 고금리 채권을 저금리 채권으로 교체하고 있습니다. 한때 5~6%였던 채권 수익률이 이제는 2~3%에 불과합니다(금리가 마이너스인 나라에 사업이 집중된 보험사들은 수익률이 더 낮습니다).

일부 보험사는 수익 감소를 막으려고 등급이 더 낮은 채권을 매수하거나, 더 높은 수익을 약속하지만 유동성이 없는 '대체' 투자를 선택하기도 합니다. 그러나 이는 대부분 기관들이 감당하기 어려운 위험한 게임입니다.

버크셔의 상황은 다른 보험사들보다 유리합니다. 무엇보다도 우리는 자본 규모가 독보적으로 거대하고 현금이 풍부하며 다양한 비보험 사업에서 큰 이익을 내고 있으므로 다른 보험사들보다 훨씬 더 유연하게 투자할 수 있습니다. 우리는 대안이 많아서 항상 유리하며 간혹 커다란 기회도 잡게 됩니다.

게다가 우리 손해보험사들은 보험영업 실적이 탁월합니다. 최근 17년 중 2017년에만 세전 손실 32억 달러를 기록했을 뿐, 나머지 16년 동안 보험영업이익을 기록했습니다. 지난 17년 동안 벌어들인 세전 이익 합계는 275억 달러였고, 그중 2018년 이익은 4억 달러였습니다.

이는 우연이 아닙니다. 우리 실적이 이렇게 좋은 것은, 우리 보험사 경영자 모두 플로트의 중요성을 알지만 무리한 영업 탓에 실적이 부실해지지 않도록 매일 위험을 엄격하게 평가하기 때문입니다. 보험사들 모두 이런 메시지를 말로만 앞세우지만 버크셔는 구약 성서 방식의 신앙으로 받아들입니다.

전에도 자주 그랬듯이 다시 강조하지만, 이렇게 좋은 성과가 항상 확실하게 나오는 것은 절대 아닙니다. 향후에는 17년 중 16년 동안 보험영업이익을 기록하기가 매우 어려울 수도 있습니다. 항상 위험이 도사리고 있으니까요.

보험 위험을 잘못 평가하면 엄청난 손실이 발생하며 그 손실은 오랜 세월이 흐른 뒤에야 드러날 수도 있습니다. (석면을 생각해보십시오.) 허리케인 카트리나나 마이클조차 작아 보일 정도로 거대한 재해가 어쩌면 내일, 어쩌면 수십 년 뒤에 발생할 것입니다. '거대재해'는 허리케인이나 지진처럼 전통적인 모습으로 나타날 수도 있고, 예컨대 사이버 공격처럼 기습적으로 발생해 보험사들의 상상을 뛰어넘는 재해를 일으킬 수도 있습니다. 그런 대재해가 발생하면 우리도 그 손해 중 우리 몫을 분담하게 되며 그 규모는 매우 클 것입니다. 그러나 다른 보험사들과는 달리 우리는 그런 손해에도 자금 압박을 전혀 받지 않을 터이므로 이튿날부터 인수할 기업을 찾을 것입니다.

이제 잠시 눈을 감고 활력 넘치는 새 보험사가 어느 지역에서 등장할지 상상해보십시오. 뉴욕일까요? 아니면 런던이나 실리콘밸리?

윌크스배리(Wilkes-Barre)는 어떨까요?

2012년 말, 우리 보험 사업부를 이끄는 매우 소중한 경영자 아지트 자인이 내게 전화해서 말했습니다. 가드 보험그룹(GUARD Insurance Group)이라는 윌크스배리(펜실베이니아 소도시) 소재 보험사를 (당시 순자산가치 수준인) 2억 2,100만 달러에 인수하려 한다고요. 그는 CEO 시 포구엘(Sy Foguel)이 버크셔에서 스타가 될 것이라는 말도 덧붙였습니다. 둘 다 처음 들어보는 이름이었습니다.

그야말로 대박이었습니다. 2019년 가드의 수입보험료는 19억 달러로서 2012년 이후 379%나 증가했고 보험영업이익도 만족스러운 수준이었습니다. 버크셔에 합류한 시는 신제품을 개발하고 미국 내 신규 시장을 개척해 가드의 플로트를 265% 증가시켰습니다.

1967년에는 아무도 예상 못 한 오마하에서 거대 보험사가 등장했습니다. 이번에는 윌크스배리에서 스타가 탄생할 듯합니다.

버크셔 해서웨이 에너지

올해는 버크셔 해서웨이 에너지(BHE) 인수 20주년입니다. 이제 인수 20주년을 맞이해서 BHE가 이룬 성과를 돌아보겠습니다.

먼저 전력 요금부터 살펴보겠습니다. 2000년 우리가 BHE의 지분 76%를 인수하면서 전력 사업에 진출했을 때, 아이오와 고객들이 지불하던 전력 요금은 킬로와트시(KWh)당 평균 8.8센트였습니다. 이후 우리가 부과한 주택용 전력 요금의 상승률은 연 1% 미만이었고 2028년까지 기본요금을 인상하지 않겠다고 약속했습니다. 반면 다른 대형 투자자가 보유한 아이오와 전력회사의 작년 요금은 61% 더 높았습니다. 이 회사는 최근에도 요금을 인상했으므로 이제는 차이가 70%로 벌어졌습니다.

이렇게 요금 차이가 크게 벌어진 주된 이유는 우리가 풍력발전에서 큰 성과를 거두었다는 점입니다. 2021년에는 BHE가 보유한 풍력발전 터빈으로 아이오와에서 생산하는 전력이 약 2,520만 메가와트시(MWh)에 이를 전망입니다. 이 생산량이면 현재 아이오와 고객들의 연간 소비량 약 2,460만 MWh를 모두 충족하게 됩니다. 다시 말해서 BHE가 아이오와주에서 풍력발전으로 자급자족을 달성하게 된다는 뜻입니다.

반면 다른 아이오와 전력회사는 풍력발전 비중이 10%에도 못 미칩니다. 우리가 알기로 2021년까지 풍력발전 자급자족을 달성할 다른 전력회사는 어디에도 없습니다. 2000년 BHE의 주요 고객은 농부들이었습니다. 그러나 지금은 주요 고객 다섯 중 셋은 첨단 기술 거대기업들입니다. 이들이 아이오와에 공장을 설립한 이유 중 하나는 BHE가 저비용 재생 가능 에너지를 공급하는 것이라고 생각합니다.

물론 바람이 항상 부는 것은 아니므로 우리 풍력발전기도 24시간 내내 가동되지는 않습니다. 바람이 불지 않을 때는 비풍력발전기로 필요한 전력을 확보합니다. 반면 풍력발전량이 남아돌 때는 잉여 전력을 이른바 '배

전망'을 통해서 다른 전력회사들에 공급합니다. 그러면 그만큼 석탄이나 천연가스 등 탄소 자원을 이용한 전력 생산이 감소하게 됩니다.

현재 버크셔가 보유한 BHE 지분은 91%이며, 월터 스콧 2세 및 그레그 에이블과 동업 중입니다. 우리가 인수한 이후 BHE는 배당을 한 번도 지급한 적이 없고 지금까지 유보한 이익이 280억 달러입니다. 전력회사들은 관행적으로 이익의 80% 이상 고배당을 지급해왔으므로, BHE는 전력 업계에서 특이한 사례에 해당합니다. 우리는 더 많이 투자할수록 더 좋다는 생각입니다.

현재 BHE는 운영 능력과 경험이 풍부하므로 초대형 전력 프로젝트도 수행할 수 있습니다. 예컨대 1,000억 달러 이상 투자가 필요한 전력 인프라를 구축해 국가, 지역사회, 주주들에게 혜택을 제공할 수 있습니다. 우리는 언제든 이런 기회를 이용할 의지와 능력을 갖추고 있습니다.

투자

다음은 연말 현재 시장 평가액이 가장 큰 보통주 15종목입니다(398쪽 참조). 크래프트 하인즈(325,442,152주)는 우리가 지배주주 집단의 일원이어서 '지분법'으로 평가하므로 여기에 포함하지 않았습니다. 버크셔가 보유한 크래프트 하인즈는 우리 대차대조표에 GAAP 기준 138억 달러로 표시되어 있는데, 2019년 12월 31일 감사받은 순자산가치 중 우리 몫에 해당하는 금액입니다. 그러나 이 주식의 연말 시장 평가액은 105억 달러에 불과했다는 점을 밝혀둡니다.

찰리와 나는 여기 열거한 2,480억 달러가 주식시장의 흐름에 따라 돈을 거는 종목들이라고 생각하지 않습니다. 따라서 '월스트리트'의 평가 등급 강등, 실적의 기대치 '미달', 연준의 조처, 정국 추이, 이코노미스트들의 예측, 기타 주요 관심사에 따라 함부로 매도하지 않습니다.

2019년 말 현재 시장 평가액이 가장 큰 보통주 15종목

주식 수*	회사명	지분율 (%)	매입 원가 (100만 달러)**	시가 (100만 달러)
151,610,700	아메리칸 익스프레스	18.7	1,287	18,874
250,866,566	애플	5.7	35,287	73,667
947,760,000	뱅크 오브 아메리카	10.7	12,560	33,380
81,488,751	뱅크 오브 뉴욕 멜론	9.0	3,696	4,101
5,426,609	차터 커뮤니케이션즈	2.6	944	2,632
400,000,000	코카콜라	9.3	1,299	22,140
70,910,456	델타항공	11.0	3,125	4,147
12,435,814	골드만삭스	3.5	890	2,859
60,059,932	JP모간체이스	1.9	6,556	8,372
24,669,778	무디스	13.1	248	5,857
46,692,713	사우스웨스트항공	9.0	1,940	2,520
21,938,642	유나이티드 컨티넨털	8.7	1,195	1,933
149,497,786	US뱅코프	9.7	5,709	8,864
10,239,160	비자	0.6	349	1,924
345,688,918	웰스 파고	8.4	7,040	18,598
	기타***		28,215	38,159
	보통주 시장 평가액 합계		110,340	248,027

* 버크셔 자회사 연금기금에서 보유 중인 주식은 제외.
** 실제 매입 가격이며 세무보고 기준임.
*** 우선주 및 (보통주 인수) 워런트로 구성된 옥시덴탈 페트롤리움(Occidental Petroleum Corporation) 투자 100억 달러 포함.

우리는 보유 주식을 기업 일부에 대한 소유권으로 생각하며, 가중평균 유형자기자본이익률이 20% 이상이라고 생각합니다. 위 기업들은 과도한 부채를 쓰지 않고서도 이익을 내고 있습니다.

이해하기 쉽고 기반이 확고한 대기업이 내는 실적이 이 정도라면 어느 모로 보아도 놀라운 수준입니다. 특히 최근 10년 동안 사람들이 채권에 투자하면서 수용한 수익률(예컨대 2.5% 이하였던 국채 30년물의 수익률)과 비교하면 정말로 환상적인 실적입니다.

금리 예측은 우리 전문 분야가 절대 아닙니다. 찰리와 나는 1년, 10년, 30년 뒤 금리가 어떻게 될지 전혀 알지 못합니다. 아마도 우리 편견이겠지만 금리 예측은 미래의 금리보다도 예측하는 전문가에 대해 알려주는 바가 훨씬 더 많다고 생각합니다.

다만 금리가 향후 수십 년 동안 현재와 비슷한 수준이고 법인세율도 현재 수준과 비슷하게 유지된다면, 장담컨대 장기적으로는 주식의 수익률이 장기 고정금리 채권보다 훨씬 높을 것입니다.

이런 장밋빛 예측에는 경고가 붙는 법입니다. 내일 주가는 아무도 알 수 없으니까요. 가끔은 주가가 50% 이상 폭락할 수도 있습니다. 그러나 작년 주주서한에도 썼듯이 미국은 순풍을 타고 있고 스미스가 설명한 복리의 기적도 있으므로, 차입금을 쓰지 않으며 감정을 조절할 수 있는 사람에게는 장기적으로 주식이 훨씬 유리한 선택이 될 것입니다.

앞길

30년 전, 당시 80대였던 중서부에 사는 내 친구 조 로젠필드(Joseph Rosenfield: 미국 변호사 겸 사업가)는 지역 신문사로부터 짜증 나는 편지를 받았습니다. 조의 부고 기사에 사용할 약력을 보내달라고 직설적으로 요청하는 편지였습니다. 조는 답신을 하지 않았습니다. 어떻게 되었을까요? 1개월 뒤, 그는 두 번째 편지를 받았습니다. 이 편지 겉봉에는 '긴급'이라는 표시가 붙어 있었습니다.

찰리와 나는 이미 오래전 '긴급' 지대에 진입했습니다. 우리에게는 그다지 좋은 소식이 아니지요. 그러나 버크셔 주주들은 걱정할 필요 없습니다. 여러분의 회사는 우리 사망에 100% 준비되어 있습니다.

우리가 낙관하는 근거는 다섯 가지입니다. 첫째, 버크셔가 전체 또는 부분을 보유한 회사들은 매우 다양한 사업을 영위하기 때문에 이들 회사에 배분된 버크셔의 자산은 평균적으로 매력적인 자본이익률을 유지하고 있습니다. 둘째, 피지배회사들을 단일 (복합)기업 안에 보유하고 있으므로, 버크셔는 커다란 경제적 혜택을 지속적으로 누리고 있습니다. 셋째, 버크셔는 더없이 건전한 재무 구조 덕분에 극단적인 외부 충격도 견뎌낼 수 있습니다. 넷째, 버크셔는 높은 급여나 명성보다도 경영 자체를 훨씬 더 즐기는, 유능하고 헌신적인 경영자들을 보유하고 있습니다. 다섯째, (주주들을 보호하는) 버크셔 이사들은 주주들의 이익과 기업문화 발전에 항상 관심을 집중하고 있습니다. 다른 대기업에서는 보기 드문 모습입니다. (이런 기업문화의 가치를 탐구한 새 책이 《Margin of Trust(신뢰 마진)》입니다. 로렌스 커닝햄과 스테파니 쿠바가 쓴 이 책은 우리 주주총회에서도 판매될 예정입니다.)

찰리와 내가 떠난 뒤에도 버크셔가 계속 번영할 것이라고 우리가 확신하는 데에는 매우 현실적인 근거가 있습니다. 멍거 가족은 보유 재산 중 버크셔 주식이 압도적인 비중을 차지하고 있고, 나는 보유 재산의 99%가 버크셔 주식입니다. 나는 버크셔 주식을 매도한 적이 한 번도 없고 앞으로도 매도할 계획이 없습니다. 자선재단에 기부한 경우와 개인 선물로 제공한 사례를 제외하면 내가 버크셔 주식을 처분한 유일한 시점은 1980년이었습니다. 나는 다른 버크셔 주주들과 함께 보유한 버크셔 주식의 일부를 버크셔가 보유하고 있던 일리노이 내셔널 뱅크 주식과 교환했습니다. 당시 은행지주회사법이 개정되어 버크셔는 1969년에 인수한 일리노이 내셔널 뱅크 주식을 계속 보유할 수 없었기 때문입니다.

현재 내 유언장에는 (유언 집행자는 물론 유언장 공개 후 내 유산을 관리해줄 수탁자에게도) 버크셔 주식을 한 주도 매도하지 말라는 구체적인 지시가 들어 있습니다. 그리고 자산의 극단적인 집중에 대해 유언 집행자와 수탁자의 법적 책임을 면제한다는 내용도 들어 있습니다.

유언장에는 유언 집행자와 수탁자에게 매년 내 A주 일부를 B주로 전환해서 다양한 재단에 기부하라는 지시도 들어 있습니다. 이들 재단은 기부받은 주식을 지체 없이 사용해야 합니다. 사망 후 내 버크셔 주식이 모두 시장에 풀리기까지는 12~15년 소요될 전망입니다.

내 유언장에 기부 시점까지 버크셔 주식을 매도하지 말라는 지시가 들어 있지 않다면, 유언 집행자와 수탁자에게 '안전한' 길은 버크셔 주식을 모두 매도해서 그 대금으로 만기가 기부 일정과 일치하는 미국 국채에 재투자하는 방식일 것입니다. 이 전략을 선택하면 이들은 대중의 비난을 면하고 선량한 관리자로서의 주의 의무도 준수하는 셈이 됩니다.

처분 기간에도 버크셔 주식은 안전한 고수익 투자가 될 터이므로 나는 마음이 편안합니다. 그러나 뜻밖의 사건으로 내 생각이 빗나갈 가능성도 (낮지만 무시할 수는 없을 정도로) 상존합니다. 그렇더라도 전통적인 방식보다는 내 지시를 따를 때 사회에 훨씬 더 많은 자원을 전달할 가능성이 높다고 나는 믿습니다.

내가 버크셔 주식을 매도하지 말라고 지시한 것은 향후 버크셔 이사들의 판단력과 충실성을 신뢰하기 때문입니다. 막대한 보수를 받는 월스트리트 사람들은 버크셔 이사들을 자주 시험할 것입니다. 이 탁월한 세일즈맨들은 수많은 기업을 상대로 승리를 거둡니다. 그러나 버크셔에는 절대 통하지 않을 것입니다.

이사회

최근 몇 년 동안 이사회의 구성과 목적이 뜨거운 논란거리가 되었습니다. 전에는 이사회의 책임을 논할 때 주로 변호사들만 참여했습니다. 그러나 지금은 기관투자가와 정치인들도 참여하고 있습니다.

나는 기업 지배구조를 논할 자격이 있다고 생각합니다. 지난 62년 동안 아래에 열거한 21개 상장회사에 이사로 참여했기 때문입니다.* 두 회사를 제외하고 모두, 나는 대주주로서 참여했습니다. 그리고 주요 변화를 시도한 사례도 몇 번 있습니다.

내가 처음 이사로 활동하던 30여 년 동안은 지배주주 가족을 제외하면 여성 이사가 거의 없었습니다. 올해는 미국 여성의 참정권을 보장하는 미국 수정 헌법 제19조가 개정된 100주년입니다. 여성이 이사회에서도 비슷한 지위를 확보하는 작업은 여전히 진행 중입니다.

그동안 이사회의 구성과 의무에 관한 새로운 규정 및 지침이 다수 제정되었습니다. 그렇더라도 이사회의 가장 중요한 과제는 변함이 없습니다. 평생 회사에 헌신할 유능하고 충실한 CEO를 발굴하고 유지하는 일입니다. 이 과제는 쉽지 않습니다. 하지만 이사회가 이 과제를 제대로 해낸다면, 다른 일은 할 필요가 없습니다. 그러나 이 과제를 망쳐버린다면….

이제 감사위원회는 전보다 훨씬 더 열심히 일하며 업무를 대하는 관점도 늘 진지합니다. 그렇더라도 숫자를 속이려는 경영진에게는 적수가 되지 못합니다. CEO는 자신이 발표한 이익 '예측치(guidance)'를 어떻게든 달성하고 싶어 하기 때문입니다. 내가 직접 경험한 바로는 (많지 않아서 다행이지만) 숫자를 속인 CEO들은 대개 돈을 벌려는 욕구보다 자존심을 지키려는 욕구가 더 강했습니다.

이제 보상위원회는 전보다 훨씬 더 컨설턴트에게 의존하고 있습니다. 그 결과 보상 방식도 더 복잡해졌습니다(보상 방식이 단순한데도 컨설턴트에게 해마다 높은 보수를 지불한다면 설명하기 곤란하겠지요). 이제는 위임장 읽기도 고역이 되었습니다.

---

* 버크셔, 블루칩 스탬프, 캐피털시티/ABC, 코카콜라, 데이터 다큐먼츠, 뎀스터, 제너럴 그로스, 질레트, 크래프트 하인즈, 마라카이보 오일, 먼싱웨어, 오마하 내셔널 뱅크, 핑커턴스, 포틀랜드 가스 라이트, 살로몬, 샌본 맵, 트리뷴 오일, US에어, 보네이도, 워싱턴 포스트, 웨스코 파이낸셜.

기업 지배구조에 한 가지 매우 중요한 개선이 이루어졌습니다. CEO를 제외하고 진행되는 정기 '간부회의(executive session)'가 의무화된 것입니다. 이전에는 CEO의 능력, 기업 인수 판단, 보상 등을 솔직하게 논의하는 사례가 거의 없었습니다.

특히 인수 제안이 여전히 성가신 문제입니다. 인수 관련 법률 조정 과정은 더 정교해졌습니다(수반 비용도 포함되었다는 표현입니다). 그러나 인수에 반대하는 전문가까지 회의에 참석시키는 CEO를 나는 아직 본 적이 없습니다. 물론 나도 참석시킨 적이 없습니다.

판은 인수를 갈망하는 CEO에게 유리하게 짜여 있습니다. 회사에서 인수 전문가 두 사람을 불러서 조언을 들어보는 것도 흥미로울 것입니다. 인수 제안에 대해 한 사람은 찬성하는 견해를, 한 사람은 반대하는 견해를 발표하게 하고, 설득에 성공하는 사람에게는 사례금을 10배 지급하는 방식으로 말이죠. 그러나 이런 혁신을 너무 기대하지는 마십시오. 현재 시스템이 주주들에게는 부족할지 몰라도 CEO와 인수 관련 조언자 및 전문가들에게는 훌륭하니까요. 월스트리트의 조언을 받을 때 항상 유념해야 하는 오랜 경고가 있습니다. 이발사에게 이발할 때가 되었는지 물어서는 안 된다는 경고입니다.

지난 몇 년 동안 이사회의 '독립성'이 새삼 강조되고 있습니다. 그러나 이와 관련된 핵심 요소 하나가 항상 간과되고 있습니다. 이제 이사에 대한 보수가 대폭 인상되어서 비부유층 이사**들의 잠재의식에 영향을 미칠 정도가 되었다는 점입니다. 예컨대 연 6회에 걸쳐 이틀씩 이사회에 참석하는 대가로 25~30만 달러를 받는 이사를 생각해봅시다. 그가 받는 보수는 미국 가구 중간 소득의 3~4배에 이르는 금액입니다. (나는 이렇게 쉽게 돈 벌 기회를 많이 놓쳤습니다. 1960년대 초 포틀랜드 가스 라이트의 이사였을 때 내가 받은

** (편집자 주) 자신이 이사회의 일원인 회사의 주식을 보유하지 않은 이사를 지칭.

보수는 연 100달러였습니다. 나는 이 돈을 벌려고 연 4회 메인주에 다녀왔습니다.)

요즘 이사들의 고용 안정성은 어떨까요? 기막히게 좋습니다. 이사들이 은근히 무시당할지는 몰라도 좀처럼 해고되지는 않습니다. 대신 대개 연령 제한(보통 70세 이상)에 도달하면 이사직에서 밀려나게 됩니다.

비부유층 이사가 다른 이사회에도 초청받아 연 소득 50~60만 달러를 올리고 싶어 한다면 어떻게 해야 할까요? 도움을 받아야 합니다. 새 이사를 구하는 CEO는 후보자가 '훌륭한' 이사인지 그 회사 CEO에게 확인해보기 때문입니다. 물론 '훌륭한'은 완곡한 표현입니다. 후보자가 그 회사 CEO의 보수나 기업 인수 포부에 대해 심각하게 이의를 제기한 적이 있다면, 그는 후보에서 조용히 탈락하게 됩니다. 새 이사를 찾는 CEO는 핏불(pit bull: 투견)이 아니라 코커스패니얼(cocker spaniel: 애완견)을 원하니까요.

이런 온갖 모순에도 불구하고 보수를 갈망하는 이사는 거의 모두 '독립성'을 갖춘 이사로 분류되지만, 그 회사 주식을 대량 보유한 부유층 이사는 '독립성'이 부족한 이사로 간주됩니다. 얼마 전 한 미국 대기업의 위임장을 보니 이사 8명은 자기 돈으로 자사 주식을 한 주도 매수한 적이 없었습니다(물론 이들은 넉넉한 현금 보수에 더해서 보조금으로 주식도 받았습니다). 이 회사는 장기간 실적이 부진했지만 이사들은 잘 지내고 있습니다.

자기 돈으로 주식을 샀다고 해서 모두가 현명해지거나 사업에 능숙해지는 것은 아닙니다. 그렇더라도 우리 자회사 이사들은 자기 돈으로 자사 주식을 산 경험이 있어서 나는 기분이 좋습니다.

* * *

잠시 생각해봅시다. 그동안 내가 만난 이사들은 거의 모두 품위 있고 호감이 가며 지적인 사람들이었습니다. 옷차림도 좋았고 훌륭한 이웃이자 건전한 시민이었습니다. 나는 이들과 함께 지내면서 즐거웠습니다. 이사회에 함께 참여한 덕분에 만날 수 있었고 그래서 가까운 친구가 된 사람들도 있습니다.

그렇더라도 자금 관리나 사업 문제에 관해서라면 나는 이 선량한 사람들을 절대 선택하지 않았을 것입니다.

이들 역시 이를 뽑거나 집 안을 장식하거나 골프 스윙을 개선하는 일이었다면 절대 나에게 도움을 청하지 않았을 것입니다. 나도 만일 '댄싱 위드 더 스타(Dancing With the Stars: 미국 댄싱 경연 대회)'에 참가해야 하는 상황이라면 증인 보호 프로그램이라도 이용해서 즉시 도피할 것입니다. 우리는 누구나 못 하는 일이 있습니다. 대부분 사람들은 못하는 일이 많습니다. 보비 피셔(Bobby Fischer: 미국 체스의 대가)라면 체스 이외의 방법으로 돈을 벌려고 해서는 안 됩니다.

버크셔가 계속 찾는 이사는 사업에 정통하고 주주 지향적이며 우리 회사에 관심이 매우 많은 사람들입니다. 로봇 같은 기계적 절차가 아니라 생각과 원칙에 따라 행동하는 사람들입니다. 물론 이들은 주주 여러분을 대표해서 고객 만족을 추구하고, 동료들을 아끼며, 지역사회 및 국가의 훌륭한 시민으로 활동하는 경영자를 찾을 것입니다.

이들 목표는 새로운 것이 아닙니다. 60년 전에도 유능한 CEO들의 목표였고 지금도 그렇습니다. 다른 목표를 제시할 사람이 누가 있겠습니까?

기타 논의 사항

과거 여러 연차보고서에서 우리는 합리적인 자사주 매입과 터무니없는 자사주 매입에 대해서 논의했습니다. 우리 생각을 요약하면 다음과 같습니다. 버크셔는 a) 찰리와 내가 판단하기에 주가가 내재가치보다 낮고, b) 자사주를 매입한 뒤에도 현금이 충분할 때에만 자사주를 매입할 것입니다.

내재가치는 절대 정확하게 산출되지 않습니다. 따라서 추정 내재가치가 1달러이고 주가가 95센트라면 찰리와 나는 서둘러 자사주를 매입할 필요가 없습니다. 2019년에는 가끔 버크셔의 내재가치 대비 주가가 적당히 낮았으므로 50억 달러를 들여 자사주 약 1%를 매입했습니다.

우리는 버크셔 주가가 하락하길 바랍니다. 내재가치 대비 주가가 더 내려가면 우리는 더 적극적으로 자사주를 매입할 것입니다. 그러나 주가를 떠받치지는 않을 것입니다.

시가 20만 달러 이상 규모의 A주나 B주를 버크셔에 매도하려는 주주는 버크셔의 마크 밀러드에게 전화(402-346-1400)하라고 주식 중개인에게 알려주시기 바랍니다. 전화는 매도 준비가 되었을 때 중부 표준시로 오전 8시~8시 30분이나 오후 3시~3시 30분에 하시기 바랍니다.

* * *

2019년 버크셔는 당기 연방소득세 36억 달러를 미국 재무부에 납부했습니다. 같은 기간 미국 정부가 수납한 법인 소득세 합계액은 2,430억 달러입니다. 버크셔가 미국 전체 기업의 연방소득세 중 1.5%를 납부했다는 사실은 자랑할 만합니다.

50년 전 버크셔 경영을 시작했을 때, 우리는 연방소득세를 한 푼도 납부하지 않았습니다. (충분한 이유가 있습니다. 직전 10년 동안 적자로 고전했기 때문입니다.) 이후 버크셔는 이익을 거의 모두 유보했으며, 그 혜택은 버크셔 주주들뿐 아니라 연방정부에도 돌아갔습니다. 향후에는 연방소득세를 더 많이 납부하게 되길 희망하고 기대합니다.

* * *

2020년 5월 2일 열리는 주주총회에 관한 세부 정보는 A-2~A-3에 있습니다. 이번에도 야후를 통해서 주주총회가 전 세계에 실시간으로 중계됩니다. 그러나 주주총회 진행 방식에 한 가지 중요한 변경 사항이 있습니다. 그동안 주주, 대중 매체, 이사들로부터 두 핵심 경영자인 아지트 자인과 그레그 에이블의 답변을 늘려달라는 요청이 있었습니다. 매우 타당한 요청이므로 그렇게 하기로 했습니다. 둘 다 경영자로서, 그리고 인간으로서 탁월한 인물이므로 이들로부터 더 많이 들어야 마땅합니다.

올해 우리 장수 언론인 세 사람에게 질문을 보내는 주주들은 답변자로 자인이나 그레그를 지정할 수 있습니다. 찰리와 나처럼 이들도 질문에 대해 힌트조차 받지 못할 것입니다.

질문은 언론인과 주주들이 번갈아가면서 하게 되며, 주주들도 답변자를 우리 네 사람 중에서 지정할 수 있습니다. 재치 있는 말을 준비하시기 바랍니다.

* * *

5월 2일 오마하로 오셔서 동료 자본가들을 만나십시오. 버크셔 제품도 구입하면서 즐거운 시간을 보내십시오. 찰리와 나는 버크셔의 모든 임직원과 함께 여러분을 기다리겠습니다.

2020년 2월 22일
이사회 의장 워런 버핏

번역 **이건**

The Mook for Intelligent Investor